本教程由参与编写《青少年法治教育大纲》和指导青少年法治教育实验校的专家主笔

U0634652

# 高校法治教育教程

GAOXIAO FAZHI JIAOYU
JIAOCHENG

主　编◎马长山
副主编◎陆宇峰　王晓华

中国民主法制出版社
全国百佳图书出版单位

图书在版编目（CIP）数据

高校法治教育教程/马长山主编 . -- 北京：中国
民主法制出版社，2018.7
ISBN 978-7-5162-1848-8

Ⅰ.①高…　Ⅱ.①马…　Ⅲ.①社会主义法制—法制教
育—高等学校—教材　Ⅳ.①G641.5

中国版本图书馆 CIP 数据核字（2018）第 157241 号


图书出品人：刘海涛
出 版 统 筹：乔先彪
责 任 编 辑：逯卫光

————————————————————————————————

书名/高校法治教育教程
　　　GAOXIAOFAZHIJIAOYUJIAOCHENG
作者/马长山　主　编

————————————————————————————————

出版·发行/中国民主法制出版社
地址/北京市丰台区玉林里 7 号（100069）
电话/63055259（总编室）63057714（发行部）
传真/63056975　63056983
http：//www.npcpub.com
E-mail：mzfz@ npcpub.com
经销/新华书店
开本/16 开　880 毫米×1230 毫米
印张/22.5　字数/338 千字
版本/2019 年 2 月第 1 版　2019 年 2 月第 1 次印刷
印刷/北京中兴印刷有限公司

————————————————————————————————

书号/ISBN 978-7-5162-1848-8
定价/48.00 元

# 编 写 说 明

为了适应全面推进依法治国的新形势、新任务,党的十八届四中全会明确提出,"把法治教育纳入国民教育体系,从青少年抓起,在中小学设立法治知识课程"。旨在全国进行"普法教育"之外,更深层次地推进国民法治教育,这无疑是一个重大的举措。把法治教育纳入国民教育体系,不仅是推进法治启蒙的重要途径,也为"法治中国"建设提供了根本动力和基础支撑。为此,2016 年 6 月28 日,教育部、司法部、全国普法办发布了《关于印发〈青少年法治教育大纲〉的通知》(教政法〔2016〕13 号),强调"要高度重视青少年法治教育工作,加快完成法治教育从一般的普法活动到学校教育的重要内容,从传授法律知识到培育法治观念、法律意识的转变",特别是要以社会主义核心价值观为主线,以宪法教育为核心,以权利义务教育为本位,努力培养社会主义合格公民。这无疑是全面推进依法治国、建设"法治中国"的重要举措,具有重要使命和意义。

按照国家《青少年法治教育大纲》的部署,从小学、初中、高中到大学(非法律专业),都要接受法治教育。而"高等教育阶段要把法治教育纳入通识教育范畴,开设法治基础课或者其他相关课程作为公共必修课"。为落实《青少年法治教育大纲》要求,在中国民主法制出版社的大力支持下,本编写组特编写了《高校法治教育教程》和《高职高专法治教育教程》系列教材。本套教材具有以下特点:一是本编写组主要由参与《青少年法治教育大纲》及其解读本编写的高校教师组成,更能深入了解和把握《青少年法治教育大纲》的精神实质和核心要素,具有一定的权威性和代表性;二是本编写组多为华东政法大学和华东师范大学的青年教师,他们大都是北京大学、清华大学、中国人民大学、中国政法大学、中国社会科学院的博士或者博士后,系理论功底深厚、实践视野开阔、熟悉教学规律的青年才俊,具有良好的写作基础和水平;三是编写组承担着教育部青少年法治教育师资的部分培训工作,具有一定的实践经验和应用能力。因此,本套教材反映了青少年法治教育的最新动态和良好水平,相信会对青少年法治教育起到积极的推动作用。

本教材《高校法治教育教程》具体分工如下（以章节为序）：

马长山（华东政法大学法律学院教授、博士生导师），主编；

于明（华东政法大学法律学院教授），第一章、第二章；

王海军（华东政法大学科学研究院副研究员），第三章、第四章；

杨知文（华东政法大学科学研究院副研究员），第五章、第六章；

于浩（华东师范大学法学院副教授），第七章、第十章；

陆宇峰（华东政法大学科学研究院副研究员），第八章、第九章；

李泽（上海政法学院副教授），第十一章、第十二章；

饶志静（华东政法大学社会发展学院副教授），第十三章；

王晓华（华东政法大学法律学院副教授），第十四章、第十七章；

张文龙（华东政法大学科学研究院助理研究员），第十五章、第十六章、第十七章。

编写组尽管在主观意愿上是想编写一本既有理论水准，又有实践应用性的高质量教科书，但能否做到这一点还有待时间的检验。同时，由于从编写到交稿、出版的时间短暂，疏漏之处在所难免，还有望学界同人和广大师生批评指正。

本教材之所以能够顺利出版，得益于中国民主法制出版社的鼎力支持和辛勤工作，在此也一并深表谢意！

编　者
2019 年 1 月

# 序 言

——

**Preface**

为了应对全球化、信息化时代的民主与法治挑战,世界各国都十分注重公民文化建设和公民品格培养,积极探索公民文化的法治动力和支撑机制,并呈现出极为多样的公民教育模式,在我国,公民教育也具有十分重要的地位和意义,为贯彻十八届四中全会通过的《中共中央关于全面推进依法治国若干重大问题的决定》(以下简称《决定》)关于"把法治教育纳入国民教育体系"的战略要求,2016 年 6 月 28 日教育部、司法部和全国普法办专门发布了《青少年法治教育大纲》(以下简称《大纲》),并将其确定为"全面依法治国、加快建设社会主义法治国家的基础工程"。而中共十九大报告又作出"提高全民族法治素养""建设社会主义法治文化"的全新战略部署。这样,就亟须立足中国国情和新时代的"法治中国"建设需要,探索青少年法治教育的新模式和新路径,塑造社会主义合格公民和法治文化。

**一、中国的公民法治教育与法治启蒙**

"公民"不仅是现代生活中的一种政治和法律身份,也是一种权利资格和价值精神,它是共同体生活中伦理、政治和法律价值的总体呈现。因此,世界各国都会通过公民科或者社会科的形式,将道德、政治和法律元素纳入公民教育之中,只不过他们更偏重于道德和法律(法治)教育,以培养具有公民德性和法治素养的合格公民,进而适应现实中的民主和法治生活。而中国则不同,我们的民主法治进程起步较晚,公民教育又十分曲折,法治教育元素较为薄弱,因此,法治启蒙任务并没有很好地完成,这也正是青少年法治教育的时代使命之所在。

其一,改革开放前政治元素主导的公民教育方式。自晚清以来,西方列强的船坚炮利,曾让国人认识到失败的原因在于技术装备落后,于是斥巨资购买先进武器;甲午海战的惨败,又让国人认识到失败的原因不是技术装备,而是政治制度弊害,于是发起戊戌变法;而百日维新的结局则让国人认识到失败的原因不是政治制度,更根本的在于国民性的改造。[①] 于是,梁启超提出了"新民说",力图塑造具有新道德、新品格、新精神的新型国民,随后蔡元培则力倡把公民道德教育作为"新教育方针"的核心。新中国成立后,五四宪法赋予了公民各种权利和社会地位,具有划时代的重大进步意义。但由于政权建设仿效"苏联模式",又面临外部恶劣的国际形势,因此,在社会主义改造建设和政治运动中,与阶级斗争相适应的"人民""群众"等概念日渐成为主流。宪法教育进入国民生活时,也是过多地强调义务与责任,公民意识教育出现了某种畸形发展状态。[②] 换句话说,公民教育的理念逐渐被社会主义教育的理念所替代,呈现着"政治教育代替公民教育,公民教育暂时沉寂的特征。"[③]特别是在"文革"的十年浩劫中,公民教育被彻底废弃和摧毁,社会也随即陷入严重混乱。

其二,近四十年来普法式的公民法制教育策略。从上世纪 70 年代末开始,伴随着中国改革开放的不断深化升级,社会转型加速推进,社会成员的利益主张、权利意识和公民精神自然也在大幅增长。面对这种巨大的时代变革、身份意识觉醒和价值多元化,国家也一直很重视公民道德教育、政治教育和法制(普法)教育,从中共中央、国务院到中宣部、教育部、共青团中央等发布了上百个文件,但三者的使命和任务有很大区别。

在道德教育上,确立了"四有"公民的培养目标,重在理想、道德和纪律。[④] 在政治教育上,确立了"接班人"的培养目标,[⑤]旨在"培养又红又专、德才兼备、

---

① 张宏杰:《中国国民性演变历程》,湖南人民出版社 2013 年版,第 249 页。

② 庄然 、刘新宜:《对建国以来我国公民意识教育的反思》,载《改革与开放》2014 年第 18 期。

③ 张宁娟:《建国以来我国公民教育的发展脉势》,载《思想理论教育》2010 年第 5 期。

④ 1988 年 8 月 20 日国家教委发布《中学德育大纲(试行)》,1995 年 2 月 27 日正式颁行,其目标是培养"四有"社会主义公民,我国社会主义民主政治制度和公民权利与义务的教育;2001 年 9 月 20 日中央发布《公民道德建设实施纲要》,旨在加强公民道德建设,培养有理想、有道德、有文化、有纪律的"四有"社会主义公民。

⑤ 改革开放以来的主要相关文件有:1985 年 8 月 1 日中央发布《关于改革学校思想品德和政治理论课教学的通知》,开始在初中开设公民课,但其基本取向重在进行以理想信念和政治方向为核心的意识形态建设,以维护党的领导和社会主义制度。其他改革开放以来政治教育的文件主要有:1980 年 4 月 29 日发布《教育部、共青团中央关于加强高等学校学生思想政治工作的意见》,全面启动学生思想政治教育工作,1985 年 8 月 1 日中央发布《关于改革学校思想品德和政治理论课程教学的通知》,1987 年 5 月 29 日发布了《中共中央关于改进和加强高等学校思想政治工作的决定》,1993 年 8 月 13 日发布《中共中央组织部、中共中央宣传部、国家教育委员会关于新形势下加强和改进高等学校党的建设和思想政治工作的若干意见》,1999 年 11 月发布《中共中央关于加强和改进思想政治工作的若干意见》,2004 年 10 月 15 日,发布《中共中央国务院关于进一步加强和改进大学生思想政治教育的意见》,2005 年 3 月中宣部、教育部发布《关于进一步加强和改进高等学校思想政治理论课的意见》,2015 年 1 月 19 日中共中央办公厅、国务院办公厅印发《关于进一步加强和改进新形势下高校宣传思想工作的意见》,2015 年 9 月 10 日教育部关于印发《高等学校思想政治理论课建设标准》的通知等。

全面发展的中国特色社会主义合格建设者和可靠接班人",①期间虽然也关涉道德和法治内容,但主导取向则是完成政治使命。而在普法教育上,虽然确立了培养"合格公民"的总体目标,从"一五"到"三五"普法规划,主要是基本法律常识的普及和宣传,从"四五"普法开始"努力实现由提高全民法律意识向提高全民法律素质的转变","六五"普法规划逐渐由法制教育转向法治教育,强调要引导青少年树立社会主义法治理念和法治意识,养成遵纪守法的行为习惯,培养社会主义合格公民。刚刚开始的"七五"普法规划,则面对领导干部和青少年开展法治宣传教育,充分发挥法治宣传教育在全面依法治国中的基础作用,推动全社会树立法治意识,建设社会主义法治文化。

由上可见,道德教育重在公民品德,政治教育重在政治信仰,而普法教育则重在公民法律素质和守法意识,其面向也涵摄全社会公众。这些公民教育无疑取得了很多明显成效,②但是,这些举措毕竟也带有一定的时代痕迹和局限,尤其是普法教育赋有某种宣教和行政色彩,其核心仍是一种守法教育,因而对公民文化建设和公民性品格培养的实际效果并不理想,也难以适应形势需要。首先,公民教育的结构性失衡。我国的公民教育主要体现为道德教育、思政教育、法制教育(普法教育)的"德育-政育-法育"三元构架,其中,德育具有基础地位,政育占据主导地位,而法育则处于被吸纳的弱势地位,缺少足够的独立性,这不仅导致德育-政育-法育之间的结构性失衡,也与新时代"全面依法治国"的建设实践不相符,无法回应中共十九大关于"深化依法治国实践""提高全民族法治素养""建设社会主义法治文化"等战略要求;其次,以普法为核心的法制教育,并不是真正的法治教育。法制教育偏重守法教育、忽视权利意识培养,偏重法律常识宣传、忽视法律价值和法治精神倡导,偏重"运动化"普法、忽视常规化法制教育,更无法做到常规制度性的法治教育,因此,用法制教育替代法治教育并不能产生应有的公民意识和法治精神。再次,法制教育不成体系,呈现出某种即时性、破碎化的状态。无论是国民教育系列中的《道德与法治》课程,还

---

① 中共中央、国务院:《关于加强和改进新形势下高校思想政治工作的意见》,参见《人民日报》2017年2月28日第1版。

② 据官方统计,"六五"普法5年来,全国已创办普法网站3700多个,普法官方微博、微信2600多个,定期组织法治动漫微电影作品征集展播、知识竞赛等活动,每年参与人数超过1亿人次。各地的普法工作围绕宪法和中国特色社会主义法律体系展开,围绕党和国家重大部署、重要活动展开,送法律进机关、进乡村、进社区、进学校、进企业、进单位,让全民法律素养得到有效提高。参见新华网:《用法治之光点亮中国梦的伟大征程——我国"六五"普法成果综述》,http://news.xinhuanet.com/2016-04/27/c_128938338.htm,2017年2月12日访问。

是普法规划中的宣教活动,都在法律知识上、观念上、逻辑上缺少体系性,知识错讹、相互矛盾、陈旧老化等问题仍比较明显。

这些问题的存在,不仅是公民意识、公民文化难以形成,还会带来更为严重的后果。特别是由于体制机制改革滞后与快速释放的权利和利益之间发生了巨大落差,加之一些地方、一些官员的权力本位、人治思想、甚至权钱交易等腐败行为,又严重抑制和侵犯了广大民众的利益和权利。这样,就导致社会中涌动并日益高涨的公民诉求,不得不力图通过网络舆论、社会监督、决策参与、民间自治、申诉上访、甚至群体性事件等各种方式来予以表达和展现,而这些公民诉求和公民性品格发展所反映出来的价值偏好,则与国家的主导取向发生某种程度的游离、乃至冲突,从而使公民文化塑造步履艰难。

其三,青少年法治教育的时代转向。事实表明,"国民教育和公民教育对于所有国家来说,都有维护和复制现有秩序、支持政府权威和引导民众遵守法纪的'再生'作用。但是民主国家里,在现有秩序'再生'作用之外,公民教育还能起到国民教育难以起到的'重建'作用。"这个重建既是更新,也是再造,它依靠社会创制力,而不是自上而下的指令,有效地在社会中产生先前缺乏的积极价值因素和新的社会共识。① 如今,中国已进入中国特色社会主义新时代,"四个全面"的战略布局也正在深入推进,使得"中国在今天也不再只是发布自上而下的命令。国家更多的是鼓励人们自觉实现和谐社会。"②因而,转变过去的法制教育弱势地位、以法制教育替代法治教育的公民教育模式,确立适应法治国家建设需要的公民法治教育新模式、新机制,进而实施法治启蒙工程已成为大势所趋。

基此,党十八届四中全会《决定》作出了"增强全民法治观念,推进法治社会建设""把法治教育纳入国民教育体系"历史性决策,而2016年6月教育部、司法部和全国普法办又联合发布了《大纲》,这无疑标志着公民法治教育和法治启蒙工程在国家层面上的正式启动。其重心则是"加快完成法治教育从一般的普法活动到学校教育的重要内容,从传授法律知识到培育法治观念、法律意识的转变",旨在以社会主义核心价值观为主线,以宪法教育为核心,以权利义务教育为本位,进而"培养社会主义合格公民"。中共十九大报告又进一步指出:要

---

① 徐贲:《统治与教育——从国民到公民》,中央编译出版社2016年版,第9页。
② [德]托马斯·海贝勒、君特·舒耕德:《从群众到公民——中国的政治参与》,张文红译,中央编译出版社2009年版,第219页。

提高全民族法治素养和道德素质,"建设社会主义法治文化,树立宪法法律至上、法律面前人人平等的法治理念。"这样,就需要进行相应的一系列重大变革和转向。一是改变过去德育、政育和法育严重失衡状态,按照《大纲》的要求和部署,强化法育的独立性、占比和力度,以塑造公民的法治素养和法治精神,为全面推进依法治国和国家治理法治化提供根本动力和深层支撑;二是改变过去以法制教育替代法治教育的做法,实现从法制教育到法治教育的时代转向,探索公民法治教育新模式、新路径和新机制;三是从抽象的"人民"、"主人"或"群众"身份,转向具体的"公民身份",并积极培育公民的理性自主精神、参与意识和自治能力。只有这样,才能通过公民法治教育和法治启蒙来培植公民性品格,让每个人都能通过国家治理和社会治理的互动对流机制与渠道,形成必要的民主精神、公共理性、公民责任和社会担当,进而成为民主与法治的实际参与者、推进者、建设者和受益者,理性规则秩序的理想也才能更好地变成生活现实。美国人就自豪地宣称:"美国在探索自治政府的过程中最主要依靠的并不是总统、国会议员或是大法官,而是每一位公民。"①这不能不说是一种人类的法治经验。而在我们中国特色社会主义新时代,就更要"形成完整的制度程序和参与实践,保证人民在日常政治生活中有广泛持续深入参与的权利",②通过良法善治来"打造共建共治共享的社会治理格局",推进法治中国建设目标的实现。

其四,当下法治教育的时代意义与重要使命。纵观我国公民教育的发展历程,不难看出《大纲》对推进从法制教育迈向法治教育的划时代意义,而当下的法治教育也确实肩负着重要的法治使命。

首先,从思政主导到法治启蒙。从新中国建立初期,我国就十分重视思想政治教育工作,并视其为意识形态建设的重要内容。改革开放后,从小学、初中、高中到大学,我们也一直把思想品德和政治思想教育作为培养青少年价值观的主要阵地,旨在使他们成为社会主义事业的"接班人",并适应当时政治动员和政治化社会建设的需要,这固然有其必要性和客观性。然而,德育、政育与法育之间的结构性失衡以及对法治教育的忽视,必然无法承担起十八届四中全

---

① [美]纪念美国宪法颁布 200 周年委员会编:《美国公民与宪法》,劳娃等译,清华大学出版社 2006 年版,第 221 页。
② 参见习近平:《决胜全面建成小康社会 夺取新时代中国特色社会主义伟大胜利——在中国共产党第十九次全国代表大会上的报告》,http://news. xinhuanet. com/2017 – 10/27/c_1121867529. htm, 2017 年 10 月 29 日访问。

会和十九大所提出的建设社会主义法治文化的战略任务,法治国家建设目标的实现也必然因此受到严重影响。事实上,从晚清到民国再到新中国,法治进程一直是曲曲折折,尚没有建成法治国家,而法治启蒙当然也并没有完成。在当下全面推进依法治国的中国特色社会主义新时代,必须补上法治启蒙这一课,否则,就必然会因缺少法治非制度化要素的内在支撑而遭遇严重困境。经验表明,"如果一个国家的人民缺乏一种能赋予这些制度以真实生命力的广泛的现代心理基础,如果执行和运用这些现代制度的人,自身还没有从心理、思想、态度和行为方式上都经历一个向现代化的转变,失败和畸形发展的悲剧结局是不可避免的。再完美的现代制度和管理方式,再先进的技术工艺,也会在一群传统人的手中变成废纸一堆。"[1]为此,党的十八届四中、五中全会和十九大作出了加强法治社会建设和塑造法治精神的重要战略部署,将法治教育纳入国民教育体系。基此,《大纲》确立了"以社会主义核心价值观为主线""以宪法教育为核心、以权利义务教育为本位",全面提高青少年法治观念和法律意识,进而努力"培养社会主义合格公民"的目标要求,从此开启了法治教育和法治启蒙的新阶段。实践表明,"要想培养出积极的公民意识,其基本前提就是公民本人应当控制政治过程(而不是由别人'代表')",[2]因此,克服"没有公民的民主",[3]开放公民参与的场域、渠道和机制就显得十分重要;但同时,"'法治国家'必须引导公民自觉遵守法律、努力工作和有所克制。为此,国家本身必须树立良好榜样,教育公民正确理解他们的义务和权利;使他们了解少数服从多数和思想自由并不等于无政府主义。"[4]这就要求我们走出思政教化统摄法治教育的误区,深入贯彻实施《大纲》,积极推进法治启蒙,进而逐步在全社会确立法治观念、法治思维、法治方式,塑造与"法治中国"建设相适应的新时代公民文化与法治文化。

其次,从主人意识到公民意识。法治是民主的基本前提和根本保障,而没有制度规约的"大民主",其最终结果则会造成反民主,公民意识才更适合法治化民主的需要。在建设法治国家、"推进国家治理体系和治理能力现代化"的新时代背景下,必然要求树立法律的至上权威,真正把权力关进制度的笼子里,并

---

①　殷陆君编译:《人的现代化》,四川人民出版社 1985 年版,第 4 页。
②　[希]塔斯基·福托鲍洛斯:《当代多重危机与包容性民主》,李宏译,山东大学出版社 2012 年版,第 113 页。
③　[美]罗伯特·W. 麦克切斯尼:《富媒体 穷民主——不确定时代的传播政治》,谢岳译,新华出版社 2004 年版,第 7 页。
④　[德]约瑟夫·夏辛、容敏德编:《法治》,阿登纳基金会译,法律出版社 2005 年版,第 93 页。

使政治、经济及社会生活都进入法治化轨道。这样,就要求每个社会成员都能以公民身份和姿态,来广泛享有、充分行使、积极维护其自由和权利,从而彻底摒弃"臣民"文化传统,防止政治性"主人"身份与权利的滥用,避免"人民"权利的空泛性,将公民身份和地位落地深根,使其更有确定性、更有可靠保障。这样,实现由主人意识向公民意识的转型,也就成为一种客观必然。事实也表明,只有真正确立公民角色和公民意识,才能使社会成员在公共和私人的"双重生活"领域中,充分展现自己的个性追求、自主创造、自由选择和公共精神,进而才能真正树立起自由与责任、权利与义务、自主与服从相和谐、相统一的现代民主法治观念,有效促进"法治中国"建设进程。

再次,从守法教育到公民教育。为了适应改革开放和民主法制建设的新形势、新任务,如前所述,自 1986 年至今,我国已实施了从"一五"到"七五"的七个普法规划,并取得了重大影响和效果。然而,历届"普法规划"的核心都是强调社会成员守法而不是公民权利义务,因此,它只是法制教育而不是法治教育,是法律知识普及而不是法治理念培育。正是基于这一现状,《大纲》就深刻指出,"建设社会主义法治国家的宏伟目标,对加强和改善青少年法治教育提出了现实而迫切的要求,当前和今后一段时间,要高度重视青少年法治教育工作,加快完成法治教育从一般的普法活动到学校教育的重要内容,从传授法律知识到培育法治观念、法律意识的转变,完善工作机制,加大工作力度,将法治教育全面纳入国民教育体系,创新青少年法治教育的形式与内容,着力提高系统化、科学化水平,切实增强教育的针对性与实效性。"[①]这样,就需要推进从守法教育到公民教育的转向,将单纯的守法教育转变为公民意识的培养,特别是普法教育、宣传媒介等更应把引导和强化公民对国家制度、法律制度的合理性、合法性认同作为重中之重,进而培养适合打造"法治中国"需要的新型公民,从而为法治国家建设提供深层基础和核心动力。

**二、公民性塑造:青少年法治教育的核心任务**

既然青少年法治教育肩负着中国百年来未能完成的公民法治启蒙使命和任务,并在全面推进依法治国进程中发挥着重要的支撑和推动作用,那么,它的核心任务就必然是通过全面落实《大纲》,来塑造适应法治国家建设需要的公民性精神、品格与能力。这主要包括:

---

① 教育部、司法部、全国普法办:《青少年法治教育大纲》,http://www.moe.edu.cn/srcsite/A02/s5913/s5933/201607/t20160718_272115.html,2017 年 10 月 3 日访问。

（一）公民的民主法治理念

民主法治理念是现代公民精神与公民性品格的核心要素,是展现公民能力的根本保证,也是建设法治国家、法治政府和法治社会的重要基石。在我国,正在积极探索自主性的法治发展道路,公民的民主法治理念必然立足于现实的国情基础之上。首先,社会主义核心价值体系的相关价值引领。中办国办发布的《关于进一步把社会主义核心价值观融入法治建设的指导意见》明确指出,社会主义核心价值观是法治建设的灵魂,要"把社会主义核心价值观融入法治国家、法治政府、法治社会建设全过程,融入科学立法、严格执法、公正司法、全民守法各环节",而十九大报告也再次强调,要"发挥社会主义核心价值观对国民教育、精神文明创建、精神文化产品创作生产传播的引领作用,把社会主义核心价值观融入社会发展各方面,转化为人们的情感认同和行为习惯。"然而,社会主义核心价值观十分丰富,体现着国家层面、社会层面和个人层面等不同维度的价值取向和准则,并不都与公民性品格直接相关,也并不都能体现于法治建设之中。但是,民主、自由、平等、公正、法治等核心价值观无疑对法治建设和公民性品格具有核心指引意义。其次,立足中国、面向世界的民主法治理念。在当今全球化、信息化时代,世界日益呈现出一种复杂多变、开放多元、包容共享的发展趋势,这正如十九大报告所指出的,"没有哪个国家能够独自应对人类面临的各种挑战,也没有哪个国家能够退回到自我封闭的孤岛。"因此,我们既要按照"不忘本来、吸收外来、面向未来"新时代要求,[①]来更好地构筑中国精神和价值,也要立足中国、面向世界,来更好地塑造的公民的民主法治理念。这些民主法治理念主要包括:

一是权力制约理念。没有权力制约,就没有民主和法治,这已为法西斯时代的残暴统治所证实。"这些反人类罪的作恶者都受过良好的教育,懂得大量阅读、写作、文学、数学和科学知识,但尽管如此,他们却不能民主地生活;他们利用自己的知识和技能建造伟大艺术品和建筑的同时,也建造了集中营和人类的梦魇。"[②]事实上,我国社会主义民主制度的核心要义,就在于贯彻马克思的

---

① 参见习近平:《决胜全面建成小康社会　夺取新时代中国特色社会主义伟大胜利——在中国共产党第十九次全国代表大会上的报告》,http://news. xinhuanet. com/2017 - 10/27/c_1121867529. htm,2017 年 10 月 29 日访问。

② [美]沃尔特・C. 帕克:《美国小学社会与公民教育》,谢竹艳译,江苏教育出版社 2006 年版,第 62页。

民主契约法律观，①把权力关进制度的笼子里，一切国家权力都应该受到制约，并服从服务于民众的整体利益和要求，因此，这就要求每个公民都能确立民主法治精神，都能够以合法有效的方式和渠道来参与民主选举和民主监督，能够通过积极行使公民权利来制约公权力、扼制权力滥用和扩张，促进国家治理体系和治理能力的现代化、民主化、法治化。

二是法律至上理念。宪法法律至上是法治国家的基本前提和根本保障，十八届四中全会也明确提出了依宪治国、依宪执政、依法行政、公正司法和全民守法等战略要求和部署，这就要求作为法治社会主体的公民，确立起法律至上的理念。一方面能够通过合法途径和形式，来监督公权力依宪治国、依宪执政、依法行政和公正司法，另一方面，也能够形成公民的理性自律精神，自觉维护法律权威和遵守法律规则，从而推进法治国家、法治政府和法治社会的一体建设进程。

三是公平正义理念。现代法治之所以成为人类社会的一种优先选择，就在于其在本质上是一种良法善治，因此，公平正义必然成为法治的核心价值和方向指引。实践证明，公平正义的核心任务是对自由、平等和权利作出合理性安排，因此，这就要求每个公民都能够具有一定的公平正义和正当程序理念，积极参与到国家与社会生活中有关自由、平等和权利的制度性安排过程中来，能够对国家和社会生活制度中的自由、平等和权利设定予以认同、内化、反思、对话和协商，从而促进科学立法、公正司法、严格执法和全民守法等法治建设环节取得实效。

四是人权保障理念。民主也好、法治也好，归根结底是为了人的自由发展和全面发展，它们的一个重要任务和目标就是尊重、维护和保障人权。因此，这就要求每个公民都应该具有人权保障的理念和觉悟，以人权价值和精神参与国家和社会生活，推动立法机关不断扩大人权保护、监督司法机关不断强化人权保障、防止行政机关滥用权力侵犯人权、通过理性维权活动不断优化人权保护的社会环境，进而传播人权保障价值和完善人权保障机制，促进法治秩序的形成。

(二)公民的权利义务观念

作为现代民主和法治构架下的公民身份与角色，要在公共与私人的"双重生活"中展现自己。也就是说，每个公民既要参与国家政治生活，也要参与社会生活和经营家庭生活；他们既会在公共空间活动，也会在私人空间中活动。这

① 马长山：《马克思恩格斯民主契约法律观的"理论替换"及其实践反差》，载《华东政法学院学报》2004年第2期。

就会产生普遍利益与特殊利益,公共利益与私人利益,国家利益、群体利益和个人利益等等的冲突与整合。面对这些冲突与整合,最根本的问题是:"我们如何让彼此满意而愉快地生活、同时又完整地保留个人及群体的差异、自身的许多身份特征得到认可和尊重这样的方式公正地共同生活? 根本的解决方法是民主公民教育",而"处于核心地位的是缔造共同生活的方式并遵循其规则的意愿。"①这样,就需要通过法律这一公共规则,来界定不同利益、不同空间、不同价值的性质与范围;通过设定法律权利和义务的方式,来予以调适冲突、规制行为和建立秩序,因此,这就必然体现着权力与权利、权利与权利、权利与义务等不同关系中的平衡观念。

　　首先,是权力与权利的平衡观念。公民的权利义务并不是仅由其自身来界定的,而恰是要依赖于国家权力与公民权利的总体框架。也就是说,普遍利益(公共利益)与特殊利益(私人利益)的复杂关系,决定着国家权力与公民权利的边界,进而决定着公民权利与义务的范围。事实表明,权力与权利的互动平衡,是公民权利义务的重要前提和基础。具言之,国家权力有肆意扩张和滥用腐化的天性,因此,绝对的权力就会导致绝对的腐败;而私人权利也有自私自利和贪婪任性的风格,因此,自由也"并不意味着某个或某些人可以享受以他人损失为代价的自由",②这样,双方就都需要规则的控制,二者需要互动平衡。近代以来自由主义与国家干预的此消彼长,以及当代"第三条道路"和治理模式的探索,也证明了这一点。发展中国家的无数实例表明,"使用强力本身并不与自由主义相抵触;相反,政府手里若没有强力,人民的自由就无法保障。强力只有用得粗暴才算是粗暴。"③可见,"它们(政府、市场和市民社会秩序)之间的平衡必不可少。"④这样,就需要以公民权利来分割和监督国家权力,防止权力的专断腐化;同时,也需要以国家权力来抑制私权滥用和控制冲突,保护公民权利和维持正义秩序,只是二者的平衡基准和范围需因不同的时势而进行动态调整而已。由此看来,作为公民,就应站在权力与权利的互动平衡体系框架内来考量自身的权利义务,确立基于合理性的权利义务观念,表达基于正当性的权利诉求,从而以法治观念、法治思维和法治方式来践行公民权利义务。

---

① [美]沃尔特·C. 帕克:《美国小学社会与公民教育》,谢竹艳译,江苏教育出版社 2006 年版,第 61 页。
② David Miller,ed. *Liberty*,Oxford University Press,1991,pp21.
③ [意]圭多·德·拉吉罗:《欧洲自由主义史》,杨军译,吉林人民出版社 2001 年版,第 412 页。
④ [英]安东尼·吉登斯:《第三条道路及其批评》,孙相东译,中共中央党校出版社 2002 年版,第 57 页。

其次,是权利与权利的平衡观念。应当说,确立国家权力与公民权利的互动平衡框架,是在纵向上对普遍利益与特殊利益、公共利益与私人利益、国家生活与社会生活之间的边界厘定,而接下来,在横向上对特殊利益、私人利益、社会生活主体进行彼此界分也就成为必然。事实上,"权利一旦实施,就会有人得益、有人损失",①权利冲突自然在所难免。因此,"立法者和法官所要解决的问题,亦就是权衡权利而衡量责任,使不断地在争抗冲突中的个人权利,能得平衡",②从而最大限度地化解权利的"冲突"、实现公平秩序。这样,就要求公民确立起理性平衡的权利观,在主张自身权利的同时能够尊重和关照其他公民的权利诉求,以平等互谅、多元包容精神来对待和行使公民权利。

再次,权利与义务的平衡观念。众所周知,在近代启蒙思想的有力鼓舞下,形成了自由主义的个人本位权利观,并成为现代法治价值的一个明显标志。然而 20 世纪以来,个人本位权利观越来越受到时代的挑战,人们渐渐发现,"权利要求吵吵嚷嚷提得太多,而相比之下,对实现这些权利所需要的义务和责任却保持沉默"。③ 这样,就造就了只伸手要权利、却不承担责任的"贪婪的公民",进而带来严重的社会问题和秩序危机。事实上,权利和义务是相对应的,没有无义务的权利,也没有无权利的义务,"接受义务是任何人为了获得权利而必须付出的代价"。④ 因此,这就要求公民能够确立客观理性的权利义务观,形成权利与义务的平衡精神。然而,西方国家"现存的公民教育话语倾向从自由主义式民主角度理解公民的权利和义务。一般说来,持这种理解的人将公民参与表述为一系列理性的、文化中立的个人行为,而这些个人基本上是从普世主义立场上来看待公民权利和义务以及'共同利益'的。这一空洞的观点,全然忽视了种族、性别、性取向、族群以及社会——经济地位对公民观的影响,而公民教育本身则身着规范的伪装,压制差异,以便造就出所谓的'平等和均衡(equality and symmetry)'。"⑤这就是说,权利义务的真正互动平衡,并不是空洞的口号和普世主义的情怀,而是立基于公民对文化、性别、族群和社会差别的平衡考量基础上

① [美]史蒂芬·霍尔姆斯、凯斯·R. 桑斯坦:《权利的成本:为什么自由依赖于税》,毕竞悦译,北京大学出版社 2004 年版,第 35 页。

② [法]路易·若斯兰:《权利相对论》,王伯琦译,中国法制出版社 2006 年版,第 214~215 页。

③ [美]托马斯·雅诺斯基:《公民与文明社会》,柯雄译,辽宁教育出版社 2000 年版,第 1~2 页。

④ [美]J. 范伯格:《自由、权利和社会正义——现代社会哲学》,王守昌等译,贵州人民出版社 1998 年版,第 87 页。

⑤ [加]乔治·H. 理查森、大卫·W. 布莱兹主编:《质疑公民教育的准则》,郭洋生等译,教育科学出版社 2009 年版。

的,并通过"这个共同的政治身份与多种文化身份并存",进而实现"多样性的统一"。① 因此,公民的权利义务平衡观念应该是理性的、客观的、现实的,进而为其行为提供有效的指引,促进社会秩序稳定。

(三)公民的民主参与能力

现代公民精神与公民性品格不仅包含着理念、观念等精神价值要素,也包括民主参与、理性协商、妥协共识等行为技能要素。为此,英国著名教育学家David Kerr 就在其"公民教育的连续性框架"理论中,将公民教育分为"有关公民的教育"(重在公民知识学习)、"通过公民的教育"(重在公民行为养成)和"为了公民的教育"(重在公民职责能力)三个层次,②并产生了广泛的影响。这一"连续性框架"就包含着知识、行为和技能等要素,而对于这些要素,正如《关于进一步把社会主义核心价值观融入法治建设的指导意见》所指出的,不仅需要教育引导,也需要"实践养成和良法善治"。③ 这主要包括:

其一,民主协商能力。公民身份是现代民主与法治的产物,其角色、行为和价值取向会在国家政治生活和公共生活中得到更突出的展现,特别是在民主选举、公共政策制定、公共事务参与、地方(行业、社区)自治和基层治理过程中,能够进行理性感知、共利考量、合理评判和审慎选择,从而形成必要的进行民主对话、谋求协商共识的能力与水平,养成善于民主行动的意识、素质、经验和基本技能。只有这样,才能展现公民的价值、实现公民的诉求,更好地维护民主法治机制的健康运行。

其二,权利主张能力。公民是社会成员在公共与私人的"双重生活"中的普遍身份和主导角色,并以法定权利和义务的形式来实现公共参与、互动交往和安排日常生活。期间,难免会在公共利益与私人利益、公权力与私权利、以及私权利与私权利之间产生一定的错位、摩擦和冲突,因此,这就要求公民通过合法途径和形式来表达诉求、主张权利的能力,包括主张个体权利、利益群体权利和共同体权利,也包括主张法定权利、推定权利和应然权利,④进而抑制公权力的扩张和私权利的滥用,维护公权力与私权利以及私权利与私权利之间边界与秩

---

① [美]沃尔特·C. 帕克:《美国小学社会与公民教育》,谢竹艳译,江苏教育出版社 2006 年版,第 61 页。

② See Kerr, D. "*Citizenship education: An international comparison*", In Lawton, D., Cairns, J. & Gardner, R. (Eds) Education for citizenship, Continuum, 2000, pp. 200~227.

③ 中共中央办公厅、国务院办公厅《关于进一步把社会主义核心价值观融入法治建设的指导意见》,参见《人民日报》2016 年 12 月 26 日第 1 版。

④ 郭道晖:《论权利推定》,载《中国社会科学》1991 年第 4 期。

序。基此,"为权利而斗争不仅是法秩序成员的权利而且是其道义上的义务"便成为公民主张权利时的一个内心信念,①用马克思的话来说就是:"一个人有责任不仅为自己本人,而且为每一个履行义务的人要求人权和公民权。"②可见,公民的权利主张能力,就是主张一切公权力都必须依法行使,不得有法上、法外特权和扩张滥用,而必须具有合法性和合目的性;与此同时,一切公民权利,也必须依法依规来行使和实现,不得滥用和触犯法律,从而维护法治秩序。

其三,权利维护能力。公民主张权利意在确立特定公民权利实现的具体目标,而公民维护权利则意在采取各种方法和手段,来保障公民权利不受侵犯或者得到有效救济。我们知道,在民主契约和宪制精神之下,公民通过法定的公权力,建立起与政治国家的公共联系;公民通过法定的私权利,建立起与其他社会成员之间的私域联系。因此,如果不能有效维护私权利,就难以有效制约、防范公权力扩张,诚如列宁早指出的那样:"谁不善于要求和做到使他的受托者完成他们对委托人所负的责任,谁就不配享受政治自由公民的称号。"③同样,如果每个公民不能有效维护其自身权利,也难以建立社会成员之间的互惠信任和秩序期待。可见,具备权利维护能力是公民品格和素养技能的一个重要方面。

其四,理性自律能力。按照马克思主义的观点,民主国家的制度是人民的"自我规定"形式,是"良法"的根本标志,因此,国家"必须实现法律的、伦理的、政治的自由,同时,个别公民服从国家的法律也就是服从自己本身理性的即人类理性的自然规律。"④也就是说,它必然要实现权利与义务的平等一致,必然要体现自由与责任的内在均衡。如果"人们随心所欲地主张种类繁多的权利,也阻碍了他们认识自身的义务",而"在法治中民主所保护的不仅仅是个人,更重要的还有公民"。⑤ 因此,作为一国公民,就不仅承担着平等、自由、人权和民主的主张者与维护者的角色,另一方面,也必然具有理性自觉、自主自律、遵规守纪的克制主义精神与能力。这样,以理性公民身份来对义务和责任的服从与承担,就不再是国家法律的外在强制之果,而更主要的是公民自我的理性存在形

---

① [日]川岛武宜:《现代化与法》,王志安等译,中国政法大学出版社 2004 年版,第 19 页。正是因为"为权利而斗争"能够取得近代权利意识中的尊重他人权利的社会意识的保障,才使它得以产生为"法律而斗争"这种信念。(第 73 页)

② [德]马克思、恩格斯:《马克思恩格斯全集》第 16 卷,人民出版社 1956 年版,第 16 页。

③ [苏]列宁:《列宁全集》第 8 卷,人民出版社 1957 年版,第 197 页。

④ [德]马克思、恩格斯:《马克思恩格斯全集》第 1 卷,人民出版社 1965 年版,第 129 页,马克思还指出,"不应该把国家建立在宗教的基础上,而应建立在自由理性的基础上。"(第 127 页)

⑤ [德]约瑟夫·夏辛、容敏德编:《法治》,阿登纳基金会译,法律出版社 2005 年版,第 26 页。

式,是在法治框架下实现权利主张的必要条件与保障。

(四)公民的共同体伦理

近代以来法治发展的历史经验表明,如果缺少必要的伦理秩序,再好的制度也难以获得有效运行。但是,当代社会的伦理秩序已不再是传统那种日用伦常的道德秩序,而是建立在蕴含公民自由、权利、责任和公共精神的公民伦理基础上,展现着参与、守法、负责和牺牲等公民德性,而"公民政治便是这一伦理秩序在公共生活中的体现。"①反之,"如果所有公民的行为都仅以自利为导向,拥有民主、法治国家和自由秩序的社会不可能存续。"② 这意味着,公民德性和公民共同体伦理是公民性品格的重要构成要素,并成为制度运行的重要支撑和保障。

其实,早在古希腊就有关于苏格拉底"雅典公民之我"的伟大故事,③然而,在当代西方,随着个人主义精神的过度发展和漫无止境的利得精神的泛滥,却出现了人们不愿接受对行为进行最低限度约束的"道德无政府"状态,④严重影响了规则秩序的建立和运行。而普特南的相关研究也表明,公民性社会资本较发达的地方,人们推崇团结、公民参与和社会整合,他们彼此信任对方办事公正,并遵守法律;而在"没有公民精神的"或"无公民心"的地方,大家对公共事务漠不关心,几乎每一个人都认为法律要注定被破坏,但由于担心他人的无法无天,他们又要求严刑酷律。在这种恶性循环中,每个人几乎都感到无能为力,有被剥夺感和不幸福感。⑤ 可见,没有足够的公民德性和公民品质,规范制度是很难有效运行的。这就要求"要求公民有高尚的人格和礼仪,要求能按原则上的方式推理,从内心欣赏如自由、公共利益、平等等民主价值;批判性地思考问题,以非暴力方式解决争端;坚持别人的权利(不仅仅是自己的);和你不太愿意合作的人合作;容忍与自己不同的宗教和政治观点;真正地坚持自由地表达那些看法,就如被认为是伏尔泰所说的那句伟大的民主口号:'我不同意你的说

---

① 徐贲:《从三种公民观看两种全球化:自由市场时代的公民政治》,载许纪霖主编:《公共性与公民观》,凤凰传媒集团、江苏人民出版社 2006 年版,第 293 页。

② [德]米歇尔·鲍曼:《道德的市场》,肖君等译,中国社会科学出版社 2003 年版,第 603 页。

③ [美]李普曼:《公共哲学的复兴》,晓苓译,载刘军宁等编:《市场逻辑与国家观念》,三联书店 1995 年版,第 42 页。

④ [美]詹姆斯·布坎南:《自由、市场与国家——80 年代的政治经济学》,平新乔等译,三联书店 1989 年版,第 160 页。

⑤ [美]罗伯特·D. 普特南:《繁荣的社群——社会资本和公共生活》,杨蓉编译,载李惠斌、杨雪冬主编:《社会资本与社会发展》,社会科学文献出版社 2000 年版,第 157 页。

法,但我会誓死捍卫你这么说的权利'。"①只有这样,才能更好地培养公民的共同体伦理,从而为规则秩序提供必要而有效的伦理支撑,进而推进法治进程。

**三、立足公民性品格培养,探索法治教育新路径**

中共十九大明确指出,中国特色社会主义已经进入了新时代,而全面依法治国则是中国特色社会主义的本质要求和重要保障。因此,坚定不移走中国特色社会主义法治道路,"坚持依法治国、依法执政、依法行政共同推进,坚持法治国家、法治政府、法治社会一体建设",无疑成为一种历史必然。这样,立足法治教育的时代转向,探索适应新时代法治建设需要的法治教育新模式和新路径,塑造新时代的法治精神和公民文化,就显得重要而紧迫。

其一,确立法治教育的独立地位。如前所述,基于我国特殊的历史传统和现实国情,形成了公民教育的德育 - 政育 - 法育三元构架,而法治教育一直在其中处于附属地位。为此,《大纲》明确要求修订中小学德育课程标准,从小学低年级到高年级——初中阶段——高中阶段,不断强化法治教育比例、增加法治教育模块,并"将法治教育作为思想政治课的独立部分"。而对于高等教育阶段,《大纲》则要求"把法治教育纳入通识教育范畴,开设法治基础课或者其他相关课程作为公共必修课。"只有确立了法治教育在公民教育格局中的独立地位,才能更好地推进公民法治教育,也才能更好地发挥其法治启蒙功能。

其二,以公民性品格培养为核心目标。实践经验一再表明,没有足够的公民文化,法治国家、法治政府和法治社会都是很难建立起来的。因此,各国都清楚认识到,"应教育公民理解并参与大多数人的规则、尊重少数群体的权利、关心公共利益、保护彼此的自由并限制政府的规模和管理范围。"②在我国,十八届四中全会《决定》正是基于"推动全社会树立法治意识"这一法治建设"基础工程"的迫切需要,提出"把法治教育纳入国民教育体系"的战略要求,而《大纲》更是做出了"培养社会主义合格公民"的目标定位。因此,我们必须牢固确立以公民性品格为核心的价值目标,这就要求:一是凸显法治教育在德育 - 政育 - 法育构架中的法治启蒙地位,并以公民性品格为主线,实现德育 - 政育 - 法育的互动整合与融通;二是摒弃传统的法律常识或者法条

---

① [美]沃尔特·C. 帕克:《美国小学社会与公民教育》,谢竹艳译,江苏教育出版社 2006 年版,第 62 页。
② [美]沃尔特·C. 帕克:《美国小学社会与公民教育》,谢竹艳译,江苏教育出版社 2006 年版,第 63 页。

宣讲方式,紧紧围绕《大纲》要求和公民性品格的培养来设计、安排和组织不同教育阶段的法治教育内容与形式;三是确定权利义务、自由平等、公平正义、规则秩序、国家认同等公民性品格培养的核心要素,选取与学生密切相关的校园事务、社会活动或者生活案例,通过民主商议、投票决定、尊重规则、尊重少数、社区服务等场景教学与实践体验,潜移默化地塑造青少年的公民精神和法治素质。

其三,探索多元共建的法治教育方式与路径。公民法治教育在任何国家都不是件容易的事情,也会遇到大致相似的问题。"随着各种项目计划的蓬勃发展,我们要小心提防那些以各种抽象的、肤浅的方式对美德进行宣扬,却又不能真正触动学生的心灵和思想的教育。"①在我国,《大纲》已明确要求"青少年法治教育要充分发挥学校主导作用,与家庭、社会密切配合,拓展教育途径,创新教育方法,实现全员、全程、全方位育人。"目前,教育部与有关高校合建了多个法治教育研究中心(协同创新中心),②组织了两届全国学生"学宪法、讲宪法"大奖赛,组织编写了《法治教育教师读本》和《法治教育学生读本》,最近又在上海遴选了9所"青少年法治教育协同创新中心实验校",这些无疑为青少年教育模式探索提供了重要机遇和空间。然而,青少年法治教育并不仅仅是学校教育就能完成的,要真正"实现全员、全程、全方位育人",就应该探索多元共建的法治教育方式与路径,尤其是在司法机关、相关政府部门、有关机构、社区组织建立专项的法治教育实践基地,使学生能够经常观摩、体验和参与一些适当的基层治理活动。事实表明,"人们唯有经由地方自治的参与学习,他的思想、能力才能得到适当的锻炼,而更重要的是使人民养成一种习惯。"同时这"也是培养爱国心和公民精神的最佳方式。"③这样,就在民主参与中培育了公民的民主生活经验和技能,形成较高的民主参与能力和水平,进而提升法治教育的效果。

其四,更新观念和创新机制,营造法治教育的良好环境。推进青少年法治教育,塑造公民性品格是一项重大而复杂的系统工程。特别是在缺乏公民法治教育传统的国情下,更新思想观念,破除各种体制机制障碍,就尤显重要了。首

---

① ［美］威廉·戴蒙:《品格教育新纪元》,刘晨等译,人民出版社 2015 年版,第 143 页。
② 如:与北京大学合建"高等学校学生法治教育研究中心"、与中国政法大学合建"教师法治教育研究中心"、与华东政法大学和华东师范大学分别合建"青少年法治教育协同创新中心"等。
③ 张福建:《参与和公民精神的养成》,载许纪霖主编:《公共性与公民观》,凤凰传媒集团、江苏人民出版社 2006 年版,第 249 页。

先,要克服把青少年法治教育与中考、高考相对立的观念。在我国,中考和高考是决定一个学生命运前途的重大环节,因此,一切服从中考、高考,就成为了各个学校的铁律,因此,对长期见效的、培养公民性品格的法治教育,就处在"辅助""拓展"的地位上,这无疑不利于法治教育的正常开展,需要予以破除。同时,中考、高考应当适当增加法治教育的考试内容,形成必要的方向指引。其次,克服传统的"政绩"观念,避免把青少年法治教育简单地视为一个新的政绩工程,而是要把它作为功在千秋、利在当代的重大法治启蒙工程,避免走形式、走过场,力争通过常态化、规范化、制度化建设来取得实效,从而为全面依法治国奠定坚实基础、提供可靠保障。再次,要克服各自为政的思想意识,按照《大纲》的要求和部署,加强学校、政府部门、司法机关、社区组织、家庭教育等的协同配合,探索实践联动的法治教育新路径,在全社会来共同承担起青少年法治教育的历史重任。只有这样,公民文化才能在全社会逐渐形成,为法治国家建设提供根本动力和支撑。

# 目 录
Contents

编写说明

序　言

**第一章　古代西方的法治学说**　　　　　　　　1

　　第一节　古希腊:法治的源头　　　　　　3

　　第二节　古罗马:法治的萌芽　　　　　　9

　　第三节　中世纪:法治的孕育　　　　　　13

**第二章　近现代西方的法治理论**　　　　　　21

　　第一节　英国近现代法治理论　　　　　　23

　　第二节　欧陆近现代法治理论　　　　　　29

　　第三节　美国近现代法治理论　　　　　　33

**第三章　传统中国的法制思想**　　　　　　　41

　　第一节　中国法制思想的萌芽　　　　　　43

　　第二节　"百家争鸣"的法制思想　　　　48

　　第三节　礼法思想　　　　　　　　　　　55

**第四章　近代中国的法治思潮**　　　　　　　61

　　第一节　近代中国法治思潮的产生　　　　63

　　第二节　立宪思潮　　　　　　　　　　　69

　　第三节　共和与民权　　　　　　　　　　73

**第五章　现代法治的理念与原则**　81

第一节　法治理念与原则概述　83

第二节　现代法治的核心理念　86

第三节　现代法治的一般原则　95

**第六章　现代法治的基础和模式**　105

第一节　现代法治的总体特征　107

第二节　现代法治的基础　110

第三节　现代法治的模式　119

**第七章　现代法治的变革与发展**　127

第一节　现代法治面临的挑战　129

第二节　现代法治的变革趋向　138

**第八章　中国特色社会主义法治理论**　145

第一节　良法善治　147

第二节　依宪治国　151

第三节　保障人权　156

**第九章　中国特色社会主义法治体系**　163

第一节　从法律体系到法治体系　165

第二节　五大法治体系的基本内涵　170

第三节　建设法治体系的基本路径　177

**第十章　中国特色社会主义法治道路**　183

第一节　法治建设的中国国情　185

第二节　法治建设的中国模式　189

第三节　法治建设的中国特色　195

**第十一章　民法基本原则**　201

第一节　权利保护原则　203

第二节　意思自治原则　208

第三节　禁止权利滥用原则　　　　　　　　　212

第四节　尊重公序良俗原则　　　　　　　　　216

**第十二章　刑法基本原则**　　　　　　　　　　223

第一节　罪刑法定原则　　　　　　　　　　　225

第二节　罪责刑相适应原则　　　　　　　　　231

第三节　刑法平等适用原则　　　　　　　　　238

**第十三章　行政法基本原则**　　　　　　　　　247

第一节　依法行政原则　　　　　　　　　　　249

第二节　行政公开原则　　　　　　　　　　　253

第三节　合法性审查原则　　　　　　　　　　257

**第十四章　诉讼法基本原则**　　　　　　　　　263

第一节　无罪推定原则　　　　　　　　　　　265

第二节　证据裁判原则及基本证据制度　　　　268

第三节　诉讼权利平等原则　　　　　　　　　272

第四节　诉讼诚信原则　　　　　　　　　　　275

**第十五章　公民参与民主选举**　　　　　　　　279

第一节　民主选举中的公民参与　　　　　　　281

第二节　公民参与选举的法律保障与限制　　　284

第三节　公民参与选举的正当途径与合理方式　288

**第十六章　公民参与公共决策**　　　　　　　　293

第一节　公民参与立法决策　　　　　　　　　295

第二节　公民参与行政决策　　　　　　　　　301

第三节　公民参与司法过程　　　　　　　　　306

**第十七章　公民参与社会治理**　　　　　　　　309

第一节　公民参与社会组织　　　　　　　　　311

第二节　公民参与社区治理　　　　　　　　　318

第三节　公民参与网络社会　　　　　　　　　325

第一章

# 古代西方的法治学说

在建构中国特色社会主义法治理论的过程中,我们应当汲取传统中国法律文化的精华,同时积极借鉴和吸收国外法制的有益经验。从历史上看,法治理念最早产生于西方世界。从古希腊、古罗马的古典法律思想,到中世纪的神权法律思想,再到近代的启蒙运动和当代法律思想的转向,法治观念的阐释和发展一直是贯穿西方法律思想史的主线。在这个漫长的思想历程中,西方国家积累了有关法治的丰富理论资源和经验教训,因此可能成为中国当代法治理论建构的重要思想渊源。但与此同时,我们也应当清醒地看到西方法治理论中存在的局限与错误,批判性地借鉴这些理论资源,绝不能简单地照搬西方法治理念与模式。

# 第一节　古希腊:法治的源头

## 法的门前

有这样一个外科医生,他要有一段相当长的时间离开他的病人,于是他把他的药方和指示写下来,给病人自己服用。现在假定医生提前回来,或者由于神祇的作用,或者由于风的作用,或者由于其他意想不到的原因,病人的病情发生了变化,或者有更好的方法来治疗病人的疾病,那么,这个医生仍然使用他原来的药方呢? 还是根据发生了变化的情况给病人吃新药呢?

——[古希腊]柏拉图:《政治家篇》

**请思考**:柏拉图的比喻说明了"人治"与"法治"的什么问题?

古希腊是西方文明的源头,也是西方法治观念的发源地。在希腊思想家中,较早提出法治观念的哲学家是赫拉克利特(Heraclitus,前540—前470年)。他强调统治者不应以"意志"治国,而应以法律治国;因为人并非总是理智的,而法律可以保持理智。同时,他也强调法律的神圣性,认为公民应尊重法律,维护法律尊严,"人民应当为法律而战斗,就像为城邦而战斗一样"。另一位哲学家德谟克利特(Domocritus,约前460—前370年)也从人性恶的角度论证了法治的必要,强调城邦应当厉行法治,以克服人性的弱点,维持社会稳定。

但直到柏拉图之前,希腊思想家对于法治的论述只是零散的,不存在对于法治的系统论述。这个时代的思想家普遍主张贤人政治,坚持"圣贤不应当服从法律,而应当自由地生活";法治只是一种好的选择,是贤人用来治理国家的手段。在古代希腊,最早将法治作为一个重大的哲学问题提出来的思想家是柏拉图(Plato,前427—前347年),并且最早对法治与人治的利弊展开哲学探讨。而亚里士多德(Aristotle,前384—前322年)更是在此基础上明确提出了法治的定义,并在法律思想史上第一次对"法治优于人治"的命题作出系统论述。

## 一、柏拉图的转向

从"哲学王之治"到"法律之治",是柏拉图治国思想的重大转向,也是法律思想史上最具象征意义的思想转折。在柏拉图的众多作品中,《理想国》《政治家篇》《法律篇》分别代表了柏拉图政治法律思想的三个阶段。《理想国》中的政体本质上是贤人政体,是一种以德性和知识为基础的"人治",从本质上排斥"法治";《政治家篇》中开始思考在哲学王政体之外的第二等好的政治,即法律的统治,构成了柏拉图思想转向的开端;而《法律篇》则第一次系统论证了"法律之治"的价值与意义,构成西方法治思想的重要起点。

### (一)《理想国》:哲学王与法律

《理想国》的创作背景是雅典民主政治的衰败。公元前399年,柏拉图的老师苏格拉底在公民法庭上被判处死刑,这令柏拉图对雅典的民主政治深感失望,并转而在理论上寻求最理想的城邦。对希腊现实的观察,使柏拉图得出结论:"只有正确的哲学才能为我们分辨什么东西对社会和个人是正义的。除非真正的哲学家获得政治权力,或者政治家成了真正的哲学家,否则人类就不会有好日子过。"此后,柏拉图在雅典建立阿卡德米学院,目的就是研究和传授真理、培养哲人政治家或政治哲人。而《理想国》正是对这种思想的系统阐述。

在《理想国》中,柏拉图构建了一个以正义和知识作为基础的理想城邦。在批驳"正义就是强者的利益"等观点的基础上,柏拉图提出了德性论的正义观,认为个人的正义是灵魂的内在和谐,是人的理性对于激情与欲望的制衡。而作为个人的扩展,构成城邦的三个阶层(哲学家、护卫者和劳动者)分别对应灵魂的三个部分(理性、激情和欲望),也分别具备三种不同的美德(智慧、勇敢与节制);而城邦的正义即是这三个阶层的内在和谐,是哲学家对护卫者与劳动者的统治。在他看来,这三个等级能各守其美德,各尽其性,各按其本分行事,便算得到了自然的和谐,即实现了正义的理想国。

显然,《理想国》中的哲学王政体,在本质上是一种贤人政治,是一种知识的专政。柏拉图认为,理想城邦的治理是依靠哲学家的知识与智慧,而非依靠法律。在理想国中,最重要的不是立法和执法,而是对统治者的教育和培养,通过教育来养成统治者的美德。有了美德,即使缺少法律,人们也可以依据美德制定出所需要的法律。同时,统治者所要做的,是调整法律,使之适应种种具体情况,就像医生对待病人要因人施治一样。那种幻想通过制定一部法律来治理国家的做法,会导致统治者不能根据具体的特殊情况作出相应改变。在柏拉图看来,"用法律条文来束缚哲学王的手脚是愚蠢的,就好像强迫一个有经验的医生从医学教科书的处方中抄袭药方一样"。

### (二)《政治家篇》:第二等好的法治

为了哲学王的理想,柏拉图曾三次前往西西里岛的叙拉古,试图教化叙拉古的统治者,实践哲学王的理想,但均以失败而告终。也正是从这一时期开始,柏拉图逐渐放弃参与现实政治的企图,并开始《政治家篇》和《法律篇》的创作。有学者认为,三次西西里之行的失败是导致柏拉图从理想主义转向现实主义的重要原因。

在《政治家篇》中,柏拉图依然坚持最优良政体的信念,追求最卓越的政体。在这种政体中,统治者是真正科学理解统治技艺的人,而不必考虑统治"是否依据法律"。在最优政体下,为何可以不要法律的统治? 在柏拉图看来,法律的一致性和稳定性,使其无法适应人与人之间的差异性和人类事务的变异性,因而不可能给予人们最好的东西。同时,法律的强制性强迫人们按既定规则行事,"禁止人们对他的命令提出质疑,哪怕出现比他立下的法规更好的东西也不行"。因此,在柏拉图看来,法律的墨守成规,使其无法应对纷繁复杂的事务,无法在处理问题时达成最好与最正义,也无法成为最优的选择。

但在《政治家篇》中,柏拉图开启了对法治的思考。在讨论了最优政体之后,柏拉图转而思考另一个问题:"既然法律不是一种理想的控制手段,为什么还要一个法律的体系呢?"。首先一个原因就是在现实世界中,"得到上苍的恩赐而拥有政治智慧和统治能力"的人实在太难得。当哲人政治家不可得时,"人们只好聚集起来,制定成文的法律,尽快追踪那正在逝去的真正的政制",即寻求次等好的统治——法律的统治。其次,即便存在哲学王,也依然不能完全放弃法律的统治方式;因为任何统治者的时间和精力都是有限的,不可能对每个人的所有事都作具体的指引,而只能依靠发布普遍性的命令。同时,最初的优秀统治者也可能会堕落,甚至以权谋私。因此,通过法律的统治来防止统治者的心智腐坏依然是必要的。

### (三)《法律篇》:法治的混合政体

在晚年的《法律篇》中,柏拉图继续了有关法治的思考。《法律篇》中的法治思想从对"混合政体"的讨论开始。柏拉图指出:"我们可以说各种体制有两个策源地,其他各种体制都是从其中派生出来的,其中一个的名字是君主制,另一个的名字是民主制。""混合政体"之所以必要,是因为纯粹的政体总是充满危险,君主制与民主制都有明显的缺陷,"前者是极端服从,后者是极端的不服从"。因此,唯一合理的政体只能是"混合政体",将君主制的优点(智慧的统治)与民主制的优点(同意的统治)结合起来。这种"混合政体",意味着柏拉图"提倡法治君主制和法治民主制的某种结合,以作为仅次于理想国本身的一种政体形式"。

但这也并不意味着柏拉图已经彻底转变为法治主义者。在《法律篇》中,柏拉图依然坚持"哲学王"的理想,仍然坚持具有真正知识的统治者依然居于法律之上;"没有任何法律有权统治真正的知识"。但同时,柏拉图也承认,这样的"理想"政体,"在任何地方都找不到,因此我们只好退而求其次,诉诸法规和法律"。这个"退而求其次"的方案,正是在《政治家篇》中被称为"第二等的好国家"。在这个次等好的政体中,法律是绝对不能"略去"的,也不能轻视。在柏拉图看来,法律构成了良好政体不可或缺的基本要素。

对于法治之所以重要的理由,《法律篇》阐释如下:首先,法律统治是人类区别于野兽的一个基本标准:"人类要么制定一部法律并依照法律规范自己的生活,要么过一种最野蛮的野兽般的生活。"其次,法律的遵守和执行是良好社会的基础:"在上天的保佑下,认真贯彻这些法律,将确保我们的社会幸福美好。"最后,统治者的合法性,主要取决于是否能够把权力变为法律的仆人或臣仆。统治者应是"法律的仆人",绝对服从已有的法律,而不能凌驾于法律之上。只有这样,"统治者"才能统治别人:"绝对服从已有法律的人才能对其同胞取得胜利,我们只能把诸神使臣的工作交给这样的人,让他担任最高职位。"

## 二、亚里士多德的法治观

### 法的精义

我们应该注意到邦国虽有良法,要是人民不能全部遵循,仍然不能实现法治。法治应包含两重意义:已成立的法律获得普遍的服从,而大家所服从的法律本身又应该是制订得良好的法律。

——[古希腊]亚里士多德:《政治学》

亚里士多德(Aristotle,前384—前322年)是柏拉图法治思想的继承者和发展者,也是在西方历史上第一次明确主张"法治优于人治"的思想家。针对柏拉图早期提出的"哲学王"统治,亚里士多德明确指出:国家不能实行"一人之治",而应当"由法律遂行其统治",并且法律必须是良好的。亚里士多德对法治理论的贡献主要是围绕"法治的含义"和"法治的根据"两个方面展开的。

## (一)法治的含义

亚里士多德认为,"法治应包含两重意义:已成立的法律获得普遍的服从,而大家所服从的法律本身又应该是制定得良好的法律"。这一定义是西方历史上第一个明确的法治定义,被后世学者概括为"良法之治"。其中,包含了两层重要含义:

第一,作为法治基础的法律,应当是一种好的法律。在柏拉图那里,曾强调法律应当是正当的,应为全体人民的利益而制定。亚里士多德亦明确指出,作为法治基础的法律,必须是一种良法:"法律的实际意义应该是促成全邦人民都能忠于正义和善德。"只有制定出一种好的法律,并将其作为治理国家的基础,才能达到实施法治的目的。

第二,法律制定后,应当为全社会普遍遵守。柏拉图在《法律篇》中认为,人类必须遵守法律,否则他们就像最野蛮的兽类一样。亚里士多德发展了这种思想,进一步指出:"邦国虽有良法,要是人民不能全都遵循,仍然不能实现法治";"法律所以能见成效,全靠民众的服从"。同时,所谓"普遍服从",不仅包括人民守法,还包括统治者守法:"法律理应具有至高无上的权威,而各种官员只须对个别的特例进行裁决"。

## (二)法治的理由

亚里士多德主张"法治优于一人之治"的理由如下:

第一,法治的优越性来自法律的理性和稳定性。亚里士多德指出:"谁说应该由法律遂行其统治,这就有如说,唯独神和理智可以行使统治;至于谁说应该让一个人来统治,这就在政治中混入了兽性的因素。常人既不能完全消除兽性,即使最好的人们也未免有激情,这就往往在执政的时候引起偏向。法律恰恰正是免除一切情欲影响的神祇和理智。"在这里,亚里士多德与柏拉图的观点一致,认为欲望与激情都可能导致人犯错,而理性则能保持公正与稳定。但与柏拉图不同,亚里士多德不相信可以完全控制情欲的"哲学王"的存在,因此任何人的统治都必然存在风险,不如让纯粹的理智的化身——法律来统治。

第二,法治的优越性还来自法律的无偏私或平等性。在亚里士多德看来,"要使事物合于正义,须有毫无偏私的权衡;法律恰恰正是这样一个中道的权衡"。法律的这种平等性又来自法律的普遍性:"立法者的判断不是关于个别的,而是关于未来和普遍的情况,而公民大会的成员和法官则判断当下和具体的裁决。对他们而言,友好、敌意以及个人利益经常参与其中,结果就是他们不再能够充分地看到真相,他们个人的快乐和痛苦给他们的判断蒙上了阴影。"因此,要避免人性中天然的偏私性的影响,最大限度地保证对于所有人的平等对待,只能依靠于对所有人保持"中立"的法律。

第三,法治的优越性还在于共和政体之下的"众人之治"优于"一人之治"。在亚里士多德看来,在理想的共和政体中,人民的智虑都大体平等,因此,"以一人凌驾于全邦人民之上是不合乎自然的""名位应该轮番,同等的人交互做统治者也做被统治者,这才合乎正义。而这样的结论就是主张以法律为治了;建立轮番制度的就是法律。那么,法治应当优于一人之治"。在这里,亚里士多德将他的法治主张与共和政体联系在一起。在亚氏的政体学说中,共和政体照管城邦公共利益的多数人政体,并由大致平等的中产阶级组成。因此,在这种人民平等的城邦中,依靠众人的法治显然胜过依靠一人的人治。

同时,亚里士多德还强调,对法治的主张并不否认人的智虑在法律中的作用;任何法律都不可能完备无遗,都必然存在缺漏的地方,也必然依靠人的智虑去审议细节。但这种审议或自由裁量,"与其寄托一人,毋宁交给众人"。因为,在共和城邦中,平等的公民往往具备相似的美德和法律精神,众人的思虑也因此比一人更周全审慎。用亚里士多德的比喻来说,众人的多眼、多耳往往胜过一人的两眼、两耳。可见,这里的法治,不仅强调法律自身的平等性,还强调执法与司法的平等性,主张对于法律的解释和裁量同样要平等地交与众人。

### 法治天下

如果将亚里士多德的法治理论与差不多同时期的中国先秦法家法治思想相比,不难发现两点明显的区别。首先,亚里士多德强调"良法之治",主张法治所遵循的"法"必须符合正义与公益的标准。这种"良法"的观点不同于先秦法家将法治仅仅视作君主"以法为治"的形式主义法治观,构成了中西法治传统分流的肇始。其次，亚里士多德强调法治应当是法律得到普遍的服从，不仅是被统治者必须守法，而且统治者也必须守法。相比之下，先秦法家的法治，只强调官吏与百姓对法律的服从，而将作为最高统治者的君主排除在守法者之外。

# 第二节　古罗马：法治的萌芽

## 法的门前

真正的法律乃是正确的规则，它与自然相吻合，适用于所有的人，是稳定的、恒久的，以命令的方式召唤履行责任，以禁止的方式阻止犯罪，但它不会无必要地对好人行命令和禁止，对坏人以命令或禁止予以感召，要求修改或取消这样的法律是亵渎，限制它的某个方面发生作用是不允许的，完全取消它是不可能的；它不可能在罗马是一种法律，在雅典是另一种法律，现在是一种法律，将来是另一种法律；它是一种永恒的、不变的法律，适用于所有的民族，适用于各个时代。

——[古罗马]西塞罗：《法律篇》

**请思考**：西塞罗的自然法观念对于法治传统可能有何影响？

### 一、西塞罗的共和主义法治观

在古代罗马，对于希腊法治思想的继承与发展作出最大贡献的思想家无疑是西塞罗（Cicero，前106—前43年）。与柏拉图和亚里士多德不同，西塞罗既是一位思想家，也是有重要影响力的政治家。因此，他既具有思想家的理性思维，也具有政治家的现实眼光。他把亚里士多德的法治思想与斯多葛学派的自然法思想有机地结合起来，进一步确证法治的必然性和正当性；同时，也依据共和国政治实践的经验教训来阐述法治建构中的现实问题。

#### （一）自然法：法治的哲学依据

与亚里士多德一样，西塞罗主张在共和政体下应当摈弃人治而实行法治。

之所以主张法治,理由也和亚里士多德相同,即认为法律的本质是一种理性,人们接受了法律的统治也就接受了理性的统治。西塞罗认为,"人和神的第一种共有物就是理性,而且既然正确的理性就是法,我们就必须相信人也与神共同拥有法"。理性是人与神的共同本质,因此,人接受法律的统治,既符合神的旨意,也符合人的本性。

与亚里士多德不同的是,受希腊化时代的斯多葛哲学的影响,西塞罗将这种人类所遵循的理性之法称作自然法。这种自然法是永恒的和普遍的,"它与自然相吻合,适用于所有的人,是稳定的、恒久的"。这种法律永远不能被改变,"要求修改或取消这样的法律是亵渎,限制它的某个方面发生作用是不允许的,完全取消它是不可能的""它是一种永恒的、不变的法律,适用于所有的民族,适用于各个时代"。西塞罗发展了斯多葛学派关于自然法是"普遍的、至上的"思想,将自然法视作超越一切世俗力量的最高的行为准则。

同时,西塞罗也继承和发展了亚里士多德的"良法之治"的法治观念。西塞罗强调人类的实定法要尽可能模仿自然法,才可能达到完善的状态。"一个真正可以称之为法律的",必须符合这样的条件,"创造法律是为了公民的安全、国家的长久以及人们生活的安宁和幸福""一旦接受和采纳了这些规则,就是他们可能获得光荣且幸福的生活"。相反,"那些为各民族制定了邪恶和不公正的法规并因此破坏他们的诺言和协议的人所实施的根本不是什么法律"。与亚里士多德一样,西塞罗也坚持法治的意义不仅是法律得到普遍服从,被服从的法律本身也应符合道德意义上的正义与善良。

### (二)共和国:法治的政治基础

正如亚里士多德将法治与共和政体相联系一样,西塞罗的法治观念也同样建立在罗马共和国的混合政体之上。在西塞罗看来,正是在一切权力为了人民的共和国中,也正是在混合了贵族制、君主制和民主制的共和政体中,法律的统治才具备了现实的可能。

西塞罗认为,"共和国乃是人民之事业,但人民不是人们的某种随意聚合的集合体,而是许多人基于法的一致和利益的共同而结合起来的集合体。这种联合的原因不在于人的软弱性,而在于人的某种天生的聚合性"。人民之所以聚合在一起成立国家,是出于天性和利益这两个方面的原因。从天性上讲,人具有天生的聚合性;从利益上讲,相互的需要和利益的考虑使人们相互结合。而法律产生的原因在于使弱小者能受到保护,在于保障每个人的权利。因此,国家和法律具有相同的目的,同时也具有相同的评价标准。

沿袭亚里士多德的思想,西塞罗将国家的政体分为君主制、贵族制和民主制。在西塞罗看来,这三种政体都是单一的政体,都存在内在的缺陷:君主制可能沦为专制,贵族制可能沦为寡头制,而民主制可能导致混乱。但三种政体也各有优点,君主制体现"权威",贵族制体现"智慧",而民主制体现"自由"。因此,最好的政体不是纯粹的政体,而是三者的混合,即所谓的共和政体。在共和政体中,君主、元老院、人民大会等机构各自掌管一定事务,最大限度地保持了政体的均衡与稳定。

共和政体也必然依赖法治。在西塞罗看来,共和国的基础是正义,这种正义应体现为人人平等,因此也只能依靠法律;也只有法律,才能真正平等地对待所有人,才能成为由公民联合起来的共和国的纽带。同时,共和国的法治强调官员的守法。在西塞罗看来,处于国家最高地位的人们怎样,国家便会怎样;官员出现什么变化,人民中间便会随之发生类似的变化。因此,法律对于权力的限制非常重要。他强调法律的至上作用,认为一切官员都应服从法律;"官员是会说话的法律,而法律是沉默的官员"。总之,官员依法行政,使国家的公权力服从于法律,构成了西塞罗法治思想的核心。

**法的精义**

---

官员的职能是治理,并发布正义、有益且符合法律的指令。由于法律治理着官员,因此官员治理着人民,而且可以确切地说,官员是会说话的法律,而法律是沉默的官员。

——[古罗马]西塞罗:《法律篇》

---

二、帝制时代的法学与法治

罗马对法治传统的影响并不都是积极的,也包括消极的影响。尤其是在西塞罗之后,罗马共和国被帝国所取代,共和国的法治秩序也被君主的个人权力所取代。但即便是在帝制时代,法治的理想也并没有被彻底摧毁,依然存在于帝国的宪制观念之中。

**(一)皇权与法律的关系**

在帝国时代,皇帝虽然控制着元老院,使他们的意志成为法律,但是立法权在形式上还是掌握在元老院的手中,他们在名义上只是法律的执行者。因此,从法理上说,皇帝不能按照自己纯粹的意志来统治,而只能依照法律来统治。他们不是一国之主,而是对国家负责的元首,是国家的仆人。"皇帝的权力也不被视为一种个人特权,而被视为一种责任、一种由上帝和元老院授予掌权者的职务"。在帝国的历史上,也存在许多重视法治的君主。奥古斯都的继承人提比略就认为任何人的行为都应受到法律的约束。法律制度一旦形成,就不能因为个人的意志被随意推翻,即使是皇帝的命令也不能取代它。

皇帝敕令是帝国时代最重要的法律渊源,但这也并不意味着皇帝可以随心所欲地创制法律。法学家乌尔比安认为"君主所决定的具有法律效力",但他同时也强调君主的统治权来自人民的授权:"民众根据所通过的关于君主治权的王权法,把自己的全部治权和支配权授予君主。"此外,法学家尤里安也认为,"根深蒂固的习惯就像法律一样被遵守,这就是被称为由习惯所组成的法。如果不是因为这些法律被认为由民众决议所接受的话,它们就没有任何理由来约束我们""法律不仅通过立法者的表决而被废除,而且也可以通过全体默示同意的废弃而被废除"。在这里,尤里安强调,立法权最终属于人民,民众可以通过决议来制定法律,也可以通过行动接受某种习惯来创制法律。民众甚至可以通过默示来废除法律,如民众普遍不服从立法者的规则,即可视为民众以默示方式废除了既有的法律。

## 法象万千

罗马法学家乌尔比安的名言"Quodprincipiplacuit, legishabetvigorem"在中文世界中过去常常被翻译为"凡君主所好即是法律",并以此作为罗马帝国时代君主专制、缺乏法治的论据。但也有学者指出,这句话的中译有误,更准确的翻译应为"君主所决定的具有法律效力"。在《法学阶梯》中,这句话的原文为"君主的决定也具有法律效力,因为民众根据所通过的关于君主治权的王权法,把自己的全部治权和支配权已经授予给了他"。事实上,乌尔比安在这里更强调的是君主的统治权从根本上来自民众的授权。皇帝的决定之所以具有法律效力,是因为人民已通过颁布关于皇帝谕令权的王权法,把自己的谕令权授予皇帝个人。

### (二)罗马法学家的法治观念

从公元前 3 世纪开始,罗马逐渐形成法学家阶层。帝国时代之后,罗马皇帝开始授予一些法学家以解释法律的特权。公元 1—3 世纪是罗马法的古典时期,先后出现了以盖尤斯、保罗、乌尔比安、帕比尼安和莫德斯汀为代表的法学家阶层。426 年的《学说印证法》赋予五大法学家的著作以当然的法律效力。在这一时期,罗马法学家的思想,也当然成为罗马帝国时代的法治观念的重要来源。

法学家的法治观念首先体现在对于法律本质的认识上。乌尔比安指出:"致力于法的研究的人首先应该知道法(ius)这个称呼从何而来。法其实来自于正义(iustitia)。"同时,乌尔比安还援引罗马法学家杰尔苏关于法的定义,认为"法是善良与公正的艺术"。这种观念把法与正义的价值联系起来,认为法的规定性的内涵来自促进、维持和保障正义的实现;如果法律背离了正义的价值,那么法律也就不成其为法律了。这一观念也是对于亚里士多德的"良法之治"思想的继承。

其次,自然法观念也构成法治思想的基础。受西塞罗影响,罗马法学家也普遍接受斯多葛学派的自然法思想。在早期罗马法学家那里,自然法与万民法是同一的,泛指那些为各民族共有的具有内在合理性的普遍原则。如盖尤斯把法律划分为市民法与万民法,而万民法与自然法是同一的。后期罗马法学家则对二者作出了区别,如乌尔比安把罗马法分为自然法、万民法与市民法,将自然法视作自然界教给一切动物的法律。这种人与动物所共有的自然法,超越于实在法之上;无论市民法,还是万民法,都应当遵循作为根本法则的自然法。

最后,罗马法学家还论述了法治的基本原则。乌尔比安在一个片段中明确提到"法不是为个别人制定的,而是针对所有人";换言之,法律必须具有普遍性,应该平等地约束所有人,即使这个人是最高权力的享有者。此外,罗马法学家坚持君主对法律的服从,主张"行使治权的君主承认服从法律,这是与他的尊严相吻合的一种说法;因为我们的权威依赖于法律的规定。事实上,权力服从于法律的支配,乃是政治管理上最重要的事情"。在这些论述中,统治者应服从于法律的法治观念同样清晰可见,并对后世影响深远。

## 第三节　中世纪:法治的孕育

### 法的门前

世俗国家的观念自始就蕴含于教皇革命之中。从本质上讲,世俗国家的观念和现实也就是法律统治的国家或"法治国"的观念和现实。首先,这意味着每一个教会团体和世俗团体各自的首脑都应当采用和维护他们自己的法律体系，即应当经常制定法律，建立司法制度，并实行普遍的依法而治(rule by law)。其次，它意味着每一个教会团体和世俗团体各自的首脑都应当受到他们自己制定的法律的约束；虽然他们可以合法地改变法律，但在法律改变前他们必须服从法律——他们必须在法律之下统治(rule under law)。第三，如果教会具有各种不可侵犯的法律权利，那么国家就必须把这些权利作为对它自己的最高权力的一种合法限制来接受。同样，国家的各种权力也构成了对教会最高权力的一种合法限制。两种权力只有通过对法治(rule of law)的共同承认，承认法律高于它们两者，才能和平共处。

——[美]伯尔曼:《法律与革命:西方法律传统的形成》

**请思考:** 中世纪基督教文明对西方法治传统的形成有何影响?

## 一、基督教与法治传统的形成

在中世纪早期，基督教教会及其神学扮演着双重角色:一方面，基督教神学的狂热迷信极大钳制了思想的自由;另一方面，在日耳曼摧毁古典文明的同时，基督教会以护卫者的形象出现保存着古典文明的残余，使古典法治思想的火种被保留下来。正如顾准所说:"教会是黑暗时期的罗马典章、罗马法制、希腊思想的保藏库。"这一时期教会权力的增长及其与王权的对抗，又使得教会神学中残存的法治观念的种子开始萌芽。

### (一)教权与王权的对立

在中世纪，基督教会对于法治传统的影响，主要来自11世纪的教皇革命，以及由此引发的教权与王权的对立。一方面，教皇认为自己在全欧洲具有至高无上的权威;另一方面，世俗君主认为自己才是国家的最高统治者。正是在这种二元对立格局中，现代西方的一系列法治原则才逐渐形成。如伯尔曼指出的，"就教皇革命而言，它的主要目标中的两个即依法而治(rule by law)和法的统治(rule of law)——统治者们必须寻求通过法律制度实现他们的政策，同时他们自身也受到法律制度的约束——对于西方社会来说是新的东西"。

1077年的卡诺萨觐见构成了中世纪教俗冲突中最具象征意义的事件。为争夺主教的任命权，神圣罗马帝国皇帝亨利四世与教皇格里高利七世之间发生了激烈的冲突。最初是亨利四世落败,为乞求教皇的原谅,跪倒在卡诺萨城堡外的雪地里。但教皇也并非最后的胜利者,在击败国内的反对派后,亨利四世又带领自己的军队占领了罗马,格里高利七世也在逃亡中去世。最终的结果是,双方不得不选择妥协。按照1122年的《沃尔姆斯协约》,皇帝保证由教皇自由选举主教,而教皇承认皇帝有权参与选举,并在选举有争议的地方介入。

这种权力对抗的格局,为法律的迅速发展提供了重要契机。教皇和世俗君主在斗争中各有弱势,不得不转而寻求法律的支持。一方面,教皇党在教会史的记载中寻求法律根据,以支持教皇高于全体僧侣和世俗社会的主张。另一方面,皇帝方面也着手查找古老的经典,以支持反对教皇篡权的事业。这一过程客观上促进了教会法学的兴起和罗马法的复兴;同时,"法律作为一种权威的渊源和控制手段的潜在作用"也开始充分显现出来。最终,由于双方都不愿服从对方的意志,而不得不妥协于双方共同接受的法律。"两种权力只有通过法治(rule of law)的共同承认,承认法律高于它们两者,才能和平共处"。

### (二)基督教神学中的法治思想

在基督教神学思想中,同样也包含了统治者应受法律约束的法治观念。

在罗马帝国末期,基督教哲学家奥古斯丁在《上帝之城》中就阐述了正义与守法的观念。奥古斯丁认为法律产生于上帝意志,尽管"地上之城"的法律并不完美,但应尽可能符合正义的标准;"没有真正正义的地方,法律是不可能存在的"。同时,奥古斯丁强调公民的守法义务。即便是上帝之城的公民,在末日审判之前,也只能在地上之城生活,也必须遵守地上之城的法律。虽然这些法律并不具有拯救的意义,但却对于维持世俗社会最低限度的和平具有重要的意义,因此应当得到所有人的共同遵守。

从11世纪开始,随着教皇改革与教会法的完善,教士们开始在神学理论体系中系统阐述法律与正义的思想。例如,12世纪神学家安塞姆就认为,上帝不仅是仁慈的,也是正义的,并且正义重于仁慈。一个人如果不服从上帝的法律而犯罪,他不能因为上帝仁慈而随意获得宽恕,而应根据正义的要求获得惩罚。因此,在这个意义上,作为一位公正的法官和立法者,上帝也不能任意行事,他的仁慈要服从他的正义。这种建立在正义基础上的赎罪学说,无疑为中世纪西欧法治原则的确立奠定了基础。

当然,对基督教神学法治思想作出最重要贡献的思想家还是托马斯·阿奎那(Thomas Aquinas,约1225—1274年)。在复活亚里士多德哲学的基础上,阿奎那重新强调法律是理性的体现。依据理性的不同来源,阿奎那将法律分为永恒法、自然法、人法和神法。其中永恒法是上帝的理性,自然法是人类凭借自身理性所分有的上帝理性,而人法是立法者依据自然法制定的法律。其中,阿奎那尤其强调人法对永恒法和自然法的服从。"只要人法按照真正的理性办理,它便具有法的性质;只要它违背理性,它就不具有法的性质,而是具有暴力的性质。"

继承亚里士多德的共和思想,阿奎那也强调法的目的在于公共福利。"任何力量,只要它能通过共同的政治行动以促进和维护社会福利,我们就说它是合法的和合乎正义的。"在他看来,法的正当性取决于法的目的性要求;如果某项法律不符合公共福利的目的,它根本就不配称为法律。在此基础上,阿奎那明确提出"恶法非法"的"良法之治"的观念:"暴戾的法律既然不以健全的论断为依据,严格地和真正地说来就根本不是法律,而宁可说是法律的一种滥用。然而,它只要考虑到公民的福利,它就具有法律的性质"。

最后,阿奎那的法治思想还强调君主对法律的服从。受到罗马法影响,阿奎那承认君主地位在法律之上,但同时又受到教会思想的影响,坚持立法者应受制于自己制定的法律。阿奎那强调,君主把遵守法律的义务全部加诸臣民,而自己免除守法责任,是违背神意的。一方面,他承认"就法律的拘束力而言,君主的地位是超过法律的,因为法律的拘束力只能起源于君主的权力";另一方面,阿奎那也强调,就法律的支配力来说,一个君主应当自愿地服从法律,受制于自己制定的法律。总之,在阿奎那看来,尽管强制君主服从法律在实际上是困难的,但君主服从法律永远是对君主的正当要求。

**法的精义**

据说,就法律的拘束力而言,一个君主的地位是超过法律的。这是因为谁也不能为其自身所约束,并且法律的拘束力只能起源于君主的权力。但是,就法律的支配力来说,一个君主自愿服从法律,是与规定想合乎的。

——[意大利]托马斯·阿奎那:《阿奎那政治著作选》

## 四、封建契约与法律至上

除基督教因素外,中世纪西欧的封建结构也同样构成法治传统生成的世俗来源。这种影响主要来自两方面,一是国王与贵族的封建契约关系,二是"法律至上"的观念。

### (一)封建契约中的法治要素

首先,封建制内含分权与抑制专制的天然倾向。封建制除地产外,还包括附着在土地上的对居民的政治统治权,诸如行政权、司法权、征税权等。因此,随着土地的层层分封,政治统治权也层层分解和下放,导致公共权力系统的多层化和私人化。在典型的封建制度下,领主只能管辖直属于自己的封臣,不能管辖封臣的封臣。国王在理论上是最高统治者,但仅是大贵族"平等者中第一人"。这种分权化的制度结构无疑为限制国王权力奠定了基础。

其次,契约性质的封建法内含制约王权的法治功能。封建法是领主—封臣在互惠基础上的合意产物,因此,领主—封臣之间不是单向的支配与服从关系,而是一种基于双方相互承诺的契约关系。对于封臣权利和领主义务的强调,构成了约束统治者的具有法治功能的法律规范。这种权利义务的契约性,也构成了中世纪立宪政府的基础,使得国王与贵族双方都不得不服从于共同的法律。这种"封建政府在实践中成为一个重要的思想预报器和孵化器。此后具有理论性的人民论或自下而上的政府理论都会在封建政府的基础上发展起来"。

最后,封臣的反抗权为中世纪法治提供了制度保障。依据封建法,当封臣权利受到领主侵害而又无法获得救济时,封臣可以"撤回效忠",解除封建契约。如果"撤回效忠"仍不能阻止国王的侵害,封建法还允许封臣采用武力反抗,夺取国王城堡和逼迫国王改正错误。1214 年英国贵族反抗约翰王的统治以及1215 年《大宪章》的签订,就是建立在封建契约的反抗权基础之上的。在中世纪政治实践中,尽管这一权利是否能够实现取决于国王与贵族的力量对比,但的确构成了一种可能迫使国王服从法律的制衡机制。

### (二)"法律至上"的法治理想

中世纪封建制的政治结构也锻造了相应的意识形态。在中世纪的世俗政治法律观念中,尽管存在大量王权神圣的观念,但法律至上与王在法下的观念始终存在着。这些观念或许并非中世纪政治实践的现实,但依然构成现代法治思想的先声。

首先,法律的至上性始终是中世纪法律思想的基本观念。在中世纪观念中,法律是共同体的最高权威,但法律不是人为制定的,而是被"发现"的,法律源于社会共同体的古老习俗。因此,在中世纪,并不存在"发明"法律,而只是

"发现"法律。所谓日耳曼王国的立法也不过是对共同体习俗的发现和汇编。在这里,法律也被视作国家存在的基础;法律是第一位的,国家是第二位的,法律高于国家,国家仅仅是执行法律的工具,而不得改变法律。"中世纪政治社会的首要原则不是君王至上,而是法律至上。"

其次,反暴君的思想也始终构成对君权的制约。在中世纪观念中,既然国王只是法律的执行者,而非创造者,因此,国王的行为必须符合法律。如果违背法律,国王就不再是国王,而成为暴君;对于暴君,人民拥有反抗的权利。英国索尔兹伯里的约翰(约 1115—1180 年)曾指出:"暴君和国王之间的唯一区别,即后者服从法律并按照法律来统治人民""诛杀暴君不仅是合法的,而且是正确的和正义的"。到近代早期,随着专制王权的兴起,反暴君论也一度成为流行的政治话语,并深刻影响了近代法治观念的形成。

最后,"国王二体"的观念也为国王的守法义务提供理论基础。借助基督教的"基督二体"论,世俗思想家提出"国王二体"论,强调国王有两个身体:自然身体和政治身体。前者是有朽的和会犯错的;而后者是不朽的和不会犯错的,永远服务于公共利益。因此,国王应当恪守法律和正义,以使"自然身体"与"政治身体"统一;而一旦二体分离,人民有权抵制国王"自然身体"的错误,要求国王"凡体"服从公共利益所界定的"圣体",用"抽象的国王"反对"具体的国王"。

## 法治天下

从实际的历史来看,"王在法下"的观念并不等于中世纪的政治法律现实。这些观念很大程度上来自后代学者的塑造,不可避免地带有"辉格史学"和西方中心论的色彩,因而可能构成一种法治的"浪漫想象"。事实上,在政治实践中,"王在法下"更多停留在应然的政治理想层面,而为国王的实际政治行动所抛弃。但即便如此,这些观念的存在还是在一定程度上构成了对中世纪王权的约束,并构成了近代学者构建法治理论的思想渊源,为经典的法治学说的形成提供了有益的智识资源。

 课后思考

1. 柏拉图与亚里士多德的法治观有何异同?
2. 古罗马法治观对后世的影响是什么?

3. 中世纪法治主义的原因何在?

 **参考文献**

1. 汪太贤:《西方法治主义的源与流》,法律出版社 2001 年版。

2. 高鸿钧、赵晓力主编:《新编西方法律思想史(现代、当代部分)》,清华大学出版社 2015 年版。

3. [古希腊]柏拉图:《法律篇》,张智仁、何勤华译,上海人民出版社 2001 年版。

4. [古希腊]亚里士多德:《政治学》,吴寿彭译,商务印书馆 1965 年版。

5. [古罗马]西塞罗:《国家篇·法律篇》,沈叔平、苏力译,商务印书馆 1999 年版。

6. [美]哈罗德·J. 伯尔曼:《法律与革命——西方法律传统的形成》,贺卫方、高鸿钧等译,中国大百科全书出版社 1993 年版。

7. [意]托马斯·阿奎那:《阿奎那政治著作选》,马清槐译,商务印书馆 1963 年版,第 104 页。

8. 程汉大:《中世纪欧洲的法治元素》,载《经济社会史评论》2015 年第 1 期。

# 第二章
# 近现代西方的法治理论

近代以来,随着文艺复兴和启蒙运动的展开,西方法治理论与法治实践也日臻成熟。在近现代的西方法治学说中,英国的自由主义法治理论形成最早,并在自由主义与福利国家的论争中不断自我完善。欧洲大陆的法治理论以法国和德国为代表,前者由孟德斯鸠和卢梭所开创的两种不同路径的自由法治观所构成,后者则表现为有德国特色的"法治国"理论的兴起与内在演进。美国法治理论的形成深受英国自由主义法治的影响,但同样不乏自己的特色与创造,在程序法治和权利法治等领域都有重要发展。限于阶级与时代的局限,近现代西方的法治理论不可避免地存在种种缺陷,但也在数百年的自我演进中积累了丰富的有益经验与理论资源,同样可以为中国特色社会主义法治理论的建构提供借鉴。

# 第一节　英国近现代法治理论

**法的门前**

处在社会中的人的自由,就是除经人们同意在国家内所建立的立法权以外,不受其他任何立法权的支配;除了立法机关根据对它的委托所制定的法律以外,不受任何意志的统辖或任何法律的约束。所以,自由并非像罗伯特·菲尔麦所告诉我们的那样:"各人乐意怎样做就怎样做,高兴怎样生活就怎样生活,而不受任何法律束缚的那种自由。"处在政府之下的人们的自由,应有长期有效的规则作为生活的准绳,这种规则为社会一切成员所共同遵守,并为社会所建立的立法机关所制定。这是在规则未加规定的一切事情上能按照我自己的意志去做的自由,而不受另一个人的反复无常的、事前不知道的和武断的意志的支配。

——[英]洛克:《政府论》

**请思考**:近代自由主义法治观如何看待法律与自由的关系?

## 一、自由主义法治观的发端

17 世纪的资产阶级革命是英国近代史的开端,英国的近代法治思想也发端于此。在内战与革命的过程中,英国的共和派思想家哈林顿最先提出了系统的法治思想;在 1688 年光荣革命前夕,英国启蒙思想家洛克也完成了《政府论》的写作,深入阐述了法治、自由与分权的基本观念,为英国自由主义法治观的形成奠定了基础。

### (一)哈林顿:法治的共和国

在洛克之前,作为共和派代表人物的詹姆斯·哈林顿(James Harrington,1611—1677 年)是近代英国明确提出法治主张的思想家。哈林顿所构建的共和国,不仅注重自由与民主的价值,而且尤其强调共和国是一个"法治的王国"。

哈林顿的论证首先从法治与人治的历史开始。在哈林顿看来,历史上的治国方式无外乎法治与人治,而共和国的特征是"法律的王国,而非人治的王国"。在古代,法治技艺已经由亚里士多德和西塞罗提出。在近代,马基雅维利和霍布斯分别是法治和人治的阐释者。霍布斯认为法律只是一种工具,真正的力量还是来自执行法律的人。但哈林顿反对这一观点,认为法律与统治者就好比"大炮"与"炮手",真正的威力来自大炮而非炮手;法律的力量是客观存在的,就好像"没有点燃"的大炮的威力始终存在一样。

在此基础上,哈林顿阐述了法治优于人治的人性基础。继承亚里士多德的观点,哈林顿认为,人类的灵魂是理智与情欲两种因素争夺的阵地。当情欲占领阵地,人类的行为就是恶行;当理性主宰灵魂,人类的行为就表现为美德和自由。而政府作为一个国家或城邦的"灵魂",其行为表现也是由理智与情欲所控制的。当情欲左右政府,国家便会因缺乏法律而"遭受暴君的恶政",成为"人的王国";当理智支配政府时,国家就是"法律的王国"。"如果一个国家或城邦的灵魂是主权,那么国家或城邦的美德就必然是法律"。

最后,哈林顿还强调实现法治的关键在于维护权力的均势。哈林顿认为权力的"均势"可以防止权力专断;而要维持权力均势,就必须维持财富的均势,因为财富是权力的基础,这就必须维持人民与贵族的土地财产之间的均势,防止贵族的势力压倒人民;同时,将均势原则法律化,制定法律以固定土地的均势和权力的均势,并保证法律体现人民的共同利益。而为了保证立法体现共同利益,哈林顿还强调立法机关内部的权力均势,即由元老院掌握法律的提议权,而由人民议会掌握法律的批准权。

### (二)洛克:自由与法治

在近代启蒙思想家中,洛克(John Locke,1632—1704 年)最为系统地阐述了自由主义的法治学说。在《政府论》中,洛克从自然权利和社会契约入手,深入论述了法律与自由的关系,尤其是公开、稳定和可预期的法治对于维护和扩大自由的意义。

洛克阐释了自由与法律的经典命题。在洛克看来,自由并非随心所欲,而是在法律之下的自由,"是在他所受约束的法律许可范围内,随心所欲地处置或安排他的人身、行动、财富和他的全部财产的那种自由"。如果自由没有约束,这就意味着一个人的自由随时可能受到其他人的自由的侵害,因此,自由的维护必须依靠限制自由的法律。法律的目的不是废除或限制自由,而是帮助臣民保护和扩大自由;通过法律的规则来保护自由人免受其他自由人的侵害,也免受统治者的专断意志的侵害。

为实现这一目的,洛克强调法治之"法"必须公开与稳定。法治之所以能维护自由,就在于法律的确定性与可预见性。"无论国家采取什么形式,统治者应该以正式公布的和被接受的法律,而不是以临时的命令和未定的决议来进行统治"。同时,这种法律应当是稳定的、长期有效的规则,从而使人们可以根据法律规定对未来生活作出可预期的安排。在法律规定之内,人们可以依法行事以获得预期的后果;在法律规定之外,人们可以完全按自己的意志行事,而不受他人的反复无常的、事前未知的和武断的意志的支配。

**法的精义**

哪里没有法律,哪里就没有自由。这是因为自由意味着不受他人的束缚和强暴,而哪里没有法律,哪里就不能有这种自由。

——[英]洛克:《政府论》

## 二、英国现代法治观的演进

英国现代法治观发端于 19 世纪的思想家戴雪。从这一时期开始,英国学者对于"法治"概念的讨论都可被视作对戴雪法治观的批评、辩护与回应。在此基础上,曾先后出现福利国家的法治观、新自由主义法治观和形式主义法治观等不同形式,都在不同程度上丰富着英国人对于法治的现代理解。

### (一)戴雪:法治的定义

在英国法治思想史上,戴雪(Albert Dicey,1835—1922 年)是第一位对法治理论作出系统总结的学者,第一次明确界定了"法治"(Rule of Law)的含义。在《英宪精义》中,戴雪将"法治"视作英国宪法的基本原则,并从三个方面阐述了英国"法治"的内涵。

首先,政府没有专断权力。无论何人,除非有法律明文规定,并由普通法院依普通法律手段判定,否则均不能受到惩罚。"英吉利人民受法律治理,唯独受法律治理。一人犯法,此人即被法律惩戒;但除法律之外,再无别物可将此人治罪。"在这个意义上,法治首先要求任何人都必须依法行动,政府没有专断的自由裁量权。如果政府能以专断权力执法,如法国专制王权常有超越法律的行动,则绝无法治可言。而在英国宪制中,人只受治于法律而不受治于人情好恶;公民只要遵守法律,就无须畏惧政府,个人自由也不至于受其侵害。

其次,法律面前人人平等。在英国,"不但无一人在法律之上,而且每一人不论为贵为贱,为富为贫,须受命于国内所有普通法律,并须安居于普通法院的管辖权之治下"。任何人都没有在法律之上的特权,都须受治于普通法和普通法院,特别是官吏违法要与普通人接受同等的惩罚。因此,戴雪反对法国的行政法和行政法院,认为法国将涉及官吏的行为由专门的行政法院处理,无疑构成维护官吏特权的机构,违反了法律平等原则。在戴雪看来,法治是英国制度的特色,在与法国行政法的对比之下愈发显著。

最后,宪法是法院司法的结果。在戴雪看来,英国的宪法原则和人民权利都不来自立法,而来自法院的司法实践。一方面,英国宪法中没有各种权利的宣言,只有法院判决确定的规则。在英国宪法中,对权利的保护和救济,比权利的列举更重要;"法律的全副精神注意救济方法"。只有具备有效的救济,权利才能受到尊重,名义上的权利才能转化为实在权利。另一方面,既然英国个人权利是司法判决的成果,宪法只是对权利作概括的规定,而不存在具体的授权。也正由于权利不来自法律的具体规定,因此也不会被法律所废止。

总之,戴雪的"法治"概念尤其推崇法院在宪制中的地位和作用,这也构成了戴雪法治观与欧陆法治观念的区别。在欧陆理论中,虽赋予法院以独立性,但仍被视作对立法者意志的执行。而在戴雪的理论中,法院不仅有独立地位,并且拥有超然于主权者之外的权力来源,构成保护个人权利和防止立法侵害的独立权威机构。

## 法象万千

戴雪 1861 年毕业于牛津大学,1882 年任牛津大学瓦伊那英国法讲席教授,1885 年出版《英宪精义》(Introduction to the Study of the Law of the Constitution)。该书面世的第一年,时任英国首相格莱斯顿就开始在议会中大声朗读,并把它引证为权威。在《英宪精义》中,戴雪的主要贡献是确定了宪法的概念,并将英国的宪法原则归纳为三项:议会主权、法治原则、宪法法律和宪法惯例并重。其中,将法治原则上升到与议会主权原则同等重要的地位,是戴雪宪法思想中最具原创性的内容。戴雪第一次明确地提出并界定了"法治"(rule of law)的概念,使其成为法治思想史上无法绕开的人物。

### (二)福利法治观:詹宁斯对戴雪的批评

戴雪思想可视作英国古典自由法治观的一次系统总结。但正是从这一时期开始,古典自由主义日益遭遇挑战。20世纪初期,尤其是第一次世界大战和随之而来的经济危机,迫使英国逐渐转向凯恩斯的国家干预政策,以戴雪为代表的古典自由法治观也开始遭遇批评,其中最重要的批评来自詹宁斯(Sir Ivor Jennings)。在《法与宪法》中,詹宁斯逐一反驳了戴雪的法治原则,并在此基础上建立了自己的积极法治观。

戴雪强调法治要排斥专断权力,应最大程度减少自由裁量权。但在詹宁斯看来,"所有权力都可能被滥用,不管它们是否来源于正当法律"。问题的关键不是要不要自由裁量权的问题,而是需要多大程度的自由裁量权的问题。在詹宁斯看来,广泛的裁量权在现代社会已经不可避免,因此对裁量权的讨论重点应是如何审查及限制的问题。英国人应受法律的统治,但关键是这种法律绝非法院的任意创造,而必须符合法律的最低标准和原则。

针对戴雪强调法律之下的人人平等,詹宁斯认为,现代法律总是不可避免地对不同法律地位的人作出区分(地主与租户、雇主和雇员等),对不同类别的人适用不同的法律规则。行政法的目的也并非为免除官员的责任;相反,行政法是"通过确定公共机构的权力和职责,有效防止越权和滥用职权的行为"。不能因为"法国拥有一套控制权力的有效体制,而英国是另有一套体制,就成为解释英国没有行政法却有法治的奇怪理由"。

最后,针对宪法原则是司法结果的观点,詹宁斯认为,这种观念不符合19世纪后期以来国家职能不断扩张的实际;"现代国家职能的新发展已经使他的很多曾经努力的分析与之无关了,他的所见并不确切"。戴雪将法治简单等同于普通法院的独立审判,忽视了很多国家有独立法院(如大革命前的法国)但不能保证人民权利的事实。同时,仅仅将公民权利视作普通法的产物也不符合英国的事实;在现代英国,公民最基本的自由权也同样由制定法规定,尤其是公民的经济和社会福利都来自制定法,而非普通法。

### (三)20世纪后期英国法治理论的新发展

20世纪70年代以后,资本主义经济危机进入到新阶段,社会矛盾日益尖锐,人们对福利国家政策开始产生怀疑,古典自由主义又呈现复兴之势。在法治理论上,福利法治观也开始遭遇危机,自由主义法治开始重新被阐释,其中最重要的即是哈耶克(F. A. Hayek,1899—1992 年)的新自由主义法治观。

哈耶克对法治的理解建立在对福利国家的批判之上。在哈耶克看来,福利国家与法治这两者之间存在内在矛盾。一方面,福利国家以国民经济计划去调整不同人的特殊需求,破坏了法律面前形式平等的原则。另一方面,政府调控与福利计划必然借助于行政裁量权,从而破坏法治最重要的品质——法律和政策的可预期性。尽管这些活动从表面上看是纯粹服务性的,但它们事实上却构成政府的强制性权力,最终可能走向通往奴役之路。

在此基础上,哈耶克提出了自己的自由主义法治观。第一,法律制度的形成来自"自生自发"的行动,而非人为设计;因此,尝试设计社会的努力会伤害社会的健康发展。第二,在一个自由的社会中,真正的法律是被发现的而非被创建的。在英国,这种被发现的法律就是作为历史经验集合的普通法,而非国会的制定法。第三,法治要求平等地对待所有人,但不能以人为的方式迫使人平等,否则最终会摧毁法治。第四,法治要求以一般的法律规则限制政府权力;除非是实施众所周知的规则,否则不得对个人实施任何强制。

在新自由主义之外,20 世纪后期具有较大影响的法治理论还有以拉兹(J. Raz,1939—)为代表的程序法治观。拉兹认为,法治有广义和狭义之分。广义的法治指一切人都服从法律并受法律统治。狭义的法治仅表示一切政府行为必须基于法律并由法律赋予权威。这里的"法律"并非法律人眼中的法律,而是普通人眼中的法律,即一套公开、普遍并且相对稳定的规则。当然,这并不排除在法律制度中包含大量具体的、细节的规则;只不过法治原理要求这些具体规则的制定必须受公开、稳定的一般规则的指导。

在此基础上,拉兹进一步指出,法治的含义有两方面:一是人们应该受法律的统治并服从法律;二是法律应该让人们能受其引导。他认为,法治的重点应该关注后一种含义。法律要被人们真正服从,就必须要能够引导人们的行为。为此,他提出法治的八条原则:第一,法律必须是可预期的、公开的和明确的;第二,法律必须是相对稳定的;第三,必须在公开、稳定、明确、一般的规则指导下,制定特定的法律命令;第四,必须保障司法独立;第五,必须遵守自然正义原则;第六,法院对原则的实施应有审查权;第七,法院应易于接近;第八,执法机构的自由裁量权不得歪曲法律。

**法的精义**

法治意味着政府除非实施众所周知的规则以外不得对个人实施强制,所以它构成了对政府机构的一切权力的限制,这当然也包括对立法机构的权力的限制。

——[英]哈耶克

# 第二节 欧陆近现代法治理论

**法的门前**

第四条 自由是指能从事一切无害于他人的行为;因此,每一个人行使其自然权利,只以保证社会上其他成员能享有相同的权利为限制。此等限制只能以法律决定之。

第五条 法律仅有权禁止有害于社会的行为。凡未经法律禁止的行为即不得受到妨碍,而且任何人都不得被强制去从事法律所未要求的行为。

——《人权和公民权宣言》

**请思考**:法国《人权和公民权宣言》中包含哪些法治原则? 这些原则的思想渊源何在?

在英国之外,欧洲大陆是自由主义法治观的另一源头。如果说 17 世纪的英国是自由主义法治理论的中心,那么 18 世纪之后这个中心无疑转移到了欧洲大陆。从这一时期开始,欧陆的法国与德国从不同方面发展出丰富的法治理论。法国的自由主义法治理论以孟德斯鸠和卢梭为代表,而德国则发展出国家导向的"法治国"理论。

## 一、法国的自由主义法治

**法的精义**

自由的主要意义就是,一个人不被强迫做法律没有规定要做的事情;一个人只有受法的支配才有自由。

——［法］孟德斯鸠

### （一）孟德斯鸠：分权与法治

孟德斯鸠（Montesquieu，1689—1755 年）深受洛克思想的影响，他的法治学说延续了洛克有关理性和自由的主题。但与洛克强调将自由视作法治的目标不同，孟德斯鸠关注的问题更多的是如何以法治来保证自由的问题。孟德斯鸠法治学说的核心不在于为什么要保证自由，而在于如何保证自由。因此，如果说洛克更多地从价值层面建构法治，那么孟德斯鸠则更多地从政体层面和权力结构层面来考察应当如何建立法治的问题。

在价值层面，孟德斯鸠法治学说考察了法律与自由的关系问题。孟德斯鸠认为，自由是人的本性的必然要求；这里所谓的自由，是法律之下的自由。一方面，自由是由法律建立的，"自由是做法律所许可的一切事情的权利；如果一个公民能够做法律所禁止的事情，他就不再有自由了，因为其他人也同样会有这个权利"。这也就意味着自由与秩序相联系，如果没有基本的秩序，就不可能存在自由。另一方面，法律是自由的，自由构成法律的内在价值和精神；如法律应促进言论自由、出版自由、信仰自由、人身自由等。

在政体层面，孟德斯鸠考察了法治与政体的关系问题。孟德斯鸠将政体分为三类，即共和政体、君主政体和专制政体。在专制政体中，法治不可能实现；因为专制国家的法律形同虚设，完全依据君主个人意志来统治。在君主政体中，法治可能实现，但前提是君主守法；这就要求存在中间权力阶层（贵族和教士）来制约君主。而共和政体（包括民主政体与贵族政体）最适宜法治，尤其是民主政体最有利于法治的实现。因为人民不可能亲自统治，而必须借助法律；同时，民主政治激发出对法律和国家的热爱，也构成人们服从法律的基础。

### （二）卢梭：民主与法治

与孟德斯鸠侧重自由不同，卢梭（Rousseau，1712—1778 年）的法治观不仅关注自由，还关注民主与平等。卢梭的理论企图把自由、平等、民主和法治有机结合起来；在他看来，自由与平等具有最直接的因果关系，而两者的实现都依赖于民主（政体构造）和法治（治理模式）。关于卢梭的法治思想，其核心观点如下。

法治的目的是恢复人类的自由。在卢梭看来，自由是人的本性，自然状态中的人是自由和平等的，但私有制的出现导致了专制和奴役的产生。因此，只有当专制权力社会瓦解,并被新型的合法权力社会所取代时,人类才可能从不平等回到平等。在新的社会中,每个成员不是服从他人的专横意志,而仅仅服从于法律。只要个人的权利高于法律,而成为非法的权力,人们就不可避免地要遭受这种非法权力的奴役。只有法治才能最终结束人类的奴役。

法治是实现公意统治的主要途径。按照卢梭的观念,社会契约产生国家主权,而主权的行使必须以公意为准则。但这种公意的统治只是抽象的概念,要真正完成主权的使命,必须将公意的统治转化为法律的统治。"政治体只能是由于法律而行动并为人感到";只有法律的统治才能使主权遵循公意的原则具有实践的可行性。因此,确立法律的统治地位的意义,就在于法律能够将抽象的正义具体化、客观化,转化为公民的权利和义务。

法治要求包括统治者在内的所有人平等地服从法律。在卢梭看来,既然法律是公意的体现,那么统治者就不可能超乎法律之上,因为统治者也是国家的成员,也应当是法律的服从者。法律总是一视同仁地对待每个人,因而在服从法律方面,也决不能容许有任何特权的存在。如果有人不服从法律,不仅是违背公意,而且也违反平等,所以人们就应该强迫他服从。正是在这个意义上,卢梭极力推崇法治;在他看来,"一旦法律丧失了力量,一切就都告绝望了;只要法律不再有力量,一切合法的东西也都不会再有力量"。

## 二、德国法治国思想的历程

德国的法治思想主要表现为"法治国"理论。与英美的"法治"(Rule of Law)传统不同,德国法治国思想重在强调以"法"制"国",即以法律来制约国家。法治国观念在德国历史上也并非一成不变,而是经历了漫长的发展演变,大致包括"自由法治国"、"形式法治国"和"实质法治国"三个阶段。

### (一)自由法治国

法治国思想最初诞生于18世纪的德国。这个时代的德国四分五裂,新生的市民阶级迫切要求争得自由,但由于市民阶级尚未聚集起足够力量进行推翻专制统治的革命,因此,法治国成为德国应对社会危机的理论武器。法治国理论旨在以法律为手段限制专制君主国家,实现公民个人的自由。在18世纪的德国,传统的道德国家和神权国家理论已经失去效力,当时流行的强权国家或福利国家理论都旨在强调君主权威和国家对社会生活的安排,但缺乏对公民权利和自由的关注,而这正是法治国理论所要重点解决的问题。

康德(Immanuel Kant,1724—1804 年)虽未明确提出"法治国"一词,但已经论述了法治国思想的核心,即法律与国家的关系。康德认为,国家是人们依据法律组成的一个联合体。这一国家定义主要是针对福利国家将国家视作"人们为了福利目的组成的联合体"的观念。在康德看来,国家的任务是通过法律给予公民一个自由的空间,并以此保护公民自由。至于公民个人所能做到的,即追求幸福与福利,则不必由国家负责,而应放手让他们自己寻找。反之,国家像关照子女那样对待臣民,亲自照管他们的福利,在康德看来则是最大的专制。

第一次完整使用"法治国"概念的是自由主义法学家魏克尔(Carl Theodor Welcker,1790—1869 年)。继承康德的思想,魏克尔强调法治国即理性国,是国家发展的最高层次。在法治国中,民众与国家之间是一种基于客观理性法的法律关系。魏克尔强调国家的权力和目的是有限的,应在法律的正当范围内运用,以免危害个人自由。倘若国家完全剥夺了人民的自由,它便失去了存在的基础,这种国家便不再是法治国。因此,魏克尔的法治国观念在形式上虽然主张法律与道德的无涉,但在内在价值上依然旨在实现公民的自由。

### (二)从形式法治国到实质法治国

19 世纪中期以后,随着实证主义和社会国思潮的兴起,自由法治国概念逐渐被形式法治国所取代。罗伯特·冯·莫尔认为,法治国不应局限于消极地保护公民自由,而应积极促进公民实现自由。但与警察国家强调行政权不同,莫尔强调行政行为的法律依据,力求国家组织的每个活动在每时每刻都合法化。形式法治国的特点,正如施塔尔(Friedrich Stahl,1802—1861 年)指出的:"国家只是一个最低的法律围栏。法治国的概念不是指国家的目标和内容,而只是指国家实现目标的形式和方式。"

1919 年的《魏玛宪法》即是形式法治国思想的产物。首先,《魏玛宪法》重申了行政合法性、法官独立等法治国的形式原则。其次,《魏玛宪法》虽规定了充分的公民权利,但并未赋予基本权利以至上地位。同时,宪法还授权总统在紧急状态下可以为了公共秩序限制公民权利。因此,立法者被完全置于法律控制之外,即便立法者颁布的法律违背了基本权利,也不存在宪法机制去审查这些法律。这一形式法治国的尝试也最终遭致恶果:由于缺乏对公民基本权利的保护,缺少必要的合宪审查机制,最终未能阻止纳粹政府的上台。

第二次世界大战结束后,德国法学家开始重建法治国的概念。拉德布鲁赫

(Gustav Radbruch,1878—1949 年)认为,"法"之所以成为法,必须包含三项内容:即法的安定性、合目的性和正义;同时,正义超越法的安定性成为更高的准则。拉德布鲁赫试图将追求正义视作新的法治国概念的核心,但同时也包含了传统形式法治国所关注的法的安定性。正如谢伊勒指出的,法治国不仅是指一个依法行政的国家,在实质意义上还指一个尊重个人自由、致力于公正、平等的人际关系的共同体。

1949 年的德国基本法即是新理念的产物。首先,基本法将"法治国"概念引入宪法,明确规定"宪法制度必须符合基本法规定的共和的、民主的和社会的法治国基本原则"。其次,基本法强调"超法律的法"和人权的至上性。基本法规定,人的尊严不可侵犯,将人权确立为和平与正义的基础,同时赋予基本权利以司法的可诉性。最后,基本法设立了联邦宪法法院,处理联邦法律或州法律是否违宪的问题,以及剥夺公民基本权利的案件,从而在内容上维护法治国的正义性,防止对法治国实质价值的颠覆。

### 法象万千

1919 年的《魏玛宪法》创造了多项世界纪录。它全篇 1.4 万余字,是当时世界上最长的宪法;它规定了最广泛的基本权利,以及大量社会、经济权利,并创造经济会议和劳工会议,被誉为"经济宪法"。在政体设计上,《魏玛宪法》试图在议会和总统之间形成严密的制衡。但这一看似完美的宪法,却未能经受住现实的考验。在总统与议会的冲突中,《魏玛宪法》的缺漏暴露无遗:总统通过频繁使用第 48 条的紧急命令权和第 25 条的解散议会权,完全规避议会对总统的监督,最终导致总统权力的失控。希特勒被任命为总理后,更是通过《授权法》允许政府不经议会颁行法律,最终使议会沦为独裁统治的道具。《魏玛宪法》在西方法治历史上无疑是一次失败的尝试,也暴露了形式法治国的工具主义法治观的弊端。

## 第三节　美国近现代法治理论

### 法的门前

防止把某些权力逐渐集中于同一部门的最可靠办法,就是给予各部门的主管人抵制其他部门侵犯的必要法定手段和个人的主动。在这方面,如同其他各方面一样,防御规定必须与攻击的危险相称。野心必须用野心来对抗。人的利益必然与当地的法定权利相联系。用这种种方法来控制政府的弊病,可能是对人性的一种耻辱。但是政府本身若不是对人性的最大耻辱,又是什么呢? 如果人都是天使,就不需要任何政府了。如果是天使统治人,就不需要对政府有任何外来的或内在的控制了。在组织一个人统治人的政府时,最大困难在于必须首先使政府能管理被统治者,然后再使政府管理自身。毫无疑问,依靠人民是对政府的主要控制;但是经验教导人们,必须有辅助性的预防措施。

——[美]汉密尔顿、杰伊、麦迪逊:《联邦党人文集》

**请思考**:美国制宪者是如何理解法治与分权的必要性的?

## 一、建国者的法治思想

美国法治思想的源头体现在建国一代的法治观念之中。其中,最具代表性的是潘恩(Thomas Paine, 1737—1809 年)和汉密尔顿(Alexander Hamilton, 1757—1804 年),前者是推动美国独立的名著《常识》的作者,后者是《联邦党人文集》的主要作者,他们分别在欧洲法治思想的基础上建构了新的宪法原则,并形成了具有美国特色的法治学说。

### (一)潘恩的法治理论

潘恩思想的核心概念是人权,这也构成了他的法治学说的基础。在潘恩看来,人权是人所具备的不可剥夺的天赋权利。政府的产生是因为人性的弱点;人们通过契约建立起政府,以维护人民的自由与安全。但是,人民通过契约方式赋予政府权力,并不足以保障政府能真正实现自己的目的。人性的缺陷和德性的不健全,决定了官员权力的不可信任。因此,这就需要一种力量来限制和调节权力,这种力量正是宪法和法律。

在潘恩看来,宪法先于政府存在,也在逻辑上高于政府;"宪法是一个先于政府的东西,而政府只是宪法的产物"。一个立宪政府一定是法治政府。这个法治政府至少包含如下几方面要素:首先,法治政府不能有改变自己的权利。"如果它有了这项权利,就会专断独行,会使它自己为所欲为。"其次,政府不得任意更改或违反宪法中的任何条款,宪法对政府来说就是法律。宪法与政府的关系就像政府制定的法律与法院的关系——法院既不制定法律,也不能更改法律;政府也应以同样的方式依宪法授权运转。

潘恩强调严格的法律至上。在他看来,一个自由国家的政府不在于人,而在于法律;法律是国王,而非国王是法律。潘恩主张,即便是一项坏的法律,也应被遵守;"使用一切论据证明该法律的错误,力求把它废除,这样做要比强行违犯这条法律来得好;因为违反坏的法律此风一开,也许会削弱法律的力量,并导致对好的法律肆意违犯"。同时,潘恩也强调人民有权对每部宪法的缺点公开讨论,从而推动人们来改革政府或宪法。如果一个国家制定法律禁止人民对这项法律加以审查和评判,那么这个国家就是专制国家,而非法治国家。

**（二）汉密尔顿的法治理论**

汉密尔顿对美国法治思想的形成具有决定性影响。作为《联邦党人文集》的主要作者,汉密尔顿在建构美国宪法学原理的基础上,发展出不同于欧陆法治理论的新观念。在美国的制宪者中,汉密尔顿是国家联邦主义的主要代表,主张建构强大联邦政府以维持秩序与安全;但也正是在强大政府的构建中,汉密尔顿创造性地发展了分权制衡与司法独立的观念,为美国法治理论的构建奠定了基础。

汉密尔顿的法治观以人性恶为逻辑起点。在汉密尔顿看来,政府与法律之所以成为必要,根本的原因还是在于人性的自私与恶。"究竟为什么要组织政府呢？因为如果没有约束,人的情感就不会听从理智和正义的指挥。是否已经发现人的团体的作为比个人更加正直或更加无私呢？人类行为的正确观察家已经作出与此相反的结论",因此,无论个人还是团体的品行都不值得信任,而这也正是政府与法律的合理性基础。"政府本身若不是对人性的最大耻辱,又是什么呢？如果人都是天使,就不要任何政府了。"

基于对人性的不信任,汉密尔顿认为防止政府滥用权力、破坏法治的最好办法就是"以权力制约权力"。要保证所有的政府机构都最终服从宪法和法律,就必须防止权力的集中,官员尽量由民选产生,在薪俸上依法固定,并且各个部门被授予法定权力以制约其他部门的权力。

## 二、法治理论的当代发展

美国建国以来,美国法治思想的主流始终是分权制衡为核心的自由主义法治观,直至今日仍然构成美国法治思想的底色,并不断得到当代思想家的补充和发展。尤其是在 20 世纪 50 年代之后,美国逐渐成为西方法学的中心,美国学者关于法治的阐释也构成了现代西方法治思想的主流。其中,比较具有代表性的是富勒(Lon Fuller,1902—1978 年)和德沃金(Ronald M. Dworkin,1931—2013 年)的法治观。

### (一)富勒的程序法治观

富勒对法治的思考来自和英国法理学家哈特的论战。面对纳粹立法是否构成法律的难题,哈特坚持实证主义立场,认为应当承认"恶法亦法",但可出于两害相权取其轻的考虑,在技术上制定一条溯及既往的法律,从而完成对被告人的追诉;而以富勒为代表的自然法学家认为,应当秉持"恶法非法"的立场,宣布纳粹时期的法律为非法。在此之后,富勒不断深入思考法律的道德性问题,并在此基础上形成了对于程序主义法治观的完整理论。

富勒首先区分了两种意义的道德,即愿望的道德和义务的道德;前者旨在追求生活的完美,后者则仅追求最低限度的秩序。富勒认为,法律更接近于义务的道德,二者都提供了诸如不得杀人、不得偷盗等明确的裁断标准。相比之下,愿望的道德对法律只能发挥间接影响。尤其是在现代社会,法律很难在生活方式上追求整齐划一,只能着眼于让各种不同生活方式的标准彼此协调。但与此同时,法律又隐含着一定的愿望的道德,旨在促成人们之间的互惠、合作与交往。在这个意义上,法律是一种"使人们服从规则治理的事业"。

富勒的法治观关键在于将法治视作法律的"内在道德",并列举了法治的程序性要件。富勒将法律的道德区分为"外在道德"与"内在道德";前者是法律在实体内容上的道德性,后者是法律之所以成为法律所必须具备的程序性条件,也是最低限度的"法治"所必须的条件:(1)法律应具有一般性,不能针对个人;(2)法律应当公开,不能秘而不宣;(3)法律应不溯及既往;(4)法律应清晰明确;(5)法律不能存在逻辑上的矛盾;(6)法律应当合理可行,不能要求不可能之事;(7)法律应具有连续性,不能朝令夕改、反复无常;(8)官方行动与规则之间应当一致,官员不能随意超越和破坏法律。

在富勒列举的这八项条件中,第一项是指应该有规则,其他七项都是关于法律规则怎样才能够被遵循。换言之,这八项条件表达了法治的两个基本原则,一是必须要有普遍规则,二是规则必须被普遍服从。后七项条件实际上强调,法律要成为法治的基础,必须具备两个特征:即"可知性"和"可执行性"。

也就是说,为了让规则接收者知道命令,法律必须是公开的、协调的、不矛盾的、清楚得足以明白。同时,为了规则接收者能够服从规则的指令,命令必须是可预期的、不矛盾的、可遵循的。因此,这些条件是法治成为可能的必备要件,一种法律如能具备这八项条件,必然在某种程度上与法治相符合。

### 法象万千

西方当代法治思想的基本趋向是程序主义,探寻具备法治品格的法律应具备的形式要件。除本章前述拉兹和富勒两位思想家提出的八种要件外,另一位当代法学家菲尼斯(John Finnis)列举的法治要件也是八项。在《自然法与自然权利》一书中,菲尼斯指出,法治是法制的一种特定德性。一种法律制度在如下八种意义上体现法治:第一,规则是可预期的、不溯及既往的;第二,规则必须是能够被遵循的;第三,规则是公开的;第四,规则是清晰的;第五,规则是相互一致的;第六,规则是稳定的;第七,适用于特殊情形的法令应受稳定的一般性规则的引导;第八,官方对法律的执行应连贯一致并与法律的宗旨相符合。

### (二)德沃金的权利法治观

20世纪后期以来,美国影响力最大的政治哲学家和法学家是德沃金。他从自由主义出发,重新解释了法律的概念,分析了法律原则、政策和规则之间的关系,重构了民主与法治的关系问题。因此,德沃金对于法治的理解也代表了美国法治学说在当代的最新发展。

德沃金的法治观建立在整体性法律的基础上。德沃金反对法律实证主义将法律仅仅视作规则,认为法律是由原则、政策与规则这三者构成的整体,其中原则在其中占有最重要的地位。只有诉诸原则,法律解释才能确保整体性,不至于陷入"棋盘式"的法律分割局面,才能把分散和彼此冲突的规则协调起来。原则关涉个人的基本权利,因此在承认权利优先的社会中,必须承认原则的优先性。原则的守护者是法官,在疑难案件中,法官主要对诉诸原则作出判决。原则之间如有冲突,由法官通过解释予以协调。

德沃金将法治区分为"法条观法治"和"权利观法治",并倾向于后者。两者的区别在于:(1)前者认为公民的权利来自国家的赋予和保护,而后者主张权利与生俱来,国家在赋予和保护个人权利方面存在缺陷,无法及时赋予个人以新权利。(2)前者认为权利来源于法律规则,后者认为权利不是源于法律规则,而源于道德;除法律权利外,公民还享有道德权利。(3)前者认为个人权利以立法规则为限,而后者认为个人权利与原则相联系,在缺乏法律规则或规则不合理的情况下,司法机构可以根据原则发现并确认个人权利。

德沃金强调法治的维系依靠司法与法院。面对疑难案件,法条观法治主张法官寻求立法意图,而权利观法治主张法官根据原则判决。权利观法治认为,涉及个人权利问题,立法机构并不比法院更有优势,因为立法机构易于受到民众情感和利益集团压力的影响,从而导致政策倾向的立法。相比之下,在疑难案件中,法官可以通过对原则的解释来寻求正确答案,更好地维护法律的整体性与稳定性,也更充分地保护人民的道德权利。总之,在德沃金的法治理论中,法院与法官扮演了重要角色,"法院是法律帝国的首都,法官是帝国的王侯"。

与传统的形式法治观不同,德沃金主张以法律之外的"道德权利"作为衡量法律的标准,强调个人权利具有超越于立法规则之上的地位,并将识别和判断道德原则的最终权力留给法官,体现了明显的实质法治观的转向。

 **课后思考**

1. 英国自由主义法治观的核心要素是什么?

2. 卢梭与孟德斯鸠的法治观的异同是什么?

3. 德国法治国思想的理论价值与历史教训是什么?

 **参考文献**

1. 汪太贤:《西方法治主义的源与流》,法律出版社2001年版。

2. 高鸿钧、赵晓力主编:《新编西方法律思想史(现代、当代部分)》,清华大学出版社2015年版。

3. 王人博、程燎原:《法治论》,广西师范大学出版社2014年版。

4. 张彩凤:《英国法治研究》,中国人民公安大学出版社2001年版。

5. 郑永流:《法治四章——英德渊源国际标准和中国问题》,中国政法大学出版社2002年版。

6. [英]詹姆斯·哈林顿:《大洋国》,何新译,商务印书馆1996年版。

7. [英]约翰·洛克:《政府论(下篇)》,叶启芳、瞿菊农译,商务印书馆1966年版。

8. [英]戴雪:《英宪精义》,雷宾南译,中国法制出版社2001年版。

9. [英]詹宁斯:《法与宪法》,龚祥瑞等译,生活·读书·新知三联书店1997年版。

10. [英]弗里德利希·冯·哈耶克:《自由秩序原理》,邓正来译,生活·读书·新知三联书店1997年版。

11. [法]孟德斯鸠:《论法的精神》,张雁深译,商务印书馆1961年版。

12. [法]卢梭:《社会契约论》,何兆武译,商务印书馆1982年版。

13. [美]潘恩:《潘恩选集》,马清槐译,商务印书馆1981年版。

14. [美]麦迪逊、杰伊、汉密尔顿:《联邦党人文集》,程逢如等译,商务印书馆1980年版。

15. [美]富勒:《法律的道德性》,郑戈译,商务印书馆2005年版。

16. [美]罗纳德·德沃金:《原则问题》,张国清译,江苏人民出版社2008年版。

第三章

# 传统中国的法制思想

传统中国法制思想的演变与社会发展阶段相适应,萌芽于夏、商、西周时期。夏王朝的建立标志着我国进入奴隶制时代,法制思想也在天、神、人之间的关系之下进行讨论;经商朝的发展之后,"礼治思想"出现,并为传统中国法制思想的发展奠定了基础。在春秋战国时期"百家争鸣",儒、墨、道、法四家法制思想的激烈争论为以后发展打下良好基础。西汉时期最终形成以儒家思想为主的大一统思想,成为传统中国法制思想的主流,发展至隋唐礼法结合逐渐成熟,普及到后世的宋、明、清,在近代开始衰落。这些法制思想在各自时代均处于重要地位,并形成了一套完整的体系,对传统中国产生了深刻影响。

# 第一节　中国法制思想的萌芽

**法的门前**

夏启继承王位后，在河南禹县举行盟会，通报联合体内部各部落和附近酋邦，争取支持者，以确立自己的统治。但以有扈氏为代表的一些部落认为，夏启暴力夺取王位，破坏传统的禅让习俗，所以公然表示不服。于是夏启提出"有扈氏威侮五行，怠弃三正。天用剿绝其命，今予惟恭行天之罚"，并在"甘"这个地方对其进行讨伐。

**请思考**：夏启讨伐有扈氏的依据是什么？

## 一、神权法思想

上古时期，并没有政治与法律的概念和区分，人们在原始的动物性世界中生存。各族群之间以争夺资源作为生存方式。族群的实力整合需要集中权力，同时需要证明权力的合法性，并以此确定暴力处罚的威慑力以及征讨的正当性。因此，统治者必须寻找一个不可知的"神"，而民众在自然界面前的无助也需要来自"神"的寄托，二者结合便产生了神权法思想。神权法思想一般指利用自然迷信进行统治，为了取得人们的拥护，把统治者的权力说成是神所授予的，把体现统治者意志的法律说成是神意的体现的一种法律思想，是原始社会的自然崇拜与政治目的相结合的产物。中国的神权法思想服务于奴隶制王权，目的在于将王权神化，最早盛行于夏、商、西周的奴隶制时期。

### （一）夏朝的"天命"与"天罚"思想

上古时代，祭祀是国家大事，以"天"为对象。但普通人并不知晓天意，需要特定的人进行解释。主持祭祀的人因此拥有了解释权，并逐渐被国王所垄断，把反映他们意志的法律说成是神意的体现。这就出现了"天命""天罚"思想。

夏朝的奴隶主贵族极力宣扬"天命""天罚"等神权法思想。所谓"天命"就是君主"受命于天"，以夏王为首的统治阶层是接受上天的旨意和安排对人间进行统治,人们应无条件服从,其实质是利用神权对民众进行欺骗。这种"受命于天"的君权神授思想将统治阶层的统治合法化,并赋予他们以神圣不可侵犯的绝对权威。所谓"天罚",指在神权法思想指导下,将施行刑罚说成是上天的意志,统治阶层秉承神的指令对违法之人进行处罚。这又将实施刑罚蒙上一层神圣色彩,夏启讨伐有扈氏就被说成是遵循上天的命令。根据这个思想,法律就是上天授予夏朝君主统治人间的工具。

夏朝末期,商族人以"天命"为依据,认为夏王违背天命,倒行逆施。故商族人遵从天命,取代夏朝进行统治。神权法思想在商朝得到了新的发展。商朝时期的神权法思想有一个特点,即崇敬鬼神,在将神秘力量人格化的同时组成了一个有序的系统,君主在这个系统中处在神灵世界的最高位,是一个自然之神。商朝时期的神权法思想又强调商朝贵族的祖先与上天具有密切关系,甚至宣称他们的祖先就是上帝的子孙。《诗经·商颂·长发》记载"有娀方将,帝立子生商",《诗经·商颂·玄鸟》也记载"天命玄鸟,降而生商",从血缘上找到了充当上天代理人的合法依据,并为垄断神权提供了证据。这样,商朝借用神权法思想虚构出了一个不存在的上天主宰者,并将其与祖先神灵合二为一,将神权、政权和族权互相渗透。商朝时期将神权法思想发展到了社会生活的各个方面,粮食收歉、战争胜负、修建城池、官吏任免等均通过占卜向上天和祖先请示,大型的案件也是通过占卜来阐释神意,并以此证明处罚的正当性,由此也导致了刑罚的残酷和肆意。

总的来说,夏商时期的神权法思想主要体现为利用自然神灵进行国家统治和社会控制,宣扬"君权神授""王权神佑",将奴隶主贵族的统治合法化和神圣化,并赋予国王不可侵犯的绝对权威。夏商以后,神权法思想发生了重要变化,但某些部分仍为历代统治者所袭用,并与儒家经学、封建伦理道德、阴阳五行说等结合起来,成为整个封建法制思想体系的有机组成部分,长期起着维护封建君主专制制度重要精神支柱的作用。可以说,"神权法思想"是中国法制思想的最初表现及其发展基础。

## 二、"以德配天"和"明德慎罚"

周取代商之后,神权法思想产生了新的变化,向着世俗化的方向发展。周朝统治者为解决自己权力的合法性问题,在原有以"天命"为基础神权法思想层面上增加了"德"这一因素,并发展出了"以德配天"和"明德慎罚"的法制思想。

**法的精义**

---

皇天无亲,惟德是辅。

——孔子:《尚书·周书·蔡仲之命》

---

### (一)"以德配天"

神权法思想在西周发生了一次重大变化,周公提出了天命转移的"以德配天"说。"以德配天"说认为,上天或者上帝并不是某族所独有的神,而是共同之神,谁能拥有"天命",主要看是否具有德行能使得民众认可和归顺。周公承认天命,但"天命靡常",即上天眷顾某人不是固定不变的,只有有德者才可以得到上天的辅助,而失德就会失去天命。商初的统治者有德,"克配上帝",所以天命归其所有;现在商王失德,也失去了"天命",就把天命转归于周,周王就成了天子。周朝统治者正是通过"以德配天"为"君权神授"提供了新的依据,旨在为周取代商制造舆论,证明周王统治权的合法性。"以德配天"说之所以强调统治者必须有德,一方面是因为周朝还没有完全脱离神权法思想的色彩,其意图依然在于求得上天保佑,维护其永久的统治;另一方面,"以德配天"说的提出也意味着神权法思想开始动摇。

### (二)"明德慎罚"

西周的统治者从商的灭亡中吸取了教训,一方面认识到周王必须要重视自身的德行,并得到上天的认可和保佑,方可维持其长久的统治;另一方面认识到单纯依靠神权不足以维系其统治,而必须重视人事和民心向背,"敬天命、重人事",注意"保怀小民",使天命不再转移。在此背景下,西周统治者提出了"明德慎罚"思想,开始重视道德教化的作用。

"明德"要求加强自我克制,尚德、敬德、实行德政;"慎罚"主张谨慎用刑,刑罚适中,不能乱罚无罪和滥杀无辜。"明德"是"慎罚"的指导思想和保障,而"慎罚"是"明德"的具体落实。"明德"与"慎罚"相辅相成。

但"明德"与"慎罚"并非同等重要。"明德"是核心内容,"慎罚"是辅助手段。周公认为教化与刑罚都必须统一在"德"的基础上。一方面要"以德化人",即以道德教化民众,前提是教化者先须有"德"。《尚书》中的"明德"强调君王之德,包括:第一,为政者以德治国,民众就会臣服,四方之民也自然会归附;第二,只要为政者能以德行事,老百姓自然就会效仿,也会修德遵德;第三,为政者自己要起到表率作用,以身作则,循礼守法,上行下效,法令才行得通。另一方面要"教而后刑",即在教化与刑罚并用的情况下,应当先施以教化,给人以改过自新的机会,如果经过教化之后仍然再犯,就必须以刑罚方式予以惩罚。"明德慎罚"在一定程度上约束了奴隶主贵族肆意运用司法手段进行社会调控,缓和了当时的社会矛盾,但其神权法本质并未改变。

"明德慎罚"作为西周时期的法制思想一以贯之,但在其统治的各个阶段具有不同的表现。周初的"明德慎罚"建立在"保民"的基础之上。《周书·康诰》提到"天畏棐忱,民情大可见"等政治法律观点,均反映了周初统治者敬民保民、维护民本的思想。西周中晚期,"刑中"思想成为了"明德慎罚"的核心,指出在司法过程中一定要用刑中正。"民之所欲"不再是其制定政策的根本依据,"天视自我民视,天听自我民听"这面镜子被置于次要的地位,"明德慎罚"的目的和手段随之发生了重大变化。此时的"明德慎罚"思想建立在刑罚的基础之上,它的最基本特征是治民安民、维护君本。《尚书·吕刑》指出,刑法的起源在于法治,制定刑法是为了治理乱民。至此,"明德慎罚"思想的实践已经演变成统治阶层的政治法律手段,并以维护君本为其终极目标。

"明德慎罚"的思想是中国法制思想的一大变化,是中国法制思想史上第一次明确地把"德"与"刑"结合起来,对后世"德"与"刑"之间的争论产生了极大影响,尤其成为了后世儒家"德主刑辅"思想的直接渊源。

## 三、礼治思想

"礼治思想"源于中国古代对祭祀的重视。"礼"字在商朝甲骨文中已经出现,即"履也,所以事神致福也,从示从豊",最初的表现就是祭神求福的仪式。西周初期,周公在总结前人经验的基础上,将从远古到商代的原始礼仪加以大规模整理、改造和规范化。他根据血缘等级身份和安排祭祀秩序的需要,强调序尊卑、别长幼、异亲疏的行为规范,制定出一整套以维护宗法等级制为中心的行为规范以及相应的典章制度和礼节仪式,史称"周公制礼"。

周公之"礼"从区别不同人等必须遵行的礼仪出发,褪去了其"事神致福"之意,成为宗法等级制度的依据和标准。"礼"的首要职能就是维护等级制度,其次在于预防犯罪,抑制反抗周朝政权的活动,起到"防民"的作用。所以

"礼"作为一种规范,兼有道德和法律的双重属性,教育和防范两方面的功能。根据"礼"的要求治理国家就是"礼治",这是西周社会控制和制定法律的指导思想。

**法象万千**

《礼记》分为《大戴礼记》和《小戴礼记》,前者由西汉礼学家戴德所做,后者由其侄子戴圣所做,其中《小戴礼记》就是我们今天通常所说的《礼记》。它是研究中国古代社会情况、典章制度和儒家思想的重要著作,主要是用"礼"来阐述社会、政治、法律、伦理、哲学、宗教等各个方面内容。

"礼治思想"的基本原则就是"亲亲""尊尊"。"亲亲"规范家庭内部关系,要求每个人必须爱自己的亲属,特别是以父权为中心的尊亲属,子弟必须孝顺父兄,小宗必须服从大宗,分封和任命官吏必须"任人唯亲",使亲者贵、疏者贱,并按嫡长继承制代代世袭下去;"尊尊"规范国家层面的问题,要求下级必须尊敬和服从上级,特别是作为天下大宗的天子和一国宗主的国君,要求严格上下等级秩序,不得僭越,不许犯上作乱。"亲亲"是宗法原则,"亲亲父为首",旨在维护家长制;"尊尊"是等级原则,"尊尊君为首",旨在维护君主制。二者都是为巩固宗法等级制服务的。从这两项基本原则出发,周礼在伦理道德上特别强调孝和忠。在当时的宗法等级制度下,"亲"和"尊"两位一体,因此"孝"和"忠"也两相结合,即子弟孝顺父兄、小宗服从大宗、下级忠于上级。

在"礼治思想"的指导下,西周立法和司法上出现了"礼不下庶人,刑不上大夫"的原则。"礼不下庶人"是指"礼"的对象主要是庶人以上各级贵族,是赋予各级贵族的特权,不得为庶人所用。天子、诸侯、卿大夫都有各自的"礼",等级不同,礼的内涵就不同。贵族之礼不适用于庶人,而庶人也不能使用贵族之礼,否则就是僭越。"刑不上大夫"是指"刑"的对象主要是大夫以下的庶人和奴隶,各级贵族即使行为越礼,一般也不受刑罚的制裁。但这并不是说贵族犯有严重危害宗法等级秩序的罪行也不用刑,只是即便用刑,通常能享受各种特殊照顾。此外,许多高级贵族还享有减免罪刑的特权。

"礼治"思想是中国传统法制思想的重要特征,它不仅是西周时期法制思想发展的新阶段,也为后世"礼法"思想的形成和发展奠定了基础。可以说,"礼治"思想是贯穿整个中国法律文化的核心,是传统法律文化的精髓所在。

在夏商西周时期,由神权法思想为开端,并且在各个时期发生了变化,逐渐衍生出各种法制思想,这些思想不仅为当时国家立法和社会运行所用,也产生了中国法制思想的萌芽,并为后世所接受、继承和发展。

**法治天下**

按照西周礼治思想,婚姻关系的成立必须有"父母之命,媒妁之言",并实行纳采(去女方家提请)、问名(媒人问女方名字和生辰)、纳吉(为男女双方的生辰占卜)、纳征(男方送聘礼给女方家里)、请期(男方订婚期并征求女方家同意)、亲迎(男子亲自去女方家迎娶)的"六礼"仪式才算是完成;对婚姻缔结加以限制,即"同姓不婚,其生不蕃",即同姓之间禁止通婚;离婚也是采取"七出三不去","七出"指妻子如果有不孝敬公婆、生不出儿子、与其他男性发生性关系、好嫉妒、患有严重疾病、太多话或说别人闲话、偷东西七种行为的话,那么丈夫可以要求离婚,但如果妻子没有娘家可回,曾同丈夫共同为公婆守丧三年,娶妻时贫贱但后来富贵的,那么就不能离婚。

# 第二节　"百家争鸣"的法制思想

西周统治后期,长期实行的分封制弊端丛生,出现了王朝统治危机。以周礼为指导思想的社会政治秩序遭到了破坏,宗法制难以维系,孔子称之为"礼崩乐坏",中国历史由此进入了春秋战国时期。这个时期,各诸侯国开始进行富国强兵的改革,先后形成了"春秋五霸"和"战国七雄",拥有了不听命于周天子的资本,相互之间展开了越演越烈的战争。但也正是在这个时期,多种法制思想竞相登场,将中国传统社会法制思想的争论推向了高潮,此即"百家争鸣"。"百家争鸣"指春秋(前770—前476年)战国(前475—前221年)时期知识分子中不同学派的涌现及各流派学说争芳斗艳的局面,他们的争论奠定了整个封建时代法制文化的基础,对中国传统法制思想文化具有非常深刻的影响。"诸子百家",主要有儒家、墨家、法家、阴阳家、杂家、名家、纵横家、兵家、小说家等等,其中具有代表性的就是儒家、墨家、道家和法家的法制思想。

**法的门前**

"八佾"是奏乐舞蹈的行列,一佾指一列八人,八佾八列六十四人。按《周礼》规定,只有天子才能用八佾,诸侯用六佾,卿大夫用四佾,士用二佾。鲁国卿大夫季孙氏用天子才能享有的"八佾"来进行奏乐舞蹈,孔子评论此事件时说:"在他的家庙的庭院里用八佾奏乐舞蹈,对这样的事情也能够容忍,还有什么事情不能够容忍呢!"

**请思考**:孔子为何认为季孙氏的行为不能忍受?

## 一、儒家的"礼治"与"德治"思想

儒家思想由孔子(前551—前479年,名丘,字仲尼,春秋末期鲁国人)创立,经过孟子和荀子的发展,逐渐奠定了儒家成为正统思想的基础。儒家学说简称儒学,是中国影响最大的学说流派,也是传统中国的主流学说。儒家强调教育的功能,主张"有教无类",在政治上主张以礼治国,以德服人,呼吁恢复"周礼",并认为"周礼"是实现理想政治的大道。儒家法制思想体现最明显的就是"礼治"和"德治"。

### (一)儒家"礼治"思想

儒家的"礼治"思想源于周公,孔子作为儒家创始人,对西周的"礼治"思想进行了发展。为解决周礼与当时现实社会的矛盾,孔子认为可以对周礼进行"损益",提出了"仁"的思想,并将其纳入"礼"。儒家的"礼治"也表现为等级制度,认为人的德行才智有差别,每个人的分工也不同,这些都使得社会出现了等级。所以,贵贱、尊卑、长幼、亲疏各有其特殊的行为规范,维护这种等级规范才能达到理想的社会。同样,国家的治乱也取决于等级秩序是否稳定。

**法的精义**

君君,臣臣,父父,子子。

——孔子:《论语·颜渊》

儒家的"礼治思想"论述了礼的作用,以及礼和法的关系。在儒家看来,礼是实现和维护社会等级秩序的根本手段。孔子提出"不学礼,无以立","不知礼,无以立",礼是统治者统治人民和维护内部关系的关键,是治国理政的根本手段。孟子提出"无礼义,则上下乱",简单明了地指出了礼对于维护统治的作用。主张"隆礼"的荀子更是对礼褒扬有加,指出"礼者,人道之极也",并将礼作为"百王无变"的统治方法。对于礼与法的关系,儒家认为礼指导法,法维护礼。孔子说"礼乐不兴,则刑罚不中",刑罚的正确运用必须依靠礼的指导,法律制度也必须体现和维护礼治的原则。孟子主张"仁政",发展了孔子的思想,但仍然强调礼统率法。荀子在"隆礼"的同时也重法,主张礼刑分治,共同维护社会秩序。

**(二)儒家的"德治"思想**

儒家在"明德慎罚"的基础上主张"德治"。儒家认为,无论人性善恶,都可以用道德去感化教育。这种教化方式,是一种心理上的改造,使人心良善,知道耻辱而无奸邪之心。儒家认为教化是最彻底、根本和积极的人性改造办法,非法律制裁所能比拟。儒家的"德治"思想主要体现在以下三个方面。

首先,施仁政,治国要重视人心。孔子认为"民信之"是为政最重要的,反对统治者对民众横征暴敛,反对暴政;孟子也极为重视民心向背,提出"民为贵,社稷次之,君为轻"的思想,强调施行"仁政"的必要性,要求统治者施行"省刑罚、薄税敛"的政策;荀子指出"君者,舟也;庶人者,水也。水则载舟,水则覆舟",形象地说明了人心向背对统治的重要性。儒家从长久统治的角度出发,认为统治者必须约束自己。

其次,重道德教化,反对"不教而诛"。孔子认为"政"和"刑"是实现"治"的辅助方式,而"德""礼"才是实现"治"的根本,而"德"又是根本的根本。如果用政令来治理民众,用刑罚来惩罚民众,民众最多只是因为害怕惩罚而不敢犯法,却没有廉耻之心。一旦法律的威慑力不起作用,犯罪就不可能杜绝了。如果用仁德去教导民众,启发他们的道德自觉,同时又用礼去规范他们的行为,民众的行为就能合乎社会的规范,达到社会和谐。因此,政治应以道德教化为主,政令刑罚为辅。孟子认为人性本善,犯罪是由于失去本性所致,通过道德教化就可以恢复善性,主张"教以人伦——父子有亲,君臣有义,夫妇有别,朋友有信"。荀子则主张"性恶论",顺其发展就会导致犯罪,所以需要进行教化,主张统治者通过"礼义"对百姓进行教化,杜绝犯罪,维持社会秩序。

再次,"德""刑"结合,相辅并用。儒家主张的"德治"并没有完全排除法的作用,二者相互为用才是"德治"的全貌。孔子反对"不教而杀",但不反对"义刑义杀",即对教而不化者可以处以刑罚;孟子提出了"慎刑少杀",但同时也认为"徒善不足以为政,徒法不足以自行",强调了法的必要性。荀子则非常强调法律和刑罚的作用,提出"明礼义以化之,起法正以治之,重刑罚以禁之",反对"教而不诛",认为"礼义"不是万能的。儒家主张"德""刑"并用,但同时也主张"刑者,德之辅",即实行"德治"要以"德"为主,"刑"为辅。

## 二、墨家"兼爱""天志"思想

墨家是战国初期代表小生产者利益的一个学派,是当时唯一一个代表劳动者利益的学派,也是先秦最早起来反对儒家的一个学派。墨家创始人是墨翟(约前476—前390年,鲁国人),墨家的著作现仅存《墨子》一书,集中反映了墨家的法制思想。

### (一)"兼爱"的法制思想

"兼爱"是墨家法制思想的核心,也是其法制思想的出发点。墨家提出了"兼相爱,交相利"的学说。"兼相爱"指不分亲疏、贵贱、贫富、一视同仁的爱所有的人;"交相利"是指人们要互相帮助,共谋福利,反对争夺斗争。墨家认为这样就会出现一个强不执弱、众不劫寡、富不侮贫、贵不傲贱、诈不欺愚的理想社会。这种思想反映小生产者希望彼此能互助互利的愿望,也包含了小生产者反对剥削压迫的积极因素。

以"兼爱"为基础,墨家又提出了"非攻"的思想,即主张和平,反对兼并战争,认为国与国之间应尊重彼此利益,大国不应攻打小国,以强欺弱。墨家反对向有罪之国进行"攻",因为这种战争会使百姓受难,是非正义的;但同时赞同对有罪之君进行"诛",认为这是正义战争,故持肯定态度。

### (二)"天志"法制思想

墨家认为现实的礼法之上有一个有意志、有权威的"天",任何人都要受其监督,服从其制裁。天是最公正无私的,它平等地对待每一个人而无偏向,所以治理国家必须"以天为法"。但墨家的"天"并非是自然的天,而是可以赏善罚恶的神和凌驾于天子之上的最高主宰,这一切权威被转化为带有宗教色彩的天,于是"天志"便成为权力和正义的来源,一切国家制度都应依"天志"而成。"天"有赏善罚恶的意志,"天志"规范制约人们的思想和行为,其主要内容就是

"兼相爱,交相利",其中"兼相爱"是"天志"法制思想的核心。"天志"表现为尚贤与尚同,尚贤即崇尚贤能之才,尚同则意味着要上下一心为人民服务,为社会兴利除弊,这也就是主张天子要节约民力、反对厚葬耗钱财、摆脱划分等级的礼乐束缚,并且反对一切非正义的战争。

### 三、道家"道法自然"与"无为而治"思想

道家法律思想在中国法律思想史上扮演着重要的角色,对中国法律思想的发展和进步起到了非常重要的作用。道家学派的代表人物是老子和庄子,他们主要的法制思想是"道法自然"和"无为而治"。

**法象万千**

《道德经》,又称为《道德真经》《老子》《五千言》《老子五千文》,是中国古代先秦时代的一部著作,是春秋时期老子(李耳)所作的哲学著作,是中国历史上最伟大的名著之一。《道德经》中集中体现了道家的法制思想,成为"百家争鸣"时期道家主张的最有力依据,对以后中国哲学、法律、政治、宗教等都产生了深刻影响。据联合国教科文组织统计,《道德经》是除了《圣经》以外被译成外国文字发行量最多的名著。

### (一)"道法自然"

在传统中国法制思想史上,老子第一个提出"道法自然"的自然法观点。他认为"道"是宇宙的本体,是天下万物的总源头;"道"主宰天地万物,普遍而无私,有自己的运行规律,不受任何人的意志影响。

老子提出"道常无名",启发人们认识到法律随着时空环境的变化而变化,必须因时因地进行必要的修订;与此同时,必须透过法条和法律概念看到背后的实质与原则,不能教条地从其表面文字出发去阐释和运用法律规定。

老子对法律持批判态度,认为与"礼""法"相比,"道"才是最高原则。统治者只有顺应自然,按照自然法则办事,才符合"道"的精神,统治者只有"惟道是从",才能维护自己的统治。

同时,虽然老子的法制思想建立在"道"为核心的自然主义哲学基础上,但也不绝对排斥治国中法律的作用,还从道家思想的角度发展出了诸多法律概

念,如《道德经》中所用"政""正""制""器""言""兵""杀"等概念就包含了老子治国的法制思想。

### (二)"无为而治"

在道家看来,最理想的治国方法就是"无为",这是"道法自然"思想在政治上的集中体现。"无为而治"指统治者应效法自然,无所作为,不要干涉人民的生活,目的是要通过避免矛盾、避免斗争来达到社会秩序的稳定。

庄子将老子的无为发展成了绝对无为,认为天地无为,万物才变化生长,认为人应当效法天地之道这种无为精神,即使需要治,也是"无为而治""君子不得已而临莅天下,莫若无为"。他坚决反对任何干扰和破坏自然之道的行为,猛烈抨击儒家、墨家、法家的法制思想和政治主张,认为儒家的"礼"戕害人的自然本性,墨家的"兼爱"是一种不可能实现的理想,法家的"法治"是导致混乱的根源。因此儒、墨、法三家都追求治而不得其法,最终只会破坏人性,造成混乱和罪恶。归根结底,政治和法律的"有为"只会导致虚伪、欺诈、残杀和大乱。

### 四、法家的"法治"思想

法家最早产生于春秋时期,以管仲、子产为先驱。战国时期,法家学说开始盛行,商鞅、申不害、慎到开创了法家学派,其中商鞅重"法",申不害重"术",慎到重"势"。战国末期,韩非综合法、术、势,集法家思想学说之大成。

法家主张"以法治国",认为法是治国的不二法门,主张将人们的一切行为规范都采用法的形式给以明确的规定。这种思想是以"好利恶害"的人性论为逻辑起点,以实现君主专制,维护、强化中央权威为根本目标,进而推动整个社会不断秩序化向前发展的一整套比较完善的法制思想体系。

首先,法家重视"法治",反对儒家的"礼治"和"德治"。"礼治"维护世袭贵族特权,"法治"要求"不别亲疏,不殊贵贱,一断于法",反对贵族垄断经济和政治利益的世袭特权,要求土地私有和按功劳与才干授予官职。"法治"主张"以力服人""不务德而务法",强调法律的强制、暴力手段是最有效的唯一统治方式,轻视道德教化。

其次,法家反对复古守旧,主张锐意改革。他们认为历史是向前发展的,法也不是一成不变的,一切的法律和制度都要随历史的发展而发展,故而提出"不法古,不循今"的主张,认为故步自封和复古倒退都不能治理好国家,韩非还提出"时移而治不易者乱"。

### (一)"重刑"思想

"重刑"思想是法家"法治"思想中最具特色的部分,源于春秋时期子产"宽猛并用,以猛为主"的思想。以重刑打击守旧势力、镇压人民的反抗、维护新兴地主阶级利益是法家推行的政策。商鞅和韩非在其各自著作中都极力赞美重刑主义,并提出系统的重刑主义理论,认为足以使臣民畏其罪而不敢犯的刑就是重刑,不足以使臣民惧怕,民知其刑仍旧犯法谋私的刑就是轻刑。大多数法家思想家主张在法的适用过程中要重刑、苛刑,其含义不止包括刑法和法律,它还包括一切传统的制度、规则、习俗等。

法家的重刑主义是以"好利恶害"的人性论为基础的,基本思路是"以刑去刑"。商鞅系统提出人性"好利恶害"观点,又提出"禁奸止过,莫若重刑"的重刑论,其目的是为确保让犯罪人在必然遭受重刑的前提下予以犯罪预防。韩非继承商鞅的"重刑论"和"好利恶害"的人性论,系统分析了使用重刑的必要性。韩非认为,所谓重刑就是要使奸人得到的利益小,而所受到的惩罚重,人们不想因小利而蒙受大罪,所以奸邪必被制止。所谓轻刑就是要使奸人得到的利益大,而受到的惩罚轻,人们向往大利而不怕犯罪,所以奸邪制止不了。为了达到"重刑"的最佳预防效果,韩非进一步发挥了"行刑重轻罪"的理论,并据此提出了"以刑去刑"的思想。

在诸子百家之中,法家对法律的讨论最为丰富,为后来建立的中央集权的秦朝提供了有效的理论依据。

### 法治天下

法家是我国古代先秦时期最重视法律及其强制作用的一个学派,提出"法治"口号,将"法"作为治国和统一天下的主要方法,即所谓"依法治国""垂法而治"或"缘法而治"。但法家的"法治"与专制制度相关联,法家的法是作为统治工具的"王法",法在统治者之下,主要的目的是统治民众,主张轻罪重刑、严刑峻法,并以此来维护封建王权。现代法治则具有特定内涵,与民主相关联,要求罪刑相当,罪刑均衡,限制公权力,保障公民权利。二者完全是不同社会发展时期的产物,所依据的精神和最终目标也相去甚远。

# 第三节　礼法思想

战国末期,国家统一的趋势越发明显,诸子百家的思想也逐渐出现合流、定于一尊的趋势。秦始皇统一六国后,秉承法家思想,实行"以法为教,以吏为师;焚书坑儒,独尊法家"的文化专制政策。继秦而起的西汉统治者吸取秦亡教训,采用了道家的"与民休息,清静无为"的治国战略。汉朝是传统中国法制思想发展的重要时期,尤其是汉武帝时期,董仲舒提出了"罢黜百家、独尊儒术"主张,在继承西周以礼为法、刑礼并用传统的基础上,将各家观点融合形成"新儒学",完成了思想上的"大一统"。"新儒学"把我国法制引向了儒家化的道路,也成为此后贯穿传统中国的正统法制思想。

**法的门前**

唐朝时,富平县人梁悦为了复仇杀人,杀人之后向官府投案自首,并被判决为死刑。这个案子提交皇帝复决时,皇帝认为梁悦的行为是发自人的天性,并且主动投案,所以法外施恩,决定免除死罪,处杖刑一百,发配循州。

**请思考:**皇帝为何对梁悦杀人法外施恩?

## 一、礼法并施

"礼法并施"是荀子的主要思想,是将儒家的"礼制"思想同法家"法治"思想相结合的产物。荀子生活的时代是统一帝国形成的前夜,经过诸侯国长期战乱和各派思想的猛烈碰撞,"诸侯异政,百家异说"的局面即将结束。面对传统中国法制思想的深刻变革,荀子一方面继承了儒家"德治"思想,另一方面充分地吸收了法家的"法治"思想,开创性地将儒家的"礼"与法家的"法"进行融合。

"礼法并施"的思想以"性恶论"为理论根基,并在"隆礼"和"隆法"主张中予以体现。荀子主张"隆礼",首先就是要严格划分等级,即人们之间的长幼贵贱,主张不平等才是平等;其次主张"明礼义以化之",在认为人性本恶的基础上一方面要"起法正以治之",即强化镇压,另一方面要"化性起伪",即对人民进行礼义教育,从思想上根除其反抗心理。

荀子的"隆法"思想,可以概括为五个方面。首先,人性本恶,君主必须制定法律进行统治,用严苛的刑罚对违法者进行制裁;其次,"礼,法之枢要也",礼是法的根本和总纲,如果人民能够明礼,那么自然知法;再次,礼可以使人改恶从善,先礼后法,先教后诛,才能"奸邪不作,盗贼不起";复次,赏罚并用,赏必当功,刑必称罪,才能达到进贤劝民,禁暴除恶的统治目的;最后,在重视刑罚的同时主张慎用刑罚,反对酷刑。

"礼法并施"的法制思想说明,"礼"与"法"二者并非不能兼容。作为人类社会的行为准则,作为统治阶层进行统治的工具,"礼"与"法"在很大程度上需要互相配合,形成一个完整的规则体系。这种法制思想为此后"德主刑辅"和"礼法结合"的法制思想打下了基础。

## 二、"天人感应"与"德主刑辅"

"德主刑辅"是儒家思想中较为重要的部分,它在"礼法并施"的基础上论证了"礼"与"法"之间的辩证关系,最后得出"刑者,德之辅"的观点。这种思想在汉朝得到延续,并经由董仲舒"天人感应"学说得到进一步发展。

**法的精义**

天道之大者在阴阳。阳为德,阴为刑;刑主杀而德主生。

——班固:《汉书·董仲舒传》

### (一)"天人感应"

董仲舒的"天人感应"学说在形式上回到了商周时代"天命"论,由自然之天回归到意志之天,并为人们树立了一个有目的、有意志、至高无上的天神权威。他认为"天上社会"实际是人间社会的缩影,而人就是上天的投影;人间的君主是沟通天人之间的代表,是与天合一的权威;"天道"和"王道"密不可分。

首先,"上天"是有意志的,春、夏、秋、冬四季是爱、乐、严、哀四种意志的表现;其次,天创造万物,是为了养育人民,天创造人类,使之有贪、仁之性,所以为人类设立君王以施行教化,使民性从善;最后,君权神授,君王受命于天,秉承天意而处事,掌握生杀予夺的大权,与天一起主导世上变化,但君主如果违天意而行,天就会降灾异提出警告,直至收回天命,使之败亡。

### (二)德主刑辅

"德主刑辅"思想是以周公的"明德慎罚"为渊源,以礼法制度、人治和仁政为前提,以重视道德教化、兼容刑罚、以德去刑为主要内容,同时参照历史需求加以丰富而形成的一套完整的法制思想体系。董仲舒以"天人感应"思想为基础,并在"阴阳五行"相辅相成的理论框架下将"德主刑辅"法制思想最终定型。

"阴阳五行说"认为世界上的一切事物都是阴阳变化产生的,就其地位而言,阳为主,阴为辅。董仲舒用阴阳学说论证德与法之间的关系,认为"天道之大者在阴阳。阳为德,阴为刑;刑主杀而德主生",确立了"阳为主,阴为辅"的原则,形成了"德主刑辅"的法制思想。这种法制思想认为,刑罚是德教礼治的补充,在刑罚的执行、刑罚原则以及刑事政策的制定中都要贯彻先德教后刑罚、德刑并用、以礼行法的原则。从治国角度看,这种法制思想总结了秦亡汉兴的历史经验,批判秦政放弃礼义和圣人之道、推行法家所倡导的刑治,主张改刑治为"德主刑辅",实行儒家"以德治国"的王道。

"德主刑辅"的法制思想的确立,纠正了法家所倡导的严刑峻法的弊端,奠定了我国法制思想以道德为主,以道德标准界定法律的原则。在整个传统中国的法制思想史上,"德主刑辅"也是一项十分重要的内容,为后世"礼法结合"提供了依据,并打下了坚实基础。

## 三、礼法结合

"礼法结合"作为传统中国的一种综合治理模式,在思想发展层面经历了一个长久演变的过程,集中体现了传统中国法制思想的内涵,产生了深远的影响。

### (一)"礼法结合"的历史过程

先秦儒家在继承和发展周公礼治思想基础上,主张"为国以礼",实行礼治。自秦汉儒法整合形成以后,尤其自汉代独尊儒术开始,"引礼入律"正式拉开了礼法结合的帷幕。汉律按照儒家强调的三纲五常的伦理道德标准,将儒家礼的原则引入刑事立法原则中,首次确立了"峻礼教之防,准五服以制罪"的定罪量刑原则,"春秋决狱"更集中体现了汉代礼法融合的趋势。

三国两晋南北朝时期是"礼法结合"发展的新阶段。三国时,曹操、诸葛亮以"重法"而著称,但他们所认为的"重法",也是打着"德主刑辅"的旗号进行的;魏晋时期礼法融合的主要表现则是以礼入律,儒家学者将礼治思想渗透到法典中,使儒家思想进一步法律化。

隋初制定的《开皇律》以"导德齐礼"为指导思想,将道德规范注入法律之中。到了唐代,礼法综治的治国模式已臻于成熟和定型。唐太宗就认为"为国之道,必须抚之以仁义,示之以威信",将礼法二者结合可以移风易俗,由乱至治。他还告诫大臣们应"以仁为宗,以刑为助"。在《唐律疏议》中,礼与法得到完美结合,"一准乎礼,以为出入"的原则被贯穿到具体律文,指导着法律的制定,体现宗法伦理关系的复杂的礼也基本上法律化了。

以《唐律疏议》为标志,礼法融合完全被法律确定,礼法结合最终完成,"礼法结合"也成为传统中国法制思想的最终形态。

### 法象万千

《唐律疏议》又称为《永徽律疏》,是唐高宗永徽年间完成的一部极为重要的法典。高宗永徽二年(651年),长孙无忌、李绩等在《贞观律》基础上修订形成《永徽律》。永徽四年(653年)唐高宗下令召集律学通才和一些重要臣僚对《永徽律》进行解释,形成《律疏》后与《永徽律》合编,称为《永徽律疏》。《永徽律疏》对全篇律文作权威性的统一法律解释,创造性地于律条之后附上注疏,"疏在律后,律以疏存",给司法审判带来了便利。《永徽律疏》表现了礼法的完美结合,为之后宋、明、清法典编纂提供了蓝本,被认为是中国法制史上的立法典范。

### (二)"礼法结合"的主要内涵

"礼法结合"的法制思想呈现了礼与法的辩证关系:礼是立法的指导思想和依据,礼的精神要体现在法律的一般原则、具体制度方面;法是维护礼的工具,法要以维护礼的原则为任务,打击违反礼的行为,捍卫皇权、父权和夫权。

首先,"礼法合治"在国家制定法中具体化为一系列明确的规范。刑罚适用方面,根据"礼"所确定的原则具有极强的约束力,如八议,即是八类权贵人物犯罪以后享受特殊优待,贵族官僚犯罪须先奏请皇帝裁决,对贵族官吏减刑,以财物赎罪,犯罪官员以官爵折抵罪刑,对贵族官吏免除刑罚,以及按照亲属间的亲疏远近来定罪量刑等等,最为明显的是亲亲得相首匿的原则,其中蕴含了"父为子隐,子为父隐,直在其中矣"的礼法精神。司法制度方面也如此,"秋冬行刑"是最典型的例子,它是儒家所提倡的"天人感应"的具体体现,也是礼的具体要求,是礼的内容在司法制度上的集中体现。

其次,国家将"礼"的要求法律化,并以法的形式加以维护。最明显的是民事法律对于婚姻、家庭与继承制度的规定,如婚姻的成立必须遵循同姓不婚,父母之命、媒妁之言,以及"六礼"的原则,解除婚姻必须符合"七出三不去"的条件。这些原本都是礼的内容,却被纳入法律范畴,并对违反者予以惩处。

再次,"礼法结合"的终极内涵是维护三纲五常。传统中国社会是沿着"家国天下"的思路进入等级社会的,所以家族法一直发挥着显著的作用,基于礼与祭祀、礼与宗族的关系,礼对家族法的渗透深、范围广、影响大。在由家至国的道路上,家庭中父子间的父权、夫妻关系中的夫权成为权威,上升到国家层面,君权便成为国家的"大家长"权威的表现。

### (三)"礼法结合"的后世演进

宋、元、明、清法律均以《唐律》为蓝本,其法制思想也都渊源于此,延续了"礼法结合"的法制思想。

宋朝处于中国历史上承前启后、新旧交替的历史转折期,其商品经济高度发展,各种社会关系急剧变化。宋朝时期,"理学"兴起,旨在适应统治阶层重整伦理纲常,加强封建统治秩序的需要。理学认为"理"是宇宙的本源,先于事物而存在,创造天地万物,永恒不变的就是"天理"。元蒙入主中原以后,游牧民族经济对商品经济产生了严重冲击,但在法制思想和法律制度方面表现出了"附会汉法""参照唐宋之制"的特点。在"礼法结合"的综合治理模式影响下,元朝刑法依儒家的纲常礼教按五服亲疏等裁定刑罚的轻重,表明了元统治者吸收正统治国思想文化的积极态度。尽管形式、名称上不同于唐宋,但元统治者治国的基本精神和内容仍然无法割断之前的传统。

明朝社会经济进一步发展,并出现了资本主义的萌芽,新经济因素的冲击使明代社会面临着新的转型,也使明朝政权面临许多新的社会问题。在这种历史背景下,明初将"刑乱国用重典"作为其法制思想的核心。同时,明朝统治者也对礼的教化作用给予高度重视,朱元璋就提出"明礼以导民,定律以绳顽"的主张,认为对于普通民众用礼义教化应予引导,对不顺从教化决意进行反抗的"顽民"应采取法律手段严加惩处。清朝时期封建伦理关系进一步强化,对维护伦理关系不利的法律条文予以修改,极大地强化了封建伦理道德规范和家族主义统治。

"礼法结合"法制思想萌芽于先秦,开端于秦汉,发展于三国两晋南北朝,定型于隋唐,演变于宋元明清,在历史的演变过程中逐渐成为了传统中国法制思想的主流。在"礼法结合"的发展过程中,礼与法相互融合、互相促进,礼融入国家制定法,受到国家法律的保障,形成传统中国特有的约束机制,社会中的每个人都不敢有丝毫越轨的行为。"礼法结合"延续到近代社会时,与西方法治思想发生碰撞,并在此后开始新一轮的变化。

## 法治天下

"春秋决狱"也称为"经义决狱",是由董仲舒提出来的一种审判案件的推理判断方式,即除法律外,还可以用《易》《诗》《书》《礼》《乐》《春秋》六经中的思想来作为判决案件的依据。有关案例还曾被汇编成十卷的《春秋决事比》,在两汉的司法实践中被经常引用,也为之后的司法官吏审判案件提供了指导,基层官吏尤其是在审判民事案件时都是按照动机以及伦理道德来定罪量刑的。对"春秋决狱"应当辩证看待,一方面,司法官按当事人的主观动机、意图、愿望来定罪量刑,将儒家思想带进法律之中,成为"礼法结合"的典型表现,对稳固统治和维护社会秩序具有积极意义;但另一方面,这种做法具有较强的主观性及模糊性,实际上扩大了司法官的主观裁量权,使审判产生了随意性。

**课后思考**

1."神权法"的主要思想是什么?

2."百家争鸣"最后合流的思想形态是什么?

3.《唐律疏议》是如何体现礼法思想的?

**参考文献**

1. 邵方:《儒家思想与礼制——兼议中国古代传统法律思想的礼法结合》,载《中国法学》2004 年第 6 期。

2. 方潇:《自然缠绵的姻缘:神观念、礼文化和法文化——从中国原始社会及奴隶社会的视角考察》,载《政法论坛》2002 年第 6 期。

3. 马作武:《先秦法律思想史》,中华书局 2015 年版。

4. 范忠信:《中国传统法律的基本精神》,山东人民出版社 2001 年版。

5. 武树臣:《中国传统法律文化》,北京大学出版社 2000 年版。

# 第四章

# 近代中国的法治思潮

1840 年鸦片战争终结了中国的古代史进程,中国正式步入近代。随着西方的武力入侵,中国传统社会的政治、经济、法制和思想文化受到了严重冲击,传统中国封建大一统的社会格局被打破,其弊端予以了充分暴露,中国法制思想也开始发生重大变化,主要体现为西方法治思想与传统中国法制思想的博弈。在此过程中,根据各自政见和思想的不同,出现了洋务派、早期资产阶级改良派、资产阶级维新派、保皇派、资产阶级革命派,他们彼此之间针锋相对,围绕"体"与"用"、礼教与法理的关系产生了激烈争论,但又不同程度地认同并实践变法图存的主张。在变法图存的思维下,出现了"君主立宪"和"民主立宪"的法治思潮,但并未实质改变中国的境况。资产阶级革命派将西方法治与民主结合起来,将"民主共和"作为建国的主导思想,其代表人物孙中山提出了"三民主义""民权主义""权能分治""五权宪法"等法治思想。

# 第一节　近代中国法治思潮的产生

**法的门前**

　　洋务派代表张之洞为了调和封建专制统治阶层顽固派与资产阶级改良派之间的思想矛盾,系统地总结了自己的洋务实践,提出了"中学为体,西学为用"的思想,成为洋务派的法制思想的基础。张之洞的《劝学篇》全面阐发"中学为体,西学为用"的思想,认为"中学"就是以孔孟之道为核心的儒家学说,而"西学"则是指近代西方的先进科技,两者关系之间应该是"西学"为"中学"服务。

　　**请思考:** "中学为体、西学为用"如何影响清末的法制思想?

## 一、清末的变法革新

　　清末中国的处境日益强化了变法图存的意识,最早接触西方的一批思想家提出了"求变"的思想,并以此为基础积极主动了解西方的文化,学习西方的先进技术。随着对西方认识的加强和深入,"变法"思想逐渐产生,要求在政治法律方面进行改良,积极开展修法修律活动。

### (一)"求变"思想

　　鸦片战争之后,"向西方学习"成为了时代潮流,最先接触到西方文化的一批中国人提出了各自的主张和论断,"求变"思想开始在中国产生并得到发展。

　　林则徐被誉为"开眼看世界"的第一人,"求变"思想最早源于他。基于与西方人对抗过程中对现实的认识,林则徐发现中国的旧体制应该因时而变。龚自珍的思想核心就是"求变",这源于他对现实的关心和对社会的批判,在思考如何拯救濒临灭亡的王朝时,他认为必须实行"变法",除改变典章制度之外,还需要修改繁杂的礼仪制度,改革科举制度,要求君主有条件的放权。魏源认为"变法"是拯救王朝统治的唯一出路,时代发展的必然规律,时代不同,治法也应当不同,因此主张因势变法。魏源则提出了"师夷长技以自强"的主张,认为世界已经进入了一个"海国时代",要达到"制夷"的目的就必须从对方那里获得有用的东西。可以说,魏源提出了有实质内容的变法思想,真正触及了中国思想变革的根本,即直面来自不同文明的挑战,把西方作为真正的对手。

以林则徐、魏源、龚自珍为代表的思想家,在清王朝处于内忧外患之时,在传统法制文化受到西方法治文化巨大冲击之下提出他们的变法主张,具有极大的启蒙作用,开创了中国法制思想发展的新局面,也开启了清末变法思想发展的序幕。但由于"求变"思想主要源于中国传统思想,加之这些思想家对西方法治思想文化的认识还处在表面,早期的变法思想也还处在一个"形而下"的阶段,尚未形成系统的、有理论基础和思想指导的理念。

### (二)早期资产阶级改良派的"变法"思想

早期资产阶级改良派继承了"求变"思想,薛福成就提出中国正处于"古今未有之变局",已由"华夷隔绝之天下",变为"中外连属之天下",因此"治世法"也应随着社会的变化而变化。郑观应提出:"由今之道,变今之俗,宜览往古,法自然,谀远情,师长技,攻其所短,而夺其所恃"。王韬则提出"孔子而处于今日,亦不得不一变"。早期资产阶级改良派从"穷则变、变则通"的观点出发,认为"天下之事未有久而不变"的道理,由此产生了要求适应社会形式,学习西方政治与法律的变法思想。

早期资产阶级改良派的"变法"思想已经从世界发展的大趋势之中看到了中国发生的变化,并以此来论证中国变法革新的必要性,这继承了早期的"求变"思想。与早期"求变"思想相比,早期资产阶级改良派的"变法"思想不仅要完成在学习西方技术以达到自强的目的,还反映出了其在改变政治制度、法制思想方面的诉求,尤其是学习西方的政治法律思想,这都为之后清末法制变革提供了思想依据。

### (三)洋务派的"变法修律"

1900年,八国联军攻陷北京,慈禧仓皇出逃,在逃亡西安的途中下令变法,规定除三纲五常之外,都可以取外国法之长补中国法之短。根据指令,刘坤一、张之洞首先提出了改革审判制度和监狱制度,随后又提出仿照西方法律,制定中国的矿律、路律、商律和刑律。1902年,清廷正式下达变法诏书,责成袁世凯、刘坤一、张之洞"慎选熟悉中西律例者,保送数员来京,听候简派,开馆纂修,请旨审定颁行"。在清廷的支持下,以及早期资产阶级改良派的活动之下,"参酌各国法律""务期中外通行"的变法革新开始了。

沈家本被张之洞等推荐为主持变法修律的大臣,他指出要融汇西方各国的法律制度,以及世界上最新的法制思想于中国国情,融合中西法理,贯通古今学说,制定出最完善的法律,在中国实行西方式的法治。

清末的"变法修律"是在"清末新政"的大背景下展开的。1900 年庚子事变爆发,慈禧太后率光绪皇帝等出宫避祸西安回銮之后,接受《辛丑条约》,此举对中国打击甚大,因此朝廷保守派主动进行变法。1901 年,在慈禧太后的默许下,清政府进行改革,改革内容多与此前戊戌变法近似,但比戊戌变法更广更深,史称"清末新政"。在这样的背景下,清末的"变法修律"开始实施。

首先,修订《大清律例》,将其中脱离中国社会的法律条文予以删除,废除了凌迟、枭首等野蛮落后的刑罚,削减死罪条目,取消旗人的特殊法律地位,等等。

其次,翻译外国法典和法学著作,以"参酌外国法律"为指导思想,认为要制定新律,就"必研究西人之学,尤必翻译西人之书"。20 世纪初,洋务派主持翻译了以国际公法为主的外国法典和著作。

再次,修订新法律。从 1903 年到辛亥革命之前,清朝颁布了《商人通例》《大清商律草案》《破产法草案》《大清刑事民事诉讼法草案》《大理院审判编制法》《大清违警律》《大清新刑律》《大清民律草案》《钦定宪法大纲》等。

## 二、西方法治思想的传入

### 法的精义

天下无数百年不弊之法,无穷极不变之法,无不除弊而能兴利之法,无不易简而能变通之法。

——魏源:《筹鹾篇》

西方法治思想作为西方文化的一部分,在鸦片战争之后突破了中国政府闭关锁国的政令开始逐渐传播,其中主要包括外国人的来华传播,以及中国人主动学习,二者相辅相成,共同推进了西方法治思想在近代中国的传播。

### (一)外国人"传法"

西方法治思想传入中国的主要途径有二,一是在中国政府做顾问的外国人和传教士的宣传,二是租界中的法律实务。

中国政府的外国顾问在华期间,为清政府提供了大量法律建议,这些法律建议以其母国法律制度和思想为基础。在这个过程中,西方的法治思想潜移默化地进入了中国。传教士以传播上帝福音为主,但他们都具备一定的法律知识,且从宗教教义发展而来的西方法律和法治思想隐藏在福音之中。

外国人对西方法制思想的介绍,以及外国法律制度在租界内的实践,致使西方法制思想得到传播,也激发了中国人的变法意识,催生了中国近代的法治思潮。

### (二)中国人主动"学西法"

中国人主张学习西法最早是从林则徐、龚自珍、魏源等"求变"思想家开始的,他们朦胧地主张学习西方的政治法律制度,并对传统法制和思想进行了批判。

中国人主动学习西方法律的主要举措之一,是翻译外国法学著作。林则徐在广东禁烟期间,就组织翻译了大量有关西方政治法律方面的资料。19世纪90年代,许多西方法律制度和法治思想因清朝使节的记载传入中国,他们思想的开放程度不同,对西方法制思想的认识也参差不齐,但在经历过西方国家的法制状况之后,还是认为"今日立国,不能不讲西法"。20世纪初,洋务派也组织翻译了一批法学著作。

派遣法科留学生,也是中国人主动学习西方的一种表现。1847年,容闳、黄宽、黄胜三人前往美国留学,成为近代留美的第一批留学生。1850—1854年容闳入美国耶鲁大学学习,获文学学士学位。归国后,容闳曾在广州美国公使馆、香港高等审判厅、上海海关等处任职,并曾将派森的《契约论》翻译成中文,具有一定的法学造诣。1874年伍廷芳赴英国留学,在林肯法律学院学习法律,并于1876年毕业后获得英国大律师证书,成为中国近代史上第一个系统接受西方法学训练的留学生。此后,广东人何启也于1879年进入林肯法律学院学习,获大律师资格。19世纪末,在西学东渐的时代浪潮中,法科留学生远赴欧美,研习"公法之学"。20世纪初,赴日研习法政运动兴起,法科留学规模急剧扩大,到1906年,在日本的中国留学生人数达到8000人,其中不少人后来成为革命骨干,如近代著名女革命家秋瑾,广州黄花岗起义烈士喻培伦、林觉民,云南护国起义的领导人蔡锷等。法科留学生作为中国人学习西方法律和法治思想的主体,成为沟通中西法律文化的桥梁,他们在传播法治观念、投身法治实践、开展法学研究、致力法学教育方面,作出了巨大的贡献。

此外,国内还兴办学堂,学习西方法治。戊戌变法期间,维新派创办了一批新式学堂,如康有为在广东创办的万木草堂,谭嗣同、黄遵宪、梁启超等在长沙主办的时务学堂等。1898年,在变法过程中光绪帝还批准建立了京师大学堂,这是中国近代最早的一所体制完备的高等学府。

处在变革中的中国社会,逐渐认识到西方法律和法制思想的重要性,并通过各种途径主动学习,成为西方法治思想传入中国的又一条有效途径。

### 三、"礼法之争"

近代中国法治思潮的传播过程中存在诸多争论,其中最为著名和集中的就是"礼法之争"。"礼"是指"礼教","法"是指"法理"。"法理派"由沈家本主持的修律馆为代表,他们运用西方的法律观念与保守派对抗和辩论;"礼教派"以张之洞、袁世凯、劳乃宣等为代表,他们对变法修律持反对态度,对修律百般刁难,提出新律不能脱离中国旧律的发展轨迹的主张。双方所争论的焦点就是应不应该删除旧律中那些维护封建纲常伦理的法律条文,礼教派代表传统法律观点,以维护宗法家族制度,进而维护君主专制为目的;法理派则以维护"人权"为口号。双方围绕着《大清新刑律草案》中刑法理念和条文展开激烈争论,被称为"礼法之争",在社会上造成了极大影响,也是中西方法制思想的一次正面对抗。

#### 法象万千

1904年5月15日,清政府的"修订法律馆"开馆办事。在修律过程中,时任修律大臣的沈家本从"各法之中,尤以刑法为切要"的认识出发,以更定刑名、酌减死罪、死刑唯一、删除比附、惩治教育五大修律原则修订刑律,1907年《大清新刑律草案》完成,后因"礼法之争"加入《暂行条例》而定名为《大清新刑律》。它是中国法制史上第一部具有近代意义的专门刑法典,是中国近代新旧法律体系嬗变的标志性成果,集中凸显了中西法律文化的冲突和融合。

"礼法之争"经历了如下几个阶段:

第一个阶段。随着清末修律运动的开展,在被誉为"媒介东西方几大法系成为眷属的一个冰人"的修律大臣沈家本的主持下,修订法律馆开展了对各项法律的修订工作。1906年,《大清刑事民事诉讼法草案》出台,其中采用了西方的律师制度和陪审制度,主要目的就是为了达成与西方法律的一致,进而"挽回治权"。但这遭到了礼教派代表人张之洞的强烈反对,认为对中国法律的礼教予以舍弃,宣传西方法治思想和法律制度,必将对纲常礼教造成极大破坏。张之洞对《刑事民事诉讼法》的批评和看法为"礼法之争"拉开了序幕。

第二个阶段。1907年《大清新刑律草案》完成,其参照西方刑法体例,内容上广泛采用西方资产阶级的刑法原则,其特点包括轻刑省罚、法律与礼教分开、废除法律中的不平等、以主刑和从刑为刑制、专注刑事一项法律。当该草案送交各部院进行签注意见时,张之洞首先指出该草案中法律与礼教分离的情况违反了"三纲"的"礼法"思想,以及相关的原则和精神,不符合国情,同时认为制定新律不能将中国法律的精义舍弃不顾,朝廷对此也予以支持。鉴于此,沈家本将草案收回并重新修改,最后在草案后加入《附则》,规定了"十恶、亲属容隐、干名犯义、存留养亲以及亲属相奸相盗相殴并发塚犯奸各条,均有关伦纪礼教,未便蔑弃"。经修改之后,定名为《修正刑律草案》,"礼法之争"一触即发。

第三个阶段。1910年《修正刑律草案》又遭到劳乃宣的批评,他认为该草案"于父子之伦,长幼之序,男女有别有所妨",违背礼教,要求将《附则》中有关礼教的条文写入新律正文。以沈家本和杨度为代表的"法理派"开始反驳,杨度主张实行国家主义以取代家族主义,"礼法之争"正式开始。"法理派"的反驳引起了劳乃宣等人激烈反抗,不仅撰文批判,还在新刑律已有的条款上,增加和加重卑幼对尊长、妻对夫杀害伤害等刑罚,但被资政院否定。最后,《修正刑律草案》经过核定,定名为《大清新刑律》,将《附则》改为《暂行条例》附于其后。"礼法之争"告一段落。

"礼法之争"是由清末修律而产生的大争论,围绕着新律应以西方法律原则还是传统中国礼教为指导思想,表面上看似一场有关立法思想的争论,其实却是中西方法律文化的一次大冲突。正是由于这次争论和冲突,近代中国的法制思想又向前发展了一步,并为此后法治思潮的产生奠定了基础。

### 法治天下

在近代中国法制变革过程中,西方法律逐渐进入中国,从最初的国际公法到此后的法理、宪法、民法、刑法、行政法、诉讼法等部门法,引入西方法律文化逐渐趋于全面化。在这个过程中,西方法治思想中有关法律、民主、主权、自由、权利、宪法等概念随着法律文件的翻译而传入中国,并成为近代法治思潮产生和发展的基础,对中国传统法制思想的近代化产生了巨大影响。

# 第二节　立宪思潮

## 法的门前

　　1905 年,载泽、戴鸿慈、徐世昌、端方、绍英五位大臣分赴东西洋各国考察政治,回国即上书指出立宪的三大利处,即皇位永固、外患渐轻、内乱可弭,建议进行立宪。但是,五位大臣同时指出该立宪为立宪预备,具体实行的日期和步骤应当放缓。1906 年 9 月 1 日,清廷颁发了《宣示预备立宪谕》,"预备立宪"由此而来。预备立宪主要涉及三方面内容,即行政改革,包括司法改革、教育改革,其核心是官制改革;设立议会;实行地方自治。预备立宪谕旨颁布后,立宪运动也由宣传推动阶段进入了发展阶段。

　　**请思考:**清末为何要实施"预备立宪"?

## 一、君主立宪

### (一)"君主立宪"思潮的最初发端

## 法的精义

　　立行宪法,大开国会,以庶政与国民共之,行主权鼎力之制,则中国之治强,可计日待也。

——康有为:《请定立宪开国会折》

　　19 世纪 70—80 年代,随着外国资本主义的侵略和洋务运动的兴起,中国民族资本主义产生并发展,民族资产阶级逐渐表达出强烈的政治、经济要求。在此背景下,从洋务派中分化出了一批较早接受西方教育的知识分子,被称为早期资产阶级改良派。他们在经济上主张振兴工商业、发展资本主义经济,文化上主张学习西方思想文化和科学技术,办新式学校,同时在政治方面提出"君民共主"的"君主立宪"主张,成为近代中国"君主立宪"思潮的最早表现。

中国近代史上最早提出"君主立宪"主张的,是早期资产阶级改良派的代表王韬。他曾明确指出,拯救中国最根本的问题并不是洋务派所标榜的"坚船利炮",而在于政治,解决政治中的根本问题并非枝节层面的官制改革,而是应从根本上改变君主专制政体。另一名代表人物郑观应则在介绍了西方议会制度之后,认为"治乱之源、富强之本,不尽在船坚炮利,而在议院,上下同心,教养得法",设立议会可以"集众思,广众益,用人行政,一秉至公,法诚意良诚美矣",间接地阐述了"论政于议院,君民一体"的君主立宪思想和相应措施。

早期资产阶级改良派要求改变封建专制主义的政治制度,主张一方面效仿夏商周传统,另一方面学习西方法制。但是,他们并不提倡民主,也不敢触碰君位,所以主张"君民共主"式的君主立宪制度。中国的议会也与西方议会不完全相同,只是一个扩大了的咨询机关,是为了辅佐弥补君权制的不足而存在的,其基本职能是维护皇权的尊严,提高皇帝的权威。所以可以说,早期资产阶级改良派提出的"君主立宪",其实是在维持封建王权的前提下,委婉表达了民族资产阶级争取社会地位和参政的要求。

此外,早期资产阶级改良派的改良方案只是西方国家君主立宪模式的简单移植,并没考虑西方国家的国情以及君主立宪制的深层理论,对诸如宪法、政党、责任内阁等都缺乏了解。他们所主张的"君主立宪"思想并不成熟,甚至还存在许多错误。但是作为一种立宪思潮,"君主立宪"不仅为此后资产阶级维新派提供了思想素材,也续写了中国近代法治思潮的一个重要篇章。

### (二)"二元制君主立宪"思潮

甲午战败后,面对割地赔款的巨大创伤,中国社会经济发生了更为深刻的变化,面临着空前的亡国危机。鉴于中国的现实窘状,更多的中国人开始了解国际情况,并承认资本主义文明的优越性。在此背景下,以梁启超、康有为、严复、杨度为代表的资产阶级维新派在早期资产阶级改良派"君主立宪"思想基础上,提出了通过制定宪法、开国会,仿效俄国和日本在中国建立二元制君主立宪政体的主张。

资产阶级维新派为论证"二元制君主立宪"思想,康有为、梁启超等首先从中国传统古籍中寻找理论依据,反复强调"穷则变,变则通,通则久"的道理。严复在《天演论》中强调"不变一言,决非天运",还将"物竞天择"看成是支配世界的法则。他们所提出的"变"的观念,实质上是一种主张发展变化的社会历史观,是对"天不变道亦不变"思想的一次冲击。在此基础上,资产阶级维新派对早期资产阶级改良派的"君主立宪"思想予以发展,并吸收了西方先进的政治思想,提出了"公羊三世说""三世六别说"和"天赋人权论"等理论,公开反对和批判君主专制,主张实行政治体制改革,形成以"伸民权、争民主、开议院、定宪法"为施政纲领的二元制君主立宪思想。

资产阶级维新派的"君主立宪"思想主要由康有为提出并逐渐成形。1888年康有为在《上清帝第一书》中就提出了"变成法,通下情,慎左右"的三点变法主张和设"议郎"的要求,这是资产阶级维新派君主立宪思想的最初萌芽;1895年《上清帝第二书》中对君主立宪思想作了进一步的阐述,指出了议院在国家政治中的重要地位,是君主立宪思想的进一步发展;在《上清帝第三书》中,康有为再次重申了设议郎的主张;《上清帝第四书》第一次明确提出在中央和地方同时设议院的主张;1898年1月康有为第五次上书,首次明确提出了开国会、定宪法的政治要求,成为君主立宪思想的突破;在第六次上书则主张实行西方三权分立制度,仿效日本明治维新,详细阐述了定宪法、实行"三权分立"的主张,建立君主立宪政体的轮廓更加清晰;第七次上书中,他则反复强调要学习俄国以君权变法,并带有限制君权的意涵。

资产阶级维新派的"二元君主立宪"是在其既反对专制,又推崇皇帝,既崇尚西方民主政治,又宣扬保皇的立宪双重属性的基础之上提出的,带有一定的时代局限性,但较早期资产阶级改良思想有了较大进步,不仅推动了清末新政,也为立宪思潮的发展创造了条件。

**法象万千**

"公车上书",即《上清帝第二书》。1895年4月22日,康有为、梁启超写成一万八千字的"上今上皇帝书",十八省举人响应,一千二百多人连署,5月2日,由康、梁二人带领,十八省举人与数千市民集"都察院"门前请代奏,反对在甲午战争中败于日本的清政府签订丧权辱国的《马关条约》,要求清政府进行变法,并在其中阐述了西方的宪政思想和制度,史称"公车上书"。

## 二、民主立宪

早期资产阶级维新派主张君主立宪,而反对民主立宪,认为"中国人无自由民权之性质",中国不能实行民主,从根本上否定了民主制度的可能性。20世纪初,中国社会历史条件的发展与变化,尤其是 1905 年至 1908 年,中国民族资本发展达到高峰,为民主立宪派的壮大创造了物质条件。而且,随着新式教育和留学热潮的兴起,一个主张民主理想的新知识分子群体崛起,他们提出了与戊戌变法时期维新派不同的君主立宪主张。他们在对封建君主专制进行抨击的同时,对西方资产阶级宪政民主思想进行了深入研究,并结合中国实际,提出了"民主立宪"的思想。

"民主立宪"反对资产阶级维新派以维护君权为基础的立宪模式,其中不仅反对单纯依靠君权立宪,也反对依靠现政府立宪。他们以卢梭的"天赋人权"、洛克的"权力分立"说、密尔的"代议政府论"为理论基础,宣扬民权主义和国家主义,即认为宪法不能由政府制定,而要求宪法由国民或国民代表制定,提出了"国民自任立宪"的主张。主要内容为:国民是立宪的主体,应以"国民权利为本位";立宪政治就是国民政治;立宪的原动力来自于国民自身,并从国民与国家的关系角度予以论证:国家是由国民集合而成的,国民对国家事务的关心程度决定了国家的盛衰;民权产生国民的责任,如果国民没有权利就不会有对国家负责的心态;国民权利需要以立宪方式实现,而立宪只能靠国民。

"民主立宪"思想的代表人物主要有杨度和熊范舆。杨度此前一直宣扬"君主立宪",反对民主,但到其思想发展后期开始转变,主张民主立宪。杨度提出"立宪之事,不可依赖政府,而惟恃吾民自任之"。李庆芳在《中国新报》中也明确提出:"余所主张之立宪,非政府的立宪,而国民的立宪也。"此外,东京出版的《大同报》《牖报》等,也相继发表了《论开国会之利》《论宪政与国会》《国民主义》等文,使"民主立宪"成为当时一种时兴的法治思潮。孙中山在阐述建立民国、民权主义和制定五权宪法的过程中,也形成了"民主立宪"的思想。

从整个近代立宪思潮的发展轨迹来看,从"君主立宪"到"民主立宪"经历了一次思想转变,其中所涉及的主要问题其实就是如何对待"君权"。早期资产阶级改良派的立宪思想,甚至之后资产阶级维新派的立宪思想都没有走出"君主立宪"的时代局限,在学习西方的基础上并不能符合西方现代法治内涵中所倡导的立宪精义,甚至在后期由于"保皇派"的主张而出现倒退。所以,中国近代社会的立宪任务最终会基于革命推翻专制制度的方式来完成,资产阶级革命派的主张也成为后续阶段的主要立宪思潮。

**法治天下**

1898 年 6 月"戊戌变法"开始,以康有为、梁启超为主要领导人物的资产阶级改良主义者通过光绪帝倡导学习西方科技、政治、法律文化,对政治、法律、教育制度等进行改革,并发展中国的农、工、商业等。"戊戌变法"遭到以慈禧太后为首的守旧派的强烈抵制与反对,1898 年 9 月 21 日慈禧太后等发动戊戌政变,光绪帝被囚至中南海瀛台,维新派的康有为、梁启超分别逃往法国、日本,被称为"戊戌六君子"的谭嗣同、康广仁、林旭、杨深秀、杨锐、刘光第被杀,历时 103 天的变法也宣告失败,因此"戊戌变法"也叫作"百日维新"。"戊戌变法"是中国近代史上一次重要的政治改革,也是一次法治思想启蒙运动,对社会进步和思想文化的发展,以及中国近代法治思潮的发展具有重要推动作用。

# 第三节　共和与民权

**法的门前**

1894 年,孙中山创立兴中会,其章程中就明确写道:"驱除鞑虏,恢复中华,创立合众政府",在中国实行"共和主义"。1898 年"戊戌变法"失败宣告维新运动的结果,义和团和八国联军的入侵使得受过改良主义思潮影响的一大批先进的中国人纷纷走上民主革命的道路,以孙中山、章太炎、邹容等为代表的革命派由此产生。在 1902 年到 1905 年之间,他们组成革命团体,创办报刊,宣传资产阶级民主革命思想。1911 年辛亥革命推翻了清王朝的统治,中华民国建立,但是随着袁世凯窃取革命果实,民国并未如预期一般存在,以孙中山为首的革命派继续为建立真正的民国而努力。

**请思考:**资产阶级革命派的主要目标及其实现途径是什么?

## 一、民主共和

自 1894 年孙中山在兴中会章程中提出"共和主义",越来越多的人逐渐认识到中国根本无法实现君主立宪,必须采用民主革命的方式改变中国的窘状。

20 世纪初,"民主共和"思想的宣传越来越广。当时章太炎就提出:"以合众共和结人心者,事成之后,必为民主。"邹容在《革命军》中也提出了"中华共和国四万万同胞的自由万岁"的口号,他的"民主共和"思想建立在"天赋人权"的基础上,认为建立民主共和国的目的就在于维护国民的自由和权利。在对君主专制制度系统批评的同时,邹容歌颂了西方的民主共和,使越来越多的人相信中国必将成为一个共和国。陈天华在主权在民思想基础上,认为百姓可以推翻清政府,此后,"求乎最美最宜之政体,亦宜莫共和若"。同盟会创建之后,明确提出"驱除鞑虏,恢复中华,建立民国,平均地权"的革命纲领,认为革命的最重要政治目的就是消灭专制政体,建立共和政体。

辛亥革命之后,孙中山在《临时大总统咨参议院辞职文》中提出国民的宗旨就是摧毁专制,建立共和。在孙中山看来,共和是当时最好的政体,民主共和制是当时最先进的政治制度;在对抗专制制度层面,民主立宪制要比君主立宪制更彻底。但他并不认为西方的议会政体是完美的,强调中国不能盲目照搬西方的议会政体,而应在适合中国国情基础上有所创造,以直接民权补充间接民权。章太炎则认为共和是所有政体中祸害最轻的政体,但他所谓的民主共和并不是西方的代议制民主共和,更反对建立在代议制上的君主立宪和民主共和。他认为,代议制是封建社会的制度,不适合平等社会;代议制使政府多了一个"牵掣者",公民多了一个"抑制者",不能达到"伸民权"的目的;代议制也不适合中国国情,因为不同于西方和日本,中国封建社会存在时间太长又地广人众,无法立即实行西方民主意义上的代议制;议员并不能完全代表民意,因为议员可以通过种种手段当选,竞选时所许诺之事往往在当选后就置选民意志而不顾了。

资产阶级革命派各代表人物从各个角度对"民主共和"进行了理论阐述,使其成为建立理想国家模式的主要思想。"民主共和"是这一时期最核心的法制思想,也是近代中国最具代表性的法治思潮。

## 二、民权主义

**法的精义**

今者由平民革命以建国民政府,凡为国民皆平等以有参政权。大总统由国民公举。议会以国民公举之议员构之，制定中华民国宪法，人人共守。敢有帝制自为者，天下共击之。

——孙中山：《同盟会宣言》

以孙中山为代表的资产阶级革命派的革命民主主义法制思想集中表现为三民主义，即民族、民权、民生，其中"民权"是"三民主义"的核心。随着孙中山思想的不断变化，三民主义经历了一个从旧到新的过程，并逐步完善，民权主义也在这个过程中发生了变化。

孙中山在旧三民主义中将民权主义作为革命的主要内容和重要目标，其以西方"天赋人权"为思想渊源，认为国民革命就是要使"一国之人皆有自由、平等、博爱之精神"，目标是推翻君主专制政体，建立资产阶级共和国，其中的"民权"所反映出的是中国人民要求民族独立的民主权利，并实现国民一律平等。而在新三民主义中，民权主义得到发展，强调民权共有和直接民权，即认为民权为一般平民所共有，凡真正反对帝国主义的个人和团体，均得享有一切自由及权利。

在《中华民国临时约法》中，孙中山将"主权在民"用法的形式肯定下来，明确规定了中华民国主权属于国民全体。孙中山认为，要实现主权在民首先要实行直接民权。

## 法象万千

《中华民国临时约法》又名为"民元约法"。1912年3月8日由南京临时国民政府参议院通过，3月11日公布实施，其取代了此前的《中华民国临时政府组织大纲》。1914年5月1日，因大总统袁世凯公布《中华民国约法》而被取代，1916年6月29日又被大总统黎元洪恢复。《中华民国临时约法》分为"总纲""人民""参议院""临时大总统、副总统""国务员""法院""附则"七章56条，是中国第一部资产阶级宪法性文件。

孙中山在论述民权主义的同时，还将民主与法治结合起来，尤其体现为"中华民国主权属于全体国民"的观点。从旧民权主义到新民权主义，近代中国资产阶级革命派的法制思想不断进步，民主与法治的结合也更加紧密，在中国法制思想史上达到了一个新的高度。

### 三、权能分治与五权宪法

资产阶级革命派在"民主共和"思想指导之下,不断提出新的治国方案,并催生了新的法治思潮。其中最为重要的就是"权能分治"和"五权宪法",这也是他们为建立民主共和国所开出的良方。

#### (一)权能分治

在民权主义的基础上,孙中山又提出了"权能分治"的法制思想。孙中山考察欧美国家的政治法律制度,认为它们的代议制所行使的是间接民权,并没有真正解决民权问题。为了扩大直接民权,将中国改造成新国家,就必须将"权"(政权)和"能"(治权)分开。"权"是众人之事,集合众人之事的大力量,就是政权,也可以说是民权。治是管理众人之事,集合管理众人之事的大力量,就是治权,可以说是政府权。二者分开就是要将"权"完全交到人民手中,人民有充分的政权可以直接去管理国事,"能"则完全交到政府机关手中,政府有很大力量治理全国事务。

同时,孙中山还从"民权主义"出发,论述了人民对政府的制约。他认为人民作为国家主人,只有用其拥有的选举、罢免、创制和复决四种权力来管理政府所具有的立法、行政、司法、监察、考试五权,才能使国民政府成为一个真正"权能分治"的政治机关。人民可以通过对政府官员行使选举权和罢免权来对官员不当行为进行矫正,通过行使创制权和复决权对政府立法机关所作出的不利于人民的行为进行纠正,只要如此操作和实践,政府权力再大也要服从人民的支配。可以说,"权能分治"保障政府权力运行被置于大多数人制约之下,使大多数人可以参与政治运作过程。

"权能分治"作为近代革命派法治思想的一部分,突出强调了人民政治和民主权利。孙中山认为,人民应当享有集会、结社、言论、出版、居住、信仰的完全自由权,这些权利既不能被剥夺也不能被让与。他将传统的"民本思想"发展成为具有现代意义的民主思想,为"五权宪法"思想的实施提供了依据,具有极强的启蒙意义。

#### (二)五权宪法

中华民国建立之后,孙中山极为重视宪法在国家建设中的作用,明确提出"宪法者,国家之构成法,亦即人民权利之保证书也",认为只有良好的宪法才能建立一个真正的共和国。"五权宪法"正是其所追求的最终目标。"五权宪法"是孙中山在发动和领导"国民革命"过程中提出的学说,在孙中山的思想体系中占有重要地位,建立在人民主权和权能分治的基础之上。这种思想是孙中山法制思想中最具有特色之处,"不但是各国制度上所未有,便是学说上也不多见"。

"五权宪法"思想是孙中山在吸收西方和中国的法制思想理论基础上提出的。在研究了各国宪法之后,他认为英美宪法中的"三权分立"弊病甚多,而且并不适合中国的实际情况,所以在"三权"基础之上提出"五权"的思想。他认为要集中中外的宪法精华,防止一切流弊,在采用外国行政权、立法权、司法权的基础上,加入中国固有的考试权和监察权,从而形成了一个五权分立的政府。"五权分立"为基本内容的宪法,就被称为"五权宪法"。

"五权宪法"思想的主要内涵为:国民大会由各县选出的一位代表组成,制定五权宪法,在制宪之后,国民大会专门行使修改宪法和制裁失职公务人员的职权;国民大会下面分设立法、行政、司法、考试、监察五个院,五院分工明确,各自独立,都向国民大会负责,行政首脑总统和立法院通过直接选举产生,另三院院长采取委任制决定;国民大会和五院职员以及全国大小官吏之资格,概由考试决定,各院及国民大会人员皆接受监察院监督,监察院则受国民大会监督。可见,"五权宪法"思想所强调的是国家机构内的职权分工,主张"权能分治",但机关内的五院是分工不分权,互相配合,并不互相制约。

总的来看,"权能分治"和"五权宪法"的法治思想,充分表明了资产阶级革命派放弃西方分权制衡的路径,在中国建立一个民主主义集权制为原则的民主共和国的愿望。

### 四、司法独立

传统中国社会司法与行政合一,司法从未独立。进入近代社会后,领事裁判权更是冲击了中国的司法主权,司法权也无法真正独立。针对中国的司法部门并不是独立的部门,在行使司法权时受到政治等因素干扰的情况,沈家本在修律过程中强烈主张司法独立。康有为在提出"君主立宪"思想的同时,非正式地提出了司法独立的思想。梁启超则在论述其君主立宪思想时,提出了"司法独立为宪政治之根本"的主张,认为如果司法不独立就难以保障法律的贯彻和执行;1913年9月,梁启超又在《呈请改良司法文》中提出了司法和行政分离、严禁法外干涉的主张。

孙中山不仅明确提出司法独立,还对司法独立进行了理论上的系统论证。1895 年在广州起义失败之后,孙中山流亡海外,期间曾撰写《中国之司法改革》,对中国传统司法制度进行了批判,认为其中弊病就是地方行政、司法官员徇私枉法、贪污腐败、随意出入人罪、滥施酷刑,而其根本原因就是司法不独立。孙中山认为,必须推翻旧王朝,才能建立公正独立的司法制度,主张在建立民主共和国的基础上,将西方的司法制度引入中国,实行司法独立。

此外,孙中山强调"司法为独立机关",法官必须通过专业考试合格之后才可以任用。《中华民国约法》中也规定了法官独立审判,不受上级干涉,法官任职期间不得减薪或转任,没有法律规定不能处以刑罚或者免职。孙中山极力主张法律专业人员进行审判,不受行政权干扰,保障其独立依法判案。为此,他要求建立司法人员严格的考试、任用和培训制度,以确保司法人员独立审判的需要。

近代中国处于社会转型期,思想、制度各方面均面临着时代的挑战,西方文化思潮随着西方武力入侵之后在中国广泛传播。当时先进的中国人在对西方、西学和西法主动认识和了解的基础上,进行了法律层面上深刻的思考。随着对西方文化了解的加深,西方法治思想传播的广泛和深入,各派思想家们开始主动寻求变革救国之路,并在政治法律方面集中关注"立宪"和"法治"这两个密切相关的核心思想,并依此提出了国家政体和具体制度层面上的变革。

### 法治天下

孙中山设想中国走向宪政道路应该分为三个时期:军政、训政、宪政。第一个时期为军政时期,为"军法之治",即军政府掌握国家权力,一方面带领国民扫除各地军阀,结束割据局面,另一方面宣传建国思想,实现国家统一。第二个时期为训政时期,为"约法之治",即政府派经过训练和考试合格的人员,到各县协助人民筹备自治,并将地方自治权授予人民,使人民拥有直接权力,而政府总揽国家事务。第三个时期为宪政时期,为"宪法之治",即颁布宪法,全国国民依宪法进行全国大选,国民政府在选举完之后三个月集体解职,并将权力授与民选政府,国家宪政切实实现,真正意义上的民国建立。

**课后思考**

1. 为什么清末要"变法"？

2. 为什么"君主立宪"在中国行不通？

3."民主共和"法制思想具体内容是什么？

 **参考文献**

1. 李贵连、李启成：《中华法史三千年：法律思想简史》，中国民主法制出版社 2016 年版。

2. 高旭晨：《中国近代法律思想论述》，社会科学文献出版社 2014 年版。

3. 何勤华：《中国法学史（第三卷）》，法律出版社 2006 年版。

4. 张晋藩：《中国法律的传统与近代转型（第三版）》，法律出版社 2009 年版。

5. 汪荣祖：《晚清变法思想论丛》，新星出版社 2008 年版。

6. 王人博：《中国近代的宪政思潮》，法律出版社 2003 年版。

7. 贾孔会：《中国近代法律思想与法制革新》，武汉大学出版社 2007 年版。

8. 卞修全：《立宪思潮与清末法制改革》，中国社会科学出版社 2003 年版。

第五章
# 现代法治的理念与原则

————————————————————————————

　　法治作为一种具有系统性的治国方略和社会秩序模式,包含着法律制度及其运作所应具有的理念和原则,也正是这些理念和原则使法治在其内在意义上区别于人治等其他国家制度和社会治理方式。在法治跟随人类历史不断发展的过程中,古今中外的思想家对法治的内涵和要求有过连绵不绝的阐释和论述,不同时空下国家的法律实践也一直对"法治是什么"的问题给出相应的回答。回顾和梳理人类法治思想和实践的流变,可以在学理上归纳和总结出法治的一些基本理念和原则。

　　尽管受历史和文化等诸多方面特殊性的影响,现实中法治在不同国家存在着一定的差异,但是从总体上看,法治所遵循的一些基本理念和原则在本质上具有更多的统一性。就此而言,现代法治以宪法法律至上、权力制约、权利保障、自由平等、公平正义、审判独立以及正当程序等为核心理念,以法律的普遍性、一致性、公开性、明确性、可预期性、稳定性和不溯及既往等为一般原则。因此,在现代社会中,建设法治国家意味着一国的政治、经济和社会生活等在制度安排和治理方式上奉行现代法治的一般原则,符合现代法治的基本理念和要求。

————————————————————————————

# 第一节　法治理念与原则概述

**法的门前**

　　2014 年 10 月 23 日,中共十八届四中全会通过了《中共中央关于全面推进依法治国若干重大问题的决定》(以下简称《决定》)。《决定》指出:"目前,中国特色社会主义法律体系已经形成,法治政府建设稳步推进,司法体制不断完善,全社会法治观念明显增强。"同时,《决定》还指出:"必须清醒看到,同党和国家事业发展要求相比,同人民群众期待相比,同推进国家治理体系和治理能力现代化目标相比,法治建设还存在许多不适应、不符合的问题……这些问题,违背社会主义法治原则,损害人民群众利益,妨碍党和国家事业发展,必须下大气力加以解决。"

　　**请思考:**建设中国特色社会主义法治体系为什么要重视法治理念和原则?

## 一、法治理念释义

　　"理念"作为一个重要的哲学概念,是对事物本质的一种概括,它诉诸人的理性认知,蕴含着对一定精神和基本价值的寻求。柏拉图将同类事物的本质定名为"理念",并认为理念是从现实的具体事物中抽象概括出来的共相。在思想史上,最早将"法律"与"理念"相联系的人是黑格尔,他首次提出了"法的理念"概念。一般来说,法律的理念是从整体上对法律本质等问题的一种理性认识和把握,它蕴含着法律的内在精神。法治理念则是对法治的精神实质和价值诉求在宏观层面的理性认识。

　　人类法治在漫长的历史与现实发展过程中,逐渐形成了一些作为其制度支撑的思想观念,这些思想观念经过人们理性化地确认之后就成为了法治理念。在一定意义上说,法治理念也是指法治的哲学基础及其所追求的价值理想,是理性化和系统化了的法治观念。就此而言,法治理念具有形而上学的特性,它指向各种法治现象背后的共同本质。法治理念作为法治的精神和灵魂,推动和指导着现实的具体法治建设。可以说,有怎样的法治理念就会产生怎样的法治实践。

虽然法治理念是人们关于法治本质及其价值等问题的理性把握,但是法治理念都来源于一定的法律实践,是理性认识对法治现实的一种建构,并对法律的实际运作等具有引导作用。可以说,法治理念根植于一定社会的经济、政治、文化等诸方面必然性要求之中,回答的是为什么需要法治以及如何践行法治的问题,所以,法治理念是法治的灵魂。不同时期的法律思想家对法治理念曾作过广泛的论述,从这些有关法治及其制度的形而上学的思考和描述中,也可以归纳和总结出法治的基本理念。一般意义上的法治理念至少包含宪法法律至上、政府权力制约、公民权利保障、维护公平正义、促进自由平等、坚持审判独立和遵循正当程序等方面的核心内容。

## 二、法治原则释义

法治原则就是法治运行所应当依据的基础性准则,它是法治理念的具体化。在人类的法律生活中,法治是一个内含丰富的经典概念,而作为对"法的统治"的具体阐述,法治原则在更为细致的意义上为法治实践提出了基本要求,这些要求能够对现实法治产生指导,审视着人们法治生活的状态和品质。

**法的精义**

法律的基本原则是:为人诚实,不损害他人,给予每个人他应得的部分。

——[古希腊]查士丁尼

当然,对于法治原则应当包括哪些内容,不同时期的思想家曾有过不同的概括,即便是在当今世界范围内,人们关于法治原则往往也是只有认识上的大体一致,却没有统一的表述。当代新自然法学的代表人物富勒曾提出法的内在道德问题,指的就是有关法律的制定、解释和适用等程序上的原则或法治原则。按照富勒的表述,法治的原则包括八个要素:(1)一般性,既普遍性;(2)公布;(3)非溯及既往;(4)明确;(5)不矛盾;(6)可为人遵守,即法律不应当要求人们从事不可能实现的事情;(7)稳定性;(8)官方行为与法律的一致性。

在操作层面,现代法治的主要原则可以从法律的品质方面作出以下列举:法律的普遍性、法律的一致性、法律的公开性、法律的明确性、法律的可预期性、法律的稳定性,以及法律不溯及既往。

**法象万千**

英国新分析实证主义法学家拉兹在其著作《法律的权威》中认为,具有法治品性的法律制定需要具备八个要素:(1)所有法律都应当针对未来、公开和明确;(2)法律应当相对稳定;(3)特别法必须在公开的、相对稳定的一般法的指导下制定;(4)司法独立应当切实得到保证;(5)自然正义的原则必须遵守;(6)法院对其他法律原则的实施有审查权,但仅仅是保证其符合法治而已;(7)法庭应当易被人接受;(8)不应容许预防犯罪的机构利用自由裁量权歪曲法律。

### 三、法治理念与法治原则的关系

如前所述,法治理念是对法治的精神实质和价值诉求的理性认识,是关于法治的理性化观念;而法治原则是指法治的基础性准则,是更为具象的有关法治的一系列要求。法治理念和法治原则都立足于法治本身,从规律层面上刻画了法治的内在状貌及其制度的价值和意义,二者都是从理论上讨论"法治应当是什么"所必需的理论范畴,都是人们在法治性质、功能、制度设计、组织机构、实践运作等方面所形成的理想认识和应然判断。法治理念可谓一定时期或一定社会的人们对法治的总体看法,是人们在法治问题上的思想观念与价值判断的综合。法治原则作为法治理念的具体化,是更为具有操作性的法治要素。

如果说法治是一种关于依靠法律治理的良好制度,那么,法治理念和法治原则就同为构成这种制度的软件部分,它们都规定着法治的精神内含和价值诉求。从法治实践来看,无论法治理念还是法治原则,二者都从理想和意志层面上指导和审视着一国现实的法治建设。一个国家选择实行法治,就意味着在国家体制安排和社会治理模式上贯彻法治的理念,奉行法治的原则。

尽管如此,法治理念和法治原则在微观层面也确实存在一些区别。

首先,法治理念更具有宏观性,法治原则相对而言比较微观。虽然法治理念和法治原则都是人们对法治的理想认识和应然判断,但是法治理念的哲理性更强,侧重从深层观念层次上说明法治的规律性,法治原则倾向于从规范层面上对法律的品质提出细节性要求。

其次,法治理念是具有更强抽象性的概括原理,法治原则是比较具体化的基本准则。法治理念是对法治理想的统一凝练和提取式总结,具有较强的稳定性。法治原则是对法治理想在落实意义上的展开表达,具有很强的针对性。法治原则在更高程度上的抽象就是法治理念。

再次,法治理念往往是隐性的,法治原则一般是显性的。法治理念更为抽象和宏观,不易为人们理解和描述。法治原则是对法治理念的具体落实,往往已经体现为技术性的准则和规则,比法治理念更为具体,更具有可操作性。

最后,法治理念的系统性较强,具有相当程度的整体性,但在内容和形态方面没有法治原则丰富。法治理念强调对法治一般要义的提升精练思考和精辟稳定把握,其系统性和融贯性较强。法治原则从操作原理上构建法律之治,包含更丰富的内容和形态,有关法治多个层面的普遍准则都可被列举为法治原则。

当然,也应当看到的是,法治理念和法治原则也经常混含在一起,有些法治理念也常被看作法治原则,二者并没有十分明确的界限。

# 第二节　现代法治的核心理念

## 法的门前

1215 年的《大宪章》运动迫使英王约翰签署了限制自己权力的宪法性的文件,这张书写在羊皮纸卷上的文件在历史上第一次限制了封建君主的权力,日后成为了英国君主立宪制的法律基石。1689 年的《权利法案》进一步确认了"王在法下"的制度,该法案明确了个人的自由和权利不受国王和政府的侵害,法律至上的理念成为普通法国家法治的基本原则。英国学者戴西认为,"法律至上"是法治的主要特征。后世学者在讨论法治的概念时也大多认同"法律至上"是法治的要义。美国《布莱克法律词典》将法治一词解释为"法律的至高无上地位"。

**请思考:** 为什么说法律至上是现代法治的主要特征?

### 一、宪法法律至上

宪法法律至上是指宪法和法律地位的最高性。在现代法治社会,宪法和法律拥有极大的权威性,具有超越其他社会因素的至上地位,被视为一项重要的价值理念。任何形态的社会都存在着一个至高无上的权威因素,并以之确立某种权威等级体系。如果一个社会中人们所认同的最高权威不是宪法和法律,那么这个社会就肯定不是法治社会。

### 法的精义

法官是法律世界的国王,除了法律就没有别的上司。

——[德]卡尔·马克思

现代法治就是以宪法和法律为国家和社会生活中的最高权威行为准则,这使得现代法治从根本上区别于其他非法治的社会形态。例如,在神权政治的时代,以神的名义产生的意志具有至上的权威;在君主专制的国家,君主的统治及其个人意志就是权威的最高存在。可以说,自近代以来,宪法和法律在国家和社会生活中是否能够获得至高无上的权威认同,是判断法治国家的重要标志。

为了坚持宪法法律至上,现代法治国家一般都遵循立宪主义的要求和精神,把宪法作为最高效力和最高形式的法律,使其成为人民普遍意志的体现和政府合法性的依据,同时把制定合理有效的法律作为国家和社会生活的基础。就此而言,建设法治国家在观念和实践上意味着:宪法和法律是一切国家机关的行为准则,国家机关的一切权力均来源于宪法和法律的确定,并且依法行使;各级行政部门、司法部门也要受到立法机关的监督和制约,它们不能作出与宪法和法律相违背的决定,否则就是无效的;任何政党和社会团体、公民都必须在宪法和法律规定的范围内活动,政党的政策不能违反或替代法律。

因此,现代法治把宪法法律至上作为核心理念,必然要求任何组织和个人不得凌驾于宪法和法律之上,任何组织和个人的行为都要受到宪法和法律的调整和约束。特别是当宪法法律与当权者的个人意志发生冲突时,现代法治要求宪法和法律必须高于当权者的个人意志,即"人依法",而不是"法依人"。

### 二、政府权力制约

在现代社会,限制公权力是法治的基本精神。权力容易腐败,绝对的权力导致绝对的腐败。作为与"人治"相对立的国家治理方略,法治强调法律的统治,这本身就是为了通过法律来遏制政府的权力以保障公民的权利。

## 法的精义

通过法律限制和控制政治权力是法治最主要的原则。

——[英]詹姆斯·哈林顿

从近代法治的发端来看,法治的真正确立就是肇始于法律对政府最高权力的制约。1215 年的英国大宪章运动开创了人类历史上用法律制约王权的先河,政府权力从那时起就不再是绝对的、不受控制的了。当国家权力特别是最高行政权力被置于法律的管理和制约之下时,真正的法治才开始了。对此,思想家洛克曾指出:"法治的真正含义就是对一切政体下的权力都有所限制。"哈耶克也认为,"法治的意思就是政府在一切行动中受到事先规定并宣布的规则的约束"。正是在这个意义上,人们常把制约政府的权力看作是实现法治的核心环节。

所以,作为一种制度性要求,对政府行使的公权力实施合法性的考量与制约,防止政府权力的蜕变和腐败,乃是近现代法治的应有之义。法治强调对政府权力的制约,是以法律的制约为最终手段或归结的。对政府权力的控制与约束在任何社会都有多种途径和方式,现代法治意味着基于法律的制约是对政府公权力进行制约最有效与可靠的形式,这与宪法法律至上的理念是相通的。

在现代法治社会,以法律制约政府权力,首先强调政府一切权力的存在最终皆要有宪法和法律上的根据,这是政府权力具有正当性的源泉;其次强调政府权力的行使及其运作程序均要以宪法和法律的规定为依据,这是政府权力具有合法性的准则。不仅如此,还要强调政府行为与法律一致,政府部门制定的法规和特定的行政命令必须符合公开的、明确的和肯定的一般法律规则,特别是政府部门及其公务员在行使自由裁量权的场合,自由裁量权不仅要出自法律的真实赋予,而且要符合依法行政的基本要求,这一点也是法治与政治的基本区别。

当然,现代法治强调对政府权力的制约,也不意味着完全否定政府权力行使的能动性和权威性。相反,任何社会的政府都可以也应当有权威,现代法治也要求政府积极履行职责,只是法治所要求的政府权威是一种法律之下的权威。

**法象万千**

《中共中央关于全面推进依法治国若干重大问题的决定》指出："行政机关要坚持法定职责必须为、法无授权不可为，勇于负责、敢于担当，坚决纠正不作为、乱作为，坚决克服懒政、怠政，坚决惩处失职、渎职。行政机关不得法外设定权力，没有法律法规依据不得作出减损公民、法人和其他组织合法权益或者增加其义务的决定。推行政府权力清单制度，坚决消除权力设租寻租空间。"

### 三、公民权利保障

尊重和保障公民权利是现代法治理念的价值实质，是法治国家的基本要义。从法律精神的角度看，现代法治包含了一整套关于法律权利和义务、权力和责任等问题的原则与观念体系，而对公民权利的保护应该是其中占主导地位的内容。一方面，保障公民权利是法治的旨归，现代法治要求对政府权力进行限制之目的就是为了维护公民的权利。也可以说，正是为了公民权利的保障，才需要约束和控制政府的公共权力。另一方面，现代法治背景下的法律活动以有关公民权利的保护为基本特色，它要求立法、执法和司法等活动均应尊重和保障权利。在这一点上，虽然法律强调公民权利义务的统一性，但是权利的落实总是最终的目标导向。

**法的精义**

宪法，就是一张写着人民权利的纸。

——［苏联］列宁

为保障公民享有充分的权利，现代法治国家不仅通过法律形式积极确立公民的各项权利，使公民的各项合理权利得到法律上的肯定，而且通过对立法和执法的严格要求，限制国家权力的恣意行使或他人权利的滥用，使公民权利的行使免于国家的非法干预或他人的侵犯。此外，现代法治国家一般都致力于为正当权利遭受非法侵害的公民提供有效的法律救济途径。

现代法治对公民权利保障的最基本要求，是国家要尊重和保障人权。人权是人之作为人所应当享有的基本权利，它是人的价值的社会承认，是近现代法律对人的主体地位、尊严、自由和利益的最低限度的确认,是现代社会中最应该被珍视的公民权利。在一定意义上说,实行法治的意义就在于确立人权的保护机制,现代法治是保护人权的最为良好的制度性安排。反过来看,也正是人权体现了现代法治所追求的公平正义的精神实质,奠定了现代法治价值正当性的基础。

现代法治国家对人权的法律保护主要包括宪法保护、立法保护、行政保护和司法救济等方面。首先,以宪法的形式确认和保障人权,是现代法治国家的显著特征;其次,法律规定了人权的内容和范围以及人权保护的法律程序,为人权的享有、实现、保护和救济提供了法定的标准和方式;再次,政府的执法可以为公民更好地实现法定人权、有效制止侵犯人权的行为提供强有力的行政措施;最后,司法制度为人权的保护和救济提供了诉讼保障,而且遵循正当程序的司法活动本身就是对人权的保障。

## 四、维护公平正义

公平正义是每个社会里的人们都期盼实现的美好理念。古往今来,中外思想家对公平正义有过非常多的定义,正如美国法学家博登海默所言:"正义有着一张普罗透斯似的脸,变幻无常,可随时呈现不同形状并具有极不相同的面貌。"尽管公平正义具有很强的主观性和流变性,但是人们关于公平正义的基本认识在观念上总有诸多方面的统一性。自从人们把公平正义与法律相联系开始,公平正义就成为法律追求的核心价值和根本目的,也是评价法律自身好坏与否的基础性标准。如果从一般意义上,并把正义作为法的价值目标整体的基本内涵去把握,那么,所谓公平正义,简单地说就是在国家和社会生活中体现"给每个人其所应得"的原理原则。就此而言,自法治产生以来,公平正义就是法治最普遍的价值表述,现代法治也应当以维护公平正义为其依归。

**法的精义**

要使事物合乎正义(公平),须有毫无偏私的权衡,而法律恰恰正是这样一个中道的权衡。

——[古希腊]亚里士多德

维护公平正义与现代法治的实现有着密切的关系。首先,法治所立基的法律应该是本身良好的法律,而所谓本身良好的法律,在最为一般或普遍的意义上说就是体现公平正义的法律。例如,西方自然法学派所主张的"恶法非法",就是从正义角度对法律进行检视。其次,公平正义自身作为普遍的价值对法律生活的运作和法治的落实具有积极的评价和推动作用。例如,公平正义观念不断推动了法律精神的转化和法律的现代化发展,使人类法治理念在全球得到传播。再次,在法治的价值体系中,维护公平正义就是维护具有根本性的价值目标,虽然权威、效率、自由、秩序等都是法治价值的重要内容和表述形式,但这些不同的价值内容或形式最终都可以归结为某种公平正义的概念。例如,法谚"迟来的正义非正义",就是从效率的维度讨论公平正义的问题。最后,法治作为公平正义的重要载体,是维护公平正义的重要机制。例如,法治可以保障社会纠纷的公正解决和司法诉讼的正当进行,恢复人们之间正常的权利义务关系,维护社会正义。

**法象万千**

按照中国古代思想家的说法,法律的目的在于"定分止争""赏善罚奸",因此人类法律生活中的正义问题,归根到底是一个公平地分配利益和赏罚的问题。古罗马法学家乌尔比安曾经提出:"正义乃是使每个人获得其应得的东西的永恒不变的意志。"同样的说法也可见于其他许多思想家的言论,如西赛罗把正义刻画为"使每个人获得其应得的东西的人类精神意向";中世纪神学家托马斯·阿奎那也把正义描述为"一种习惯,依据这种习惯,一个人以一种永恒不变的意愿使每个人获得其应得的东西"。在当代,美国学者罗尔斯提出了正义的两项原则:其一,每个人对于其他人所拥有的最广泛的基本的自由体系相容的类似自由体制都应有一种平等权利;其二,社会的和经济的不平等应这样安排,使它们被合理地期望适合于每一个人的利益,而且依存于地位和职务向所有人开放。

五、促进自由平等

自由和平等是现代法律区别于古代法律的突出价值,促进自由平等也自然成为现代法治核心理念的重要内容。从学理上看,虽然法律的价值目标在一般意义上可以概括为公平正义,但在关于正义的具体维度方面,现代法律在促进自由平等上要比古代法律更具特色,尤其是现代意义上的法治对人们自由与平等的促进,要比人治和古代法治等其他社会治理方式更具有标志性意义。现代法治体现了对人的主体地位、尊严、自由和同等对待等层面的重视,它们是人类社会进步的标尺和动力。符合良法标准的法律对人权等公民基本权利的积极保护,正是现代法治对人类平等权和自由权给予保障的最低限度要求。

**法的精义**

只有被治者基本上是自由的,"法治"才有意义。

——［德］埃尔哈特·丹尼格

法律上的自由并非是指人的行为完全不受任何的干预和限制。正如法国思想家孟德斯鸠所强调的:"自由是做法律许可的一切事情的权利,如果一个公民能够做法律所禁止的事情,他就不再有自由了,因为其他的人同样会有这个权利。"法律上的平等也并非是指完全消灭人的差别以实现绝对均等化,其所表达的是"相同者相同对待"的要求,它体现为人人均能得到国家的平等对待,以及人们之间在法律主体地位上的相互对等。正如美国法学家德沃金所说,平等就是国家对每个公民的"平等的尊重和关切"。

由此来看,与法律的其他价值相比,自由的价值关注的是社会个体的自尊、自主,重视个性发挥和个体的自我实现对社会生活的意义;平等的价值则更加重视克服社会生活主体因自然和社会禀赋的不同而产生的各种差距,注重人与人之间的对等和社会关系的和谐。现代法治作为促进自由平等的重要机制,不仅通过立法确定自由的范围,规定平等适用的领域,为人们提供实现自由平等的程序和方法,而且通过法律的合理运行解决自由平等与人类其他价值的冲突问题,并防止他者对自由平等的破坏和妨碍,以确保自由平等的落实。

六、坚持审判独立

审判独立体现了法律治理的理念,坚持审判独立是法治得以实现的重要制度保障之一,有关审判独立的要求无疑也是现代法治的基本理念。在当今世界,审判独立作为各国在司法原则上一种共识在许多重要国际组织的公约中作了规定。

例如,1966年联合国《公民权利和政治权利国际公约》中规定:"在判定对任何人提出的任何刑事指控或确定他在一件诉讼案中的权利和义务时,人人有资格由一个依法设立的合格的、独立的和无偏倚的法庭进行公正的和公开的审讯。"

**法象万千**

第一百三十一条　人民法院依照法律规定独立行使审判权,不受行政机关、社会团体和个人的干涉。

——摘自《中华人民共和国宪法》

坚持审判独立可以概括为如下两个方面的内容:

首先是法院审判权的独立。现代法治所要求的审判权独立是指审判权主体的法定性和排他性,审判权应当从国家权力体系中分化出来交给专门的机构行使。现代国家一般把审判权交由法院专门行使,其他任何国家机构、社会组织和个人均无权以审判的名义处理法律案件。审判权独立也表明了审判作为一种专门的国家职能的独立。它强调国家的审判职能应当与国家的其他职能实行分工、坚持彼此互不隶属等原则,审判权在国家权力结构中能够居于不依赖也不受制于来自其他权力控制的独立地位。审判权独立为审判权和其他国家权力的有序运行确定了观念和实践上的界限,这既是避免由国家权力专断而危害现代民主和法治的需要,也是实现国家审判职能所承担的功能和目标的需要。

其次是法官审判案件的独立。从审判活动的微观方面看,审判权的具体行使是由法官来掌握的,因此,真正的审判独立必须要求在司法权独立的基础上继续强调法官审判案件的独立。法官审判案件独立,不仅是指法官在具体审理案件、形成司法判决的过程中,只服从法律的要求,严格遵循以事实为根据、以法律为准绳的裁判原则,保持中立和公正的态度,免受任何无关的外在压力,而且是指法官的整个司法行为及其审判活动也应该在法律规定的范围内、依照法定的程序独立自主地进行,并以此排斥其他外在力量的干预和影响。

### 七、遵循正当程序

法律活动是一种具有程序性的活动,而现代法治所要求的程序是一种具有正当性的程序,即所谓的正当程序。正当程序主要是指法律程序的正当化,它旨在遏制权力的擅意行使和专断,反对法律运作的随意性、恣意性。

## 法的精义

程序是法治和恣意而治的分水岭。

——法谚

从正当程序的起源来看,一般认为,它源自于西方古老的自然法正义。古老自然法的公正原则在内容上大致包括两项最基本的程序规则:(1)任何人都不能审理自己或与自己有利害关系的案件,即任何人不能作为自己案件的法官;(2)任何一方的诉词都要被听取,即我们常说的"兼听则明",这意味着任何人在行使权力可能使别人受到不利影响时,必须听取对方的意见,亦即每个人都应被赋予防卫和为自己辩护的权利。

从历史上看,近现代意义上的正当程序是伴随着英国普通法的产生而不断发展起来的。11 世纪诺曼底人在英国建立了政权之后,国王经常派员到全国各地巡回审理案件,并逐渐建立了一些王座法院。王座法院的裁判以令状制度为基础,每种令状都有相应的既定程序,这种根据令状及其规定的程序才能获得审判的做法,逐渐形成了普通法"程序先于实体"的传统。后来在新贵族与王权斗争的过程中,1215 年英国国王被迫签署了《大宪章》。

正当程序发展到今天已然成为法治国家的一个重要特征,它是维护法律权威、有效制约权力、公民权利以及公正解决纠纷等的重要保障,为法律活动的正当开展提供了时间、空间、步骤和程式上的合理秩序。当然,正当程序不仅是关于法律活动过程的一系列手续性的要求,而且它是一种有价值倾向性的程序,此中包含了有关正当性的一些价值要素。有价值倾向表明了现代法治所据以运作的正当程序具有一定标准的内容。在现代法治语境下,正当程序的最低标准要求应该是:公民的权利和义务将因为某种法律决定而受到影响时,在决定之前必须给予其知情权和申辩的机会;对于决定者而言,必须对相关当事人履行告知与听证的义务。

## 法治天下

1985 年 8 月 26 日至 9 月 6 日,第七届联合国预防犯罪和罪犯待遇大会在米兰举行,会议通过了《关于司法机关独立的基本原则》。该文件指出:"1. 各国应保证司法机关的独立,并将此项原则正式载入其本国的宪法和法律之中。尊重并遵守司法机关的独立,是各国政府机构及其他机构的职责。2. 司法机关应不偏不倚、以事实为根据并依法律规定来裁决其所受理的案件,而不应有任何约束,也不应为任何直接间接不当影响、怂恿、压力、威胁、或干涉所左右,不论其来自何方或出于何种理由。"

# 第三节　现代法治的一般原则

## 法的门前

1966 年联合国通过了《公民权利和政治权利国际公约》(以下简称《公约》)。该《公约》第 14 条规定:"在判定对任何人提出的任何刑事指控或确定他在一件诉讼案中的权利和义务时,人人有资格由一个依法设立的合格的、独立的和无偏倚的法庭进行公正的和公开的审讯。由于民主社会中的道德的、公共秩序的或国家安全的理由,或当诉讼当事人的私生活的利益有此需要时,或在特殊情况下法庭认为公开审判会损害司法利益因而严格需要的限度下,可不使记者和公众出席全部或部分审判;但对刑事案件或法律诉讼的任何判刑决应公开宣布,除非少年的利益另有要求或者诉讼系有关儿童监护权的婚姻争端。"

**请思考:**《公民权利和政治权利国际公约》体现了现代法治的哪些原则?

## 一、法律的普遍性

在法治条件下,法律是对国家和社会生活的一般性调整,法律对人们的行为具有普遍的规范性意义。法律的普遍性就是指法律是针对社会中的一般人或一类事项设定的行为模式,这种行为模式是将具体的、个别的行为概括抽象为法律上普遍性的权利、义务和责任规则。法律的普遍性意味着要反对针对某个人或某件事而制定所谓的法律,法律不能实行个别性调整。从法律的一般原理上看,法律的普遍性至少包含以下两个方面的要求,即法律制定内容及其表述上的普遍性,以及法律执行和适用上的普遍性。

**法的精义**

---

法律不能使人人平等,但是在法律面前人人是平等的。

——[英]波洛克

---

首先,法律的规范与针对具体个人或具体事项的个别性命令不同,它毋宁是为了调整一般的人群或事项而进行建规立制,它必须使用专业性的语言高度抽象地概括人们应当的行为模式和法律后果,使人们的权利义务成为一般性的法律条文。从法律规范的构成要素来看,行为模式规定人们可以行为、应该行为或不得行为,可能是授予权利的,也可能是课以义务的;法律后果指示行为方式可能引起的法律上的结果或法律的相关反应。初级形态的法治就表现为人们按事先公布的法律一般性条文选择自己的行为方式,承担相应的法律后果。

其次,一般性的法律在被执行和适用的时候要根据其事先设定的场域和情形展开,它具有普遍的约束力,凡是符合法律规定的情况就应该得到普遍的执行和适用,不能因人而异或因势而变。法律执行和适用上的普遍性体现了法律调整人们行为的重复性和逻辑性,即"类似情况类似处理"。与个别性命令只能针对特定人单次运用不同,法律规范在其效力所覆盖的时间和空间范围内可以被反复执行和适用,法律面前人人平等。因此,"选择性执法"和"同案不同判"都违背了法律的普遍性要求,破坏了法律实施的统一性。

## 二、法律的一致性

法律的一致性是指法律体系内部法律自身应统一连贯,不能自相矛盾。一般来讲,一致性是一国法律所应当具有的形式价值,它也是"良法"所必须具备的形式上的特殊品质。在法律制度中,强调法律的一致性问题旨在要求法律应当保持本身的和谐统一,消除矛盾和混乱。一个没有争议的问题是,诸如矛盾律(a与非a)这样的逻辑法则,对于任何理性和严谨的法律体系而言都应该是有约束力的。在立法中,法律的一致性是保证法律的确定性和法律具有普遍适用性的条件。在司法裁判中,法律的一致性则要求法律判决应该符合法律制度作为一个统一整体而存在的价值需求,据此法律制度能够实现其既定的那些目标。

**法的精义**

如果一项规定要求车主在 1 月 1 日装上新牌照,另一规定则要求 1 月 1 日从事任何劳动皆属犯罪行为,就会危害法治。

——[美]朗·富勒

在现代国家,法律体系随着社会发展和调整范围的逐渐扩大而变得日益庞杂,各种类型的法律法规不断被制定出来。在这种背景下,维护法律自身的一致性,避免法律规定之间的相互矛盾,显然已成为现代法治应遵循的原则性要求。法律的一致性原则体现了现代法治对一国法律从系统论视角的审视,体现了现代法治对法律体系建构的理性化要求。为了实现法律的一致性,除了在形式和静态方面力求制定内部连贯和谐的法律文件之外,现代法治国家还在动态方面确立了处理法律内部规定矛盾或效力冲突的一些原则,如上位法优于下位法,后法优于前法,特别法优于一般法等。

## 三、法律的公开性

法律必须公开作为现代法治的一项原则,在抨击传统法制的严刑拷问与秘密立法制度的基础上发展而来。就此而言,法律的公开性是人类法律制度从专制状态向法治状态演进的标志,也是法制文明自身迈向现代化的重要体现。在现代社会,法律要成为人们的行为规范并被人们普遍遵守就必须具有公开性,而不是诡秘难知。法律只有在公开之后才能让公众对其进行了解、形成认知;公众也只有在知晓法律之后,才能得以按照法律的指引安排自己的行为活动,并对他人的行为以及官员的执法和法律适用活动等加以评价和监督。

**法的精义**

法治意味着,政府除非实施众所周知的规则,否则不得对个人实施强制。

——[英]哈耶克

所以,法律随时向社会公开,让公众知晓,是法律实现其对社会关系调整目标的前提条件。不仅如此,从现代公民权利和民主政治的视角看,法律必须公开让公众熟悉也是公民的权利,公民有知晓法律内容的正当要求。现代国家的立法程序都设有专门的法律公布环节,就是为了采用特定的方式将法律公之于众。

法律的公开性并不只是体现在立法应当公开,还体现在执行和适用法律以及作为它们结果的法律文书也应当公开。以审判活动公开为例,它要求司法审判程序的每一阶段和步骤都应当以当事人和社会公众所看得见的方式进行。审判活动公开的主旨就是要让社会公众看到审判的过程,这不仅能够使人们清晰诉讼过程中的各种事实问题和法律适用情况,而且提供了公众对司法过程进行社会监督的可能性。社会监督的意义就在于能够促使审判按照公正合理的方式进行,进而促进裁判的公正。现代法治的审判活动公开一般包括以下三个内容:第一,法院在审判前应当公开当事人的基本情况、案由以及开庭的地点和时间,以便公众旁听。第二,除了法律规定不宜公开审理的案件之外,应当允许公众旁听和新闻媒体的采访报道,而公众的旁听和媒体的报道可以涵盖审判的全过程,包括法庭调查和辩论等。第三,不论案件是否公开审理,判决结果都必须公开。

**法象万千**

1948 年联合国《世界人权宣言》第 10 条规定:"人人完全平等地有权由一个独立而无偏倚的法庭进行公正的和公开的审讯,以确定他的权利和义务并判定对他提出的任何刑事指控。"

### 四、法律的明确性

法律的明确性是指法律规范的内容及其语言表述应当清晰明了,易于被人们理解,而不是模棱两可,模糊含混。现代法治需要的是能够肯定指示和表达明白的法律。在现代社会,如果立法机构制定的法律含糊不清、不具有确定性,就构成了对法治的侵害。执法上的不得当或司法上的不公正会侵害法治,但立法的模糊不清对法治产生的危害性更大。法律的不明确不仅会造成人们的行为无法得到确定的指引,而且会使执法者和司法者的自由裁量权没有边界,法律的效力和权威性不能很好地发挥作用,法治的可预期性也会随之丧失或大打折扣。

**法的精义**

法律规定得愈明确,其条文就愈容易切实地施行。

——[德]黑格尔

现代法治对法律的明确性要求主要体现在两个方面:(1)法律内容必须肯定和确定;(2)法律的语言表达必须清晰明了。首先,法律条文对人们权利、义务和责任的规定必须是肯定的,具有较强的确定性和预测可能性。只有这样,人们才能清楚地把握法律的要求,对是否合法、违背法律,违背法律应带来怎样的后果产生明确的认知。例如,就刑法而言,如果规定犯罪的法律条文不能够清楚明确,那么人们就不能确切地了解和判断犯罪行为的内容,司法机关也不能够准确地确定犯罪行为与非犯罪行为的范围,甚至刑法上"法无明文规定不为罪、法无明文规定不处罚"的原则也无法贯彻,民众的权利自由和安全当然更无力得到保障。其次,法律条文的表达应做到用语规范、准确无误,具有理解可能性。法律的语言应该是规范化的语言,并以简洁凝练和庄重严谨为品质追求,力求言简意赅。法律语言的使用目的在于表达清晰的行为规范要求,并传递立法调整的目的和意图,所以,法律条文不应该有文字和词句上的错误。不过,法律的语言虽然是专业性的,但也应当平实质朴,通俗易懂,避免冗长烦琐和晦涩难懂的表述。

## 五、法律的可预期性

法律的可预期性作为现代法治的原则之一,与法律调整的确定性与稳定性等价值紧密相连。法律的可预期性体现了人类对法律的确定性、稳定性的渴望与追求。也只有法律具有相应的确定性与稳定性,法律方可给人们带来可预期性。法律的可预期性是对社会预期的回应,侧重于强调法律对人们行为的指引、评价、预测等功能。社会预期体现了社会成员对未来事项的规划与掌控,法律缺乏可预期性将侵蚀社会成员对未来事务作出规划的自由,使法治难以回应社会预期、安定民心。在当今多元社会,科技与社会发展迅速,迫切需要法治来稳定社会预期。在此意义上说,法律的可预期性变得尤为重要。

**法的精义**

法律研究的目的是一种预测,即对公共权力通过法院的工具性的活动产生影响的预测。

——[美]霍姆斯

从学理上讲,法律的可预期性包含两种类型:一是静态的可预期性,二是动态的可预期性。静态的可预期性是指在某一确定的时间空间内,法律的含义清晰、明了、确定,社会成员可根据该时空范围内的法律规定,对自身行为的合法性与否作出判断。动态的可预期性是指社会成员可以解读、理解今日之法律规定,并确定该法律在明日将继续合法有效,具有一定时期内的稳定性,因而可根据今日之法律规定对未来事项作出合理规划。

当然,在现实生活中,不存在一成不变的法律,法律应当根据社会现实的改变作出调整。法律的可预期性与法律的适时修订存在二元对立与博弈。因此,法律的可预期性仅指在一定程度上社会成员可以基于法律的确定性与稳定性对当下或未来事项的合法性作出判断。就立法者而言,立法者应当在法治框架下根据社会现实的改变从事立法行为,而立法行为应当符合实质正义与程序正义的要求。就执法者与司法者而言,应当基于立法者所制定的法律执法或对案件作出裁决,不应因任何原因任意背离法律的明确规定。只有立法者、司法者、执法者在法治框架下依法行事,方可满足社会成员基于法律而作出的合理预期要求。

## 六、法律的稳定性

稳定性是法律能够作为一种行为规范的内在属性,也是现代法治的基础之一。法律的稳定性指法律在一段时期内应该恒常连贯,不应该朝令夕改、频繁变动。法律的稳定性不仅是法治稳定的基础,也是社会稳定的基础。法律的稳定性是法律发挥其指引人们行为、规范社会秩序功能的前提条件,只有法律具有一定的稳定性,人们才能确信自己行为的法律意义并进而安排自己的生活计划。如果法律变动过于随意和频繁,人们就无法明了地预测自己行为的后果,他们的生活就必然会陷入被各种盲目的、意想不到的偶然因素所支配的状态,整个社会也会因此不可能不处于混乱无序的局面。所以,法律的变动不居或摆幅过大都会破坏法律所应有的确定性、权威性和可预期性,危及整个法治。

**法的精义**

法律秩序必须稳定而同时又必须灵活。

——[美]庞德

当然,法律的稳定性不是绝对的、无条件的,而是相对的、有条件的。为了适应对不断变化和发展的社会生活进行调整的需要,立法者也应当与时俱进,及时对法律进行更新、修改或废除。尽管如此,无论是对新法的颁行还是对旧法的修改、废除,都应当遵循缜密而严格的法定程序,立法者不能草率立法,更不能轻率随意地修法或废法。保持宪法的稳定性对维护法治来说尤其重要,现代国家一般都比较注重强调恪守宪法的基本原则与精神,并就宪法修改设定了比普通法律修改要更为严格和复杂的程序。由此来看,法律的稳定性与适时变化性是辩证统一的,但整体而言,维护法律的稳定性、严肃性和延续性是其主要的方面,没有法律的稳定性就没有法治。法律一经制定,就必须保持相对恒定和严格实施,不能随意改动,更不能因人、因言而废法。

## 七、法律不溯及既往

任何法律都面临着有无溯及力的问题。法律的溯及力是描述法律效力的一个维度,指的是新制定的法律对其生效之前所发生的行为和事件是否可以适用的效力。在古代专制社会,法律往往有溯及既往的效力。毫无疑问,与现代社会对法律的明确性、稳定性和可预期性等方面的要求一致,法律不溯及既往也是现代法治原则的应有之义。法律溯及既往与法律的恣意性和频繁变动一样,都对法治具有危害性,它们都会造成法律的动荡与社会的不安。一种十分令人难以忍受的荒谬就是,法律在未制定和颁布之前就要求人们的行为与其保持一致,这意味着统治者是以明天的法律来规制人们今天的行为。很显然,无人能够做到遵循溯及既往的法律,因为在其行动之前该项法律并不存在。法律对社会的调控作用也只有在法律引导人们从事其生效之后的行为时才能真正实现。

**法的精义**

在行为发生之后所制定的任何法律都不使之成为罪行。

——[英]托马斯·霍布斯

在现代社会,法律不溯及既往既是法治自身的原则性要求,也是人道主义在国家法律生活中的反映。就法治自身而言,法律必须是能够被遵守和可操作的,法律对公众而言必须是可期待的,不能对法律制定并生效以前的行为和事项产生约束力,特别是在司法场合,对过去发生的事情在当下才进行裁判或者裁判结果在当下还没有确定的,不能适用新法作出裁决。只有这样,人们的生活才是安全的、有保障的。就人道主义而言,法律不溯及既往也是以有利于减轻人们责任负担为精神所设置的一种制度性安排。特别是在刑事法律领域,如果新法就同一性质的行为比旧法的规定更为苛刻,就会使受到司法审判的犯罪嫌疑人可能因为新法的溯及效力而对过去的行为承担更重的刑罚,这显然不符合人道主义。

因此,现代国家的法律一般不应有溯及既往的效力,即新法只适用于其生效后发生的行为,不适用于生效前的行为。诚然,在某些特殊情况下,为了维护某种利益的目的,现代国家有时候会就具体问题在法律中作出有一定溯及力的规定,但在此种情况下通常坚持从旧兼从轻原则。例如,我国刑法就采用了这一原则,规定新法不认为是犯罪的或者处罚较轻的,要按新法处理。

**法治天下**

《中共中央关于全面推进依法治国若干重大问题的决定》指出:"平等是社会主义法律的基本属性。任何组织和个人都必须尊重宪法法律权威,都必须在宪法法律范围内活动,都必须依照宪法法律行使权力或权利、履行职责或义务,都不得有超越宪法法律的特权。必须维护国家法制统一、尊严、权威,切实保证宪法法律有效实施,绝不允许任何人以任何借口任何形式以言代法、以权压法、徇私枉法。必须以规范和约束公权力为重点,加大监督力度,做到有权必有责、用权受监督、违法必追究,坚决纠正有法不依、执法不严、违法不究行为。"

**课后思考**

1. 如何理解法治理念与法治原则的关系？

2. 现代法治的核心理念有哪些？

3. 现代法治的一般原则有哪些？

**参考文献**

1. 张文显：《法治与法治国家》，法律出版社 2011 年版。

2. 卓泽渊：《法治国家论》，法律出版社 2008 年版。

3. 高鸿钧：《现代法治的出路》，清华大学出版社 2003 年版。

4. 徐显明：《论"法治"构成要件——兼及法治的某些原则及观念》，载《法学研究》1996 年第 3 期。

5. 季卫东：《法治秩序的建构》，中国政法大学出版社 1999 年版。

6. 樊崇义、史立梅等：《正当法律程序研究——以刑事诉讼程序为视角》，中国人民公安大学出版社 2005 年版。

7. ［古希腊］亚里士多德：《政治学》，吴寿彭译，商务印书馆 1996 年版。

8. ［美］罗纳德·德沃金：《认真对待权利》，信春鹰等译，中国大百科全书出版社 1998 年版。

9. ［美］富勒：《法律的道德性》，郑戈译，商务印书馆 2005 年版。

10. ［英］弗里德里希·奥古斯特·哈耶克：《通往奴役之路》，王明毅等译，中国社会科学出版社 1997 年版。

11. ［法］孟德斯鸠：《论法的精神（上册）》，张雁深译，商务印书馆 2005 年版。

# 第六章
# 现代法治的基础和模式

现代意义的法治建设是一项复杂完整的系统工程,无论是作为治国方略还是社会治理方式,只有把现代法治理念和原则与国家制度的设计和运转相结合,才意味着现代法治国家的产生。总体来看,现代法治的形成并非是其自动运行的结果,而必须具备多个方面的重要条件。正是这些条件的成熟和完善,保障了现代法治赖以建立和发展的多方面基础。一般认为,现代法治建立在民主政治、市场经济、公民文化、市民社会的基础之上。其中,民主政治是现代法治的政治基础,市场经济是现代法治的经济基础,公民理性文化是现代法治的文化基础,市民社会是现代法治的社会基础。

与此同时,也应该看到,虽然现代法治在不同的时空背景下具有更多的相似性和一致性,但是其也表现出了多样性的特征,并存在多种模式。在此方面,从逻辑要素上看,现代法治的观念和实践在类型化上存在着形式主义的法治模式、实质主义的法治模式和程序主义的法治模式之区分。

# 第一节　现代法治的总体特征

美国法学家塔玛纳哈曾对法治是不是人类的普遍善这一问题作了回答,他指出:"在当今世界,没有哪一个政府公开拒绝法治,同时有很多政府领导人对法治公开表示敬意……数世纪以来,法治传统一直处于发展之中。在整个历史上,法治的不可或缺的要素是政府官员和一般民众接受法治的价值和正当性,并逐渐视其为理所当然之事。环顾当今世界,在许多以前没有法治传统的社会中,有迹象表明这种情况正在开始出现。"

**请思考:**现代法治在世界范围内是否具有一致性和多样性?

## 一、现代法治的一致性

法治作为治国方略和社会治理方式,一直伴随着人类法律发展的历史进程。虽然法治概念在中西方不同时期有不同的表达形式,但是古今中外的法治理论和实践有许多相似的基本内容。可以说,选择法律作为主要的控制手段,用法律来规范和调整国家和社会生活关系,通过强调法律的权威性以形成国家和社会的良好秩序,是所有法治观念与实践的共同追求。特别是自近现代以来,法治在逻辑形态和实质要素方面较多地呈现出一致性的特点。

现代法治的确立内在地生发于人类法治文明自身从传统到现代的演进逻辑,作为一种与人治等相对立的社会治理模型,现代法治在不同的政治条件和社会文化背景下都展现为对法律权威性的重视。从这一点上说,注重法律的权威性,以法律作为治理国家和社会的重要手段,是现代法治所沿袭的有关人类法治从古至今的基本含义和脉络。人们用"法律的统治"或"通过法律的治理"等说法所表述的最低限度的内容就是作为法秩序的法治。这是现代法治乃至人类所有的法治形态都具有的一致性。人类法律的发展历史表明,既然国家产生以来的任何政治实体都离不开法律,任何统治者都会把法律作为治国理政的

"利器",那么,作为法秩序的法治就可以与任何政治制度或社会治理形态相兼容。因此,用法律去调控、治理国家和社会,形成国家和社会生活的法秩序,就成为现代法治在任何具有现代性背景的国度或社会中最具一致性的内容。

随着当今世界现代价值的不断传播,法治在现代社会语境下逐渐走向一种更具融合观念的治国原则和社会生活方式。在现代各国以"良法善治"为目标的治理法治化追求上,虽然受制于历史、民族、文化、经济乃至利益立场等不同的社会生活条件,但是人们对现代法治中法律"良好"问题的判断已经更多地具有了一致性。从一般意义上看,无论具体法治模式如何,现代法治的价值目标至少存在三个方面的一致性:(1)法律应当是以维护全体人民的综合利益为旨归,坚持主权在民的原则;(2)法律应当尊重和保护包括人权在内的公民权利和自由;(3)法律应当承认利益的多元化,对·切合法正当利益都要给予平等的保护。不仅如此,法律应当具有一般性、统一性、公开性、明确性、可预期性、稳定性,以及不溯及既往等形式方面的规定性;同时,按照民主政治和市场经济的要求,以法律保障公平正义,促进人们的权利、安全、自由、平等以及发展等为宗旨和价值规定性去实现法律的精神变革,并把这些使法律良好的价值因素贯穿到立法、执法和司法过程中去,才能创造现代法治。这毫无疑问业已成为人们在实质意义上不断形成共识的认知。

从法治精神及其实质要素上看,现代法治进程在世界范围内已经孕育了诸多层次的法治理念和法治原则,这些法治理念和原则虽然并没有形成完全相同的具体表述,但是它们有着最低标准的一致性。例如,作为最低标准,现代法治要求建立一个政府权力受到法律有效约束、人民权利受到法律平等保护的体制;在这种体制中,法律应当是根据事先设立的立法制度而产生的,并且是民主的、科学的和公开的;人权作为人的核心权利和基本权利应该受到尊重和保护,社会在法治化的治理状态下基本上是自由的。由此可以看出,不是任何一种法律秩序都能称得上法治状态,不管人们对法治有多少种理解和认识,也不管现实中有多少种法治模式和形态,现代法治的理念和原则都离不开它们共同的核心要素和底线标准,如公权力与民众都要接受法律的同等约束、公民的权利和自由能够得到平等而有效的法律保障等。在当今世界,现代法治的以下理念越来越趋向于被看作共同的法治精神和底线原则,即宪法法律至上、权力制约、权利保障、自由平等、公平正义、审判独立和正当程序等等。这也表明,只有坚守这些更多具有一致性的实质理念和要素,才能够称得上是现代法治,也才能在此基础上开辟多样化的法治道路。

但现代法治的建立,也不仅仅意味着一国政府及其人民确信法治的理念、原则和价值内涵,作为一种治国方略和社会治理模式,实践中的法治确需仰赖于一定的社会条件的完善。奉行法治本身要求包括政治结构、经济体制、文化和社会力量在内的一系列条件,正是这些条件的成就奠定了法治蓬勃兴旺的基础。就此而言,现代法治对一国的政治制度结构、经济体制形态、思想意识水平和社会发展程度提出了相应的要求,现代法治国家的建设与最终实现也无不需要以这些特定的经济、政治、文化和社会条件的发达为基础。从现代法治发展的历史图景来看,各国法治发达的基础具有相当准确的一致性,这主要表现在:法治国家的政治基础是以民主决策和权力分工、制约为原则的民主政治制度,经济基础是以自由和开放为特征的发达商品经济、市场经济,文化基础是一种以现代公民理性为要素的文化,社会基础是以利益多元与社会自治等为内容的市民社会。

## 二、现代法治的多样性

虽然在世界范围内,现代法治已发展为一种具有较多一致性的治国方略和社会治理方式,尤其是在最低标准的实质原则和生存基础方面体现出具有共同性的规律,但是,纵观现代法治的发展历程和各国具体实践,并不存在一个通用的、确定的、单一的法治模式。相反,现代法治表现出了多样性的特点。法治的实际操作不仅在不同的法律历史渊源和传统的国家之间差别较大,就是在法律文化同源的国家之间也形成了不同的存在样式和运行方式,更不用说后现代国家了。应该说,在最低限度一致性的基础上,现代法治表现为一个多样性的、动态性的发展过程,其中突出的表现就是具有不同的类型或模式。

法治作为一种依靠法律的权威来治理国家和社会的制度,必然会因不同的政治环境、经济条件、社会形态和文化背景等而呈现出多样性。事实上,正如同不存在一种放之四海而皆准的政治制度一样,也不存在一种统一的法治类型。法治国家具有共同的特质,更多地是指其都具有与非法治国家所不同的特征。由于法治国家建设都是在不同的国家制度及其政治背景下实施的,不同国家的国情就起码是造成法治多样性的基本缘由。毫无疑问,建设法治国家业已成为现代国家都应该致力于实现的宏伟目标,但每个国家建设法治的起点和过程都受制于其国内的各种社会情势的影响。在社会发展程度不同的国家之间,建设现代法治的任务在实际上往往面临着迥然相异的具体社会因素的制约,而这些因素又不确定地包括了政治的因素、经济的因素、民族传统的因素和历史文化的因素等。

现代法治的多样性表明,现代法治是现代社会的人们基于人类共有的法治规律和现代价值理念所形成的、具有一般意义的法治形态,与此同时,现代法治的实践却又是一种于不同环境和条件下,在技术性和程序性层面上具体展开的制度建设活动。进入现代社会的数百年间,不同国家的法治实践形成了不同的样式,同一个国家的法治发展前后也发生了很大变化,同为资本主义制度下的法治模式在自由竞争时期与政府干预时期就有很多不同。

在不同的社会情势下,各国的法治道路因不尽相同,各国的法治状态也就具有差异,理清这一点对于认识各国法治建设的多元道路至关重要。借助对法治多样性的分析,可以说明各国法治发展的不同路径和不同形态,也可以避免把一种特定的法治模型作为标准或坐标,去衡量不同国家和社会背景下的法治建设。现代法治在精神实质和最低限度的原则上具有参照系,而法治建设的具体道路和模式则不应该有呆板的参照系。例如,虽然现代法治概念与西方的自由民主紧密相连,但是,若将法治概念直接等同于西方的自由民主法治,则会存在如下可能的危险,即在全球化的背景下,西方国家容易利用经济优势或相关国际性组织向全球推行西方法治,并以此在后发达国家乃至其他地区谋取经济、文化、政治以及法律上的霸权。所以,需要强调的是,虽然现代法治的理念和原则发端于西方,但是不同国家建设现代法治并不意味着要全盘西化。

把现代法治与不同的国家情势和具体实践结合思考,法治的多样性概念就应运而生。在现代法治的多样性通常呈现为具有不同价值追求与运作样式的法治模式,不同的法治模式具体地代表了人们关于法治意义各有侧重的期许。随着人类法治实践的不断拓展,现代法治的多样性或将发展出更具丰富模式的图景。

## 第二节　现代法治的基础

**法的门前**

2014 年 9 月 5 日,习近平总书记出席庆祝全国人民代表大会成立 60 周年大会并发表重要讲话。他指出:"评价一个国家政治制度是不是民主的、有效的,主要看国家领导层能否依法有序更替,全体人民能否依法管理国家事务和社会事务、管理经济和文化事业,人民群众能否畅通表达利益要求,社会各方面能否有效参与国家政治生活,国家决策能否实现科学化、民主化,各方面人才能否通过公平竞争进入国家领导和管理体系,执政党能否依照宪法法律规定实现对国家事务的领导,权力运用能否得到有效制约和监督。"

**请思考**:民主政治和法治之间的关系是怎样的?

## 一、现代法治的政治基础

现代法治需要建立在一定的政治基础之上,这种政治基础就是民主政治。民主政治,是指大多数人享有管理国家权力的政治制度。民主政治与专制统治相对立,它以人民主权为核心,把国家权力交还到人民手中,并以保障社会大多数成员的权利与自由为根本目的。民主政治是推行法治的重要动力和根源,民主政治的本质属性、价值诉求和内在组织机制都决定了法治必须把民主政治作为根本的政治制度支撑。如果没有民主政治,政治专权的出现就在所难免,公民权利与自由的保障更无从谈起,那只会重蹈人治的覆辙。

**法的精义**

在民主的国家里,法律就是国王;在专制的国家里,国王就是法律。

——[德]卡尔·马克思

民主政治模式最本质的属性就是民主,即让多数人参与决策。这种决策形式的总体特征是,按照预先确定的正当程序,让社会大多数成员都能通过一定的途径参与国家的决策,在决策结果上遵循少数服从多数的原则,并容许少数人持反对或保留意见。从这一点上看,民主政治是一种具有科学性、程序合法性的政治模式,各种政治主体必须遵守法律确定的规范和程序参与国家的政治生活,法律在国家政治生活中占据重要地位,并发挥着其必不可少的重要作用。在民主政治体制下,公民和各政治主体一般都具有较强的法律意识,普遍认同要把法治作为治国理政的基本方式。

不仅如此,就事先规定政治活动合法性及其程序的法律自身来说,民主政治模式要求法律的制定必须采用民主的立法模式,法律应当交由人民及其代理机构制定,法律内容必须体现和维护最广大人民的根本利益和思想意志。这也决定了民主政治必然会成为法治发达的根基,因为只有采用民主的立法体制才能够让人们适时有效地审视法律的"合法性"问题,只有具有合法性的法律规范才会被社会成员转化为其信奉的行为要求,并自觉地去服从、遵守或捍卫,这都有利于法律价值的维护和法治目标的实现。

### 法象万千

不要社会主义民主的法制,决不是社会主义法制;不要社会主义法制的民主,决不是社会主义民主。

——摘自《中共中央关于社会主义精神文明建设指导方针的决议》

民主政治最根本的价值诉求就是维护和保障社会大多数成员的权利和自由。近代以来,一国推行民主政治最明显的优势,就是能够以维护和保障人民的广泛权利和自由为使命和价值目标,这是人民信赖和拥护民主政治的主要原因,也决定了法治必然是民主政治的配套制度。一方面,民主政治能够保证通过法律规范和良好制度设计来确认和保护社会成员的各种权利和社会自由,能够有效防范国家权力侵害公民的权利和合法自由,要求社会成员之间也不能滥用权利和自由,侵犯他人的权利和自由。另一方面,民主政治能够确保国家及其政府权力是为实现公民权利而设置,并要求国家权力的行使者必须重视履行自己的职责,切实为公民权利和合法自由的实现提供必要条件,服务于公民对权利和合法自由的享有和实现。由此可见,民主政治对法治的作用必不可少,它从根本上规定着国家政治生活和制度运作的方式必须沿着法治的轨道进行,避免恶政的发生。

民主政治的内在组织机制是国家权力的合理分工与有效制约。国家权力的组织机制与法治的产生和维持有着十分密切的关系。民主政治根植于近代以来民主共和政体的产生,是对专制统治的否定,它否认了国家的权力只集中于一人或少数人手里,反对人治作为国家生活和社会管理的模式。就此而言,要使民主制度能够有效地正常运行,国家在权力的结构配置及其内在组织机制上必须实行分工与制约。只有对国家权力在职能等方面实行良好的分工,才能防止专制的发生,也才能遏制国家权力异化为少数人谋取私利的工具。也只有对国家权力在静态和动态上都实行必要的制约,实现权力的互相监督和控制,才能防止权力滥用的发生,也才能避免国家权力无端地对公民权利和合法自由的危害。毫无疑问,国家权力的分工和制约都有赖于既定法律来予以界定、平衡和规范,并通过严格的法律行事,使凌驾于法律之上的特权不得存在。反过来看,也正是有了国家权力的合理分工与有效制约,法律至上的统治才是可能的。

## 二、现代法治的经济基础

现代法治的经济基础是商品经济、市场经济。从法治的历史来看,法治是伴随着商品经济、市场经济的产生而形成并逐步发展起来的。自足自给的自然经济和以国家安排或垄断为实质内容的计划经济往往是产生人治的基础,法治在这种环境下一般很难生成和建立。法治的发展与发达总是与商品经济、市场经济的兴旺发达息息相关,法治实现和完善的程度取决于商品经济、市场经济的发展和发达程度,二者成正比关系。可以说,社会经济的商品化、市场化是现代法治全面实现的经济体制条件。

**法的精义**

在商业时代里,财富多半是由许诺组成的。

——[美]庞德

一般地说,人类社会的经济类型在体制上主要包括自然经济、计划经济和市场经济,它们所依赖的调整手段各自迥异。在自然经济条件下,各社会主体之间不存在以行业区别和劳动分工及其专业化为基础的依存关系,每个社会主体或经济单位都自足自给,既是生产者同时又是消费者,社会上几乎没有相互的产品交换关系。在这种经济体制下,人们之间就是原始或封建的种群关系,社会关系的调整和社会秩序的维持依靠以血缘关系为纽带建立起来的宗族关系、首领或皇权意志、等级身份、群体习惯、伦理道德或宗教戒令等,而人们在很多方面对相互之间的法律关系期待不足甚至阙如。因此,自然经济的社会背景下法律都很难产生或者产生为专制服务的工具式法律,当然法治就根本无法形成了。

在计划经济条件下,虽然社会上存在着行业区别和劳动分工,各社会主体之间也需要现实产品交换。但是,作为生产者的社会主体并没有独立的经营权,生产者的经营活动服从于基于上下级行政隶属关系的计划安排和调控,独立的生产者之间并不产生自主的交换关系。在这种经济体制下,经济活动成为政府行政的附庸,政治与经济并没有明显的区分,依靠政治和行政手段的管理成为社会经济运作的主要模式。相应地,国家及其政府对社会主体行为的调整和规范,主要表现为依靠行政权力服从关系、行政指令、等级职位约束、政府文件等进行的方式,资源配置和社会利益的分配等也主要是行政力量的结果,法律在国家和社会生活中的作用微乎其微。

与自然经济、计划经济不同,商品经济、市场经济的特点就是商品的流通与交换,在行业区别和社会分工专业化的背景下,社会主体之间的利益分化程度很高。在这种社会中,不同个体或组织对他者的身份依附关系被消除,人们是平等而自由的活动主体,正式商品的生产与交换使人们更多地建立起了以利益和需要为纽带的联系。商品生产与交换越是发达,人们之间的相互依赖性联系越是紧密,而这种依赖需要以权利义务为明确内容的法律规则来维持。所以,商品交换的规模越大,频率越高,法律规则的需求量就越大,其涉及的社会关系领域也越广,相反,商品交换活动的萎缩就会使法律规则的需求量降低。

从历史上看,古罗马法律发达的根本原因就在于商品经济的繁荣。11世纪末,西欧国家出现了罗马法的复兴运动,其根本原因也在于资本主义的商品经济及其市场获得了巨大发展。当时的西欧法律不能够适应以商品交换为主的社会生活,而罗马法是资本主义社会以前调整商品生产者关系的最完备的法律,这一法律遗产可以满足当时西欧各国一般财产和契约关系的发展变化的需要。正是近代资本主义商品经济、市场经济的快速发展,使社会对包括私法和公法在内的多种法律规则的需求不断增强,从经济领域到政治领域的法治在西方国家逐步确立与发展,并由此进一步推动了资本主义的民法、商法等领域法典化运动的勃兴。

可以说,商品经济、市场经济活动不仅产生了繁多复杂的法律需求,也催生了诸如公正、平等、权利和自由等价值追求,这些价值追求奠定了法治理念和法治精神的基础,进而构成了法治发展的重要推动力。同时,法治的发展又进一步促进了商品经济、市场经济的发达,成为商品经济、市场经济健康有序运行的根本保障。也正是在这个意义上正如人们常说的,市场经济就是法治经济。

### 法象万千

《中共中央关于全面推进依法治国若干重大问题的决定》指出："社会主义市场经济本质上是法治经济。使市场在资源配置中起决定性作用和更好发挥政府作用，必须以保护产权、维护契约、统一市场、平等交换、公平竞争、有效监管为基本导向，完善社会主义市场经济法律制度。"

### 三、现代法治的文化基础

公民的理性文化是建设现代法治的特定文化基础。从历史上看，近现代法治思潮是随着西方启蒙思想的产生和传播，在与君主专制、等级身份、愚昧迷信、道德教化等非理性文化作斗争的基础上萌发并发展起来的。现代社会是一种以文明理性为特征的社会，公民的理性文化对现代法治的实现具有特别重要的作用。正是在充满这种特定的公民理性文化的社会中，法治才会成为人们所信奉的国家政治和社会生活方式，也只有一国整体的社会文化尽可能多地具备公民理性文化要素的时候，建设法治国家才有真正的现实可能性。公民理性文化就是社会成员所具有的以科学理性的思想观念和现代国家公民的价值原则等为要义的文化，从内容上看，公民理性文化一般包括公民觉悟、权利义务观念、科学精神、规则意识等构成要素。

### 法的精义

法律必须被信仰，否则它将形同虚设。

——[美]伯尔曼

公民觉悟是产生民主政治和现代法治的重要条件。在大多数成员以君权崇拜和臣民身份自居的社会，封建专制和人治必然受到推崇和认可，民主和法治不可能深入人心。近代以来的理性精神强调公民觉悟，其主导倾向就是要消除封建专制下的等级和特权，强调社会成员的平等地位，弘扬与国家相应的公民主体精神和政治参与意识，传播共和理念与人民当家作主的国家主权原则。公民觉悟是公民有效参与政治生活的思想条件，在政治生活中必须主张公民意识和公民文化，使社会成员对公民概念的意义产生深刻认知，明晰公民不仅具有独立自主的身份和平等人格,而且公民是国家和社会的主人,享有国家政治和社会公共事务的决策权和积极参与权。社会成员——公民觉悟的提高,可以培育社会成员的主体决策和公共治理观念,形成公民积极履行政治权利和愿意承担社会责任的氛围,从而为法治国家的建设创造心理基础。

与公民觉悟相联系,社会成员具有强烈的法律主体意识,具有正确的权利和义务观念也是现代法治所要求的精神条件。公民权利和义务观念的强化与普及,可以让人们进一步认识到,每个人在权利和义务方面都是平等的社会主体,都应得到平等的尊重与对待,特别是享有作为人所不可剥夺的人权。在这里,人们对自身地位和价值的认知能够较好地避免被非理性的说教所左右。从现代法律的基本内容来看,权利和义务是法律的核心部分,是从法律规范到法律关系再到法律责任的逻辑联系的各个环节的构成要素。法律的运行和贯彻在很大程度上主要依靠公民对权利的行使和义务的履行,法治也在很大程度上表现为法律所规定的公民权利和义务的普遍落实。毕竟,公民权利义务观念能够促使社会成员更加深入理解权利的不被随意剥夺性和义务的不可任意逃避性,促发公民积极用法、守法和接受法律监督的愿望。

科学精神是公民反对愚昧迷信和被欺骗的有力武器。科学的价值被认识,科学精神备受重视,这是随着近现代科学技术的发展而逐步兴盛起来的。科学的任务是探索自然界和人类社会的规律性,解密自然和社会现象的发生原理和缘由,通过发现和利用客观联系与规律来为人类服务。科学精神的传播并被人们广泛接受,使得神圣化的君权思想、任意性的人治潮流甚至人情化的德治理念等所带来的负面影响越来越少,而随之取而代之的是,以法律为规诫的、反映人的行为和社会关系规律的理性规则之治,成为满足社会发展需要的统治模式。迄今为止,科学不仅为人类创造了巨大的物质财富和精神财富,而且已经成为人类文明和社会进步的标志,而科学精神也已成为建设法治的必要支撑。

规则意识是人们所具有的一种发自内心的、以规则秩序认同为基础的、严格以规则为自己行为准绳的意识。规则秩序对社会民主和法治的塑造作用是直接的和显而易见的,公民具备良好的规则意识是实现法治的基本文化支撑。可以说,整个社会没有规则意识,法律就会经常被置于被规避或践踏的境地,法治必然是空泛的存在。把法律作为国家和社会生活的基本准则,正是规则意识的必然要求和体现。

### 四、现代法治的社会基础

市民社会是现代法治赖以产生和发展的社会基础。从历史上看,市民社会是随着欧洲中世纪后期的商业复兴和城市崛起,市民阶级走上历史舞台而逐步形成的社会形态。在当时的民族国家出现之后,市民阶级更多地得到了从事工商业的自由,私人利益的追求取得了合法化,私人领域获得了长足的发展空间。特别是在资产阶级兴起以及资产阶级革命取得一定成就以后,工商业活动的进一步自由发展和私人领域的独立存在继续获得了法律和制度上的保障,个人权利和自由进一步得到解放和肯定。在这种背景下,国家与社会、政治与世俗的分离进程明显加快,一个与政治国家相对应的市民社会就形成了。

**法的精义**

法发展的重心不在立法、不在法学,也不在司法判决,而在社会本身。

——[奥]埃利希

市民社会概念代表着与国家公共利益相对应的私人利益追求和市民阶级价值信念。马克思认为,"市民社会"乃是"私人利益的体系"或特殊的私人利益关系的总和,包括处在政治国家之外的社会生活的一切领域。在现代世界,民主政治和市场经济等迅速发展,市民社会在更多国家和地区得以孕育并取得很大发展。从特征上看,现代市民社会一般表现为社会主体的多元和利益分化、民间社会组织的繁荣兴盛、公共舆论的崛起与活跃,以及行业自律和社会自治的发达等。市民社会之所以是现代法治的社会根基,原因就在于只有在市民社会中,法治运行和发展所需要的一些要素才能被催生并充分地成熟起来。

具体言之,首先,市民社会的发展使国家政治与世俗生活得以分离,社会主体呈现多元化发展,社会利益不断分化,这要求法律至上权威的确立。市民社会的形成和发展就是在多元权力的斗争中滋生了个人主义的信念,要求国家改变角色并成为保护多元化、世俗化私人利益的公共服务机构的观念催生了"法律的统治"精神。就当今全球化时代来说,面对国家权力的重新扩张和各类公共问题的不断增多,如果没有市民社会保障私人权利和利益对国家权力和公共利益的制约、分解和恰当平衡,就失去了民主和法治的重要基础。

其次,民间社会组织的繁荣兴盛是市民社会成长、壮大和充满活力的标志,民间社会组织的非政府性质有利于形成权利和自由的保障机制,促进法治价值的落实。民间社会组织能够以组织化、群体化的形式把各自不同行业的个人统合起来,通过自我的民主管理反对来自国家和政府的垄断与专权。在民间组织发达的领域,国家权力的社会控制和延伸较多地得到了抵制,私人利益的诉求也一般能通过拥有各种社会资源和专业知识的社会机构得到有效表达,这为避免民主法治的危机创造了必要条件。

再次,现代市民社会的发达一般相伴有公共领域的存在及其公共舆论的活跃,这比较容易对国家权力形成多元化的价值评判,成为支撑民主和法治健康发展的重要力量。现代市民社会中存在报纸、期刊、电视和网络等多种公共领域,人们通过这些公共领域关注社会事件,可以快速地形成公共舆论,有效地反映社情民意,表达民众观点,使得社会不同阶层的呼声能够进入到国家相关部门的决策考量之中,进而为公共权力提供合法性支撑。

最后,市民社会中的行业自律和社会自治比较发达,这是在国家民主和管理之外又形成的社会民主和自律秩序,这显然是民主与法治建设的重要推动力量。现代法治不仅需要来自国家通过实在法的社会治理,也需要来自社会自发形成的自律秩序和社会自治。行业自律和社会自治可以塑造和提升同一领域或同一共同体内的个体的民主管理观念和自我约束能力,为个体理性地参与社会活动或解决社会纠纷提供良好的途径,这都有利于法治在社会层面上的推进和实现。

### 法治天下

从11世纪末开始,欧洲产生了罗马法复兴运动。罗马法复兴,是指当时欧洲各国和自治城市所开展的研究和学习罗马法典籍,并将其基本原则和概念适用到法律实践中去的运动。罗马法原是指罗马奴隶制国家法律的总称,存在于罗马奴隶制国家的整个历史时期,但是,罗马法的内容和立法技术较为详尽和发达,是资本主义社会以前调整商品生产者关系的最完备的法律。所以,当资本主义商品经济发展到一定时期,罗马法的复兴就不再偶然。罗马法复兴的根本原因在于当时西欧的法律状况同商品经济发展和社会生活极不适应,而罗马法这一法律遗产可以满足当时西欧各国一般财产和契约关系的发展变化的需要。罗马法复兴对后来许多资本主义国家的法律特别是民法都有很大的影响,

1804 年的《法国民法典》就是以罗马法为蓝本制定的,1896 年颁布的《德国民法典》同样渊源于罗马法。

# 第三节　现代法治的模式

## 法的门前

　　1959 年国际法学家会议在印度德里召开,会议最终通过了《德里宣言》。《德里宣言》提出了关于法治的三项原则:(1)立法机关的职能在于创设和维护使得每个人保持"人类尊严"的各种条件,这种尊严不仅要求承认个人的公民权利与政治权利,而且要求促成对于充分发展其人格乃是必要的各种社会的、经济的、教育的和文化的权利;(2)法治原则不仅要对制止行政权的滥用提供法律保障,而且要使政府有效地维护法律秩序,借以保障人们具有充分的社会和经济生活条件;(3)审判独立和律师自由是实施法治原则不可缺少的条件。这份宣言被看成是实质主义法治观的代表,因为它不仅坚持权力控制的原则,肯定个人自由等的价值,而且为实现这些原则和价值从政治、经济、社会、教育和文化条件方面提出了要求。

　　**请思考**:形式主义的法治模式和实质主义的法治模式有哪些区别?

## 一、形式主义的法治模式

　　从逻辑形态上讲,形式主义的法治是一种注重"法的统治"的形式意义的法治模式。作为近现代意义上的法治模式,形式主义的法治模式强调法律的权威与作用在国家和社会生活秩序中的至上地位,强调普遍地依法办事的原则,要求"既定法律规范被严格地执行"。这种法治模式体现了形式理性,在实际操作过程中,它把"合法性"作为判断人们行为的基本准则,并强调法律调整的普遍性,即国家的最高权力也要符合"合法性"的要求,政府的任何行为都要经受合法性的检验。形式主义的法治模式出于对法律权威品质的形式意义的关照,对法治含义的理解局限于法律的形式构造和刚性适用。

**法的精义**

法律是一种强制性秩序。

——[奥]凯尔森

总体来说,形式主义的法治模式主要有两个方面的表现:一是在静态意义上追求建构一个内容齐全、结构严密、内在融贯和形式和谐的完善法律体系;二是在动态意义上要确立一种包括立法、执法、司法和守法等多个环节在内的法律运行机制。形式主义的法治模式最大限度地主张法律的权威和严格运用,这体现了人类在长期历史发展过程中所形成的对神权意志、君王权威、道德教化等作为政治统治法则的否定。在西方,随着资本主义世界的到来,世俗权威取代了宗教权威,人人平等的理念取代了专制特权,契约身份制关系取代了依附身份制关系,形式理性取代了道德情感,形式主义的法治模式也逐渐确立。

从理论上看,形式主义的法治是实证主义法律思想的一部分。法律实证主义者认为,对道德、政治与各种社会现实因素的关照,不应该是法律人的任务,通过法律之外的其他要素对法律进行理解和阐释都是无意义的。作为代表国家制定法律的立法者的意志被赋予至高无上的地位,法治在形式层面上被概括为一系列有关法律的形式性要求,例如,法律的明确性、法律的普遍性、法律的公开性、法律的稳定性等等。公民对立法者所颁布的任何法律,无论良善与否都应当严格服从,执法者要公正无偏私和统一地执行法律,而不管法律的实质内容如何。随着现代社会的建立,在法治轨道上运行的现代国家发展和完善了形式法治的理念和原则,使之成为现代法治的一种经典类型。

形式主义法治模式鲜明地体现了法治作为规则之治的意义。形式主义法治模式通过对法律的形式价值的寻求,以法律的普遍性、明确性、公开性、一致性、稳定性、可预期性等为一般原则,展示了法治在治国理政和社会关系调整上的一定优越性。就此而言,在奉行形式主义法治的社会,法律制度及其秩序上的安定与法律实施上的形式平等,给人们有计划地安排自身生活提供了有明确依据的保障,从而使人们行为变得可以控制和可以预期,国家和社会的良好秩序得以形成。可以说,让国家和社会生活在法律的调控下达到一种形式上的良好秩序,既是形式主义法治模式的目标和结果,也是检验一个国家是否厉行法治的一个重要指标。

形式主义法治的基本特征主要包括:法律成为支配社会结构、社会关系与日常生活的基本规则;法律通过民选代表或受其委托的机构制定;废除了公开的等级特权,不允许任何个人或机构处于法律之上或之外,实现了法律面前人人平等;法律成为脱离宗教、道德和政治等控制机制的独立系统,法律的正当性不再诉诸其他规则;司法独立于行政和立法机构,法官忠实恪守法律规则,实在法成为法官依循的最高准则;突出强调法律的一般性,反对超越一般规则变通处理;特别重视程序公正,反对越过程序追求结果公正。形式主义的法治模式与现代社会的民主政治、市场经济以及理性文化等相适应。

## 二、实质主义的法治模式

实质主义的法治模式建立在反思形式主义法治模式的基础上,不仅强调国家和社会生活应当由法律来统治,而且强调法律在实质上必须符合正义等价值。实质主义的法治模式不满足于法律只是形式上的良好以及法律实施上的一致性等要求,更注重法律及其实施过程与实质正义之间的有机联系,主张要用国家实在法之外的标准来检验和评价法律自身的品质,这些标准包括道德权利、伦理原则、自然正义、社会需求与利益等,它们是法律具有正当性的终极源泉。

**法的精义**

好的法律应该有助于界定公众利益并致力于达到实体正义。

——[美]诺内特、塞尔兹尼克

实质主义的法治模式主张从实质层面弥补形式主义法治的缺陷,防止恶法,追求法律自身的良好和实质正义的实现。相较于形式主义的法治模式,实质主义的法治模式对法律体系持开放性的态度,认为法律不是一个僵化的、自我封闭的体系,而是与道德、政治、经济、文化和社会环境相联系,法治不只是规则之治,更应该是良法之治。

从逻辑上看,法治至少包含了有关法律的两层要义,即依法而治与法律如何。其中,依法而治是法治的基本要义,而法律如何是法治对作为其前提的法律之品质的要求。在亚里士多德关于法治的阐述中,"大家所服从的法律应该是本身制定得良好的法律"就是对法律如何问题的回答。"良法"是法治的前提,而法律怎样才称得上为良好,这个问题历经思想家们数千年的回答,逐渐形成了关于良好法律的实质意义上的界定,形成了作为"良法之治"的法治形态,这就是实质主义的法治。所以,在实质主义法治模式下,有法律并得到了遵守和执行也并不就等于有法治,法律必须要具备某些必要的特质,才能使得"法律的统治"有资格被合理地称为"法治"。

从思想史上看,出于对第二次世界大战中法西斯暴行对人类生命等权利践踏的反思,自然法学得以复兴和流行,自然法学者们倾向于主张法律的道德性问题。例如,美国法学家德沃金就主张权利在法治中的价值,认为真正的法治概念是"权利"的概念。德国的拉德布鲁赫也指出:"法的安定性不是法必须实现的唯一的价值,也不是决定性的价值。除了法的安定性之外,还涉及另外两项价值:合目的性与正义……凡正义根本不被追求的地方,凡构成正义之核心的平等在实在法制定过程中有意地不被承认的地方,法律不仅仅是'非正当法',它甚至根本上就缺乏法的性质。"

总而言之,现代社会的实质主义法治模式具有以下主要特征:(1)坚持法律的统治观念,强调依靠法律来治理国家和社会;(2)否定法律体系的自足性,强调法律服从道德、正义原则、政治、经济或社会等价值的指导;(3)追求个案正义,主张为了体现个别公正,应当打破法律的一般性和普遍性;(4)在司法方面,认同司法者运用法律之上的价值,超越实在法作出酌情考量和变通处理的合理裁判;(5)不满足于程序公正,致力于追求案件处理结果上的实质公正。由此可见,实质主义的法治模式回应和弥补了形式主义法治的不足,它侧重于法律的实质合法性追求,更看重法律的目的价值和实质要素,是一种更为现代的法治形态。

实质主义的法治模式适应了现代社会快速变化和价值多元的要求,也为法治的自身法治带来了一些问题。例如,实质主义法治的目的导向性较强,容易使法律变为实现某种目的的工具,也增大了法律的随意性和不确定性;法律之外的价值多具有抽象性和模糊性,容易使法律所具有的独立品性受到破坏,沦为一时性的道德、社会舆论、公众意见等的附庸;由于法律面前人人平等的原则受到了一定的限制,以形式正义为支撑的"同案同判"原则容易发生变异。

**法象万千**

---

德国思想家马克斯·韦伯对法律的理性问题有过精到的阐述。他认为,法

律形式系依循着"形式非理性—实质非理性—实质理性—形式理性"的不同阶段前进而逐渐朝向法律的理性化。在韦伯看来,"形式"与"实质"法律体系的区别在于某一法律体系是否内在的自足自给:在"形式"的法律体系下,法律判断的规则与程序均在法律体系中可以寻得,只要以意义的逻辑分析,运用高度抽象的法律概念,即可获得法律判断;反之,在"实质"法律体系下,法律判断须考虑法律以外的政治、伦理或宗教上的价值,而非纯粹依赖法律体系的法律原则与逻辑推演。

### 三、程序主义的法治模式

程序主义法治是相对于实质主义法治的一个概念。相较于实质主义的法治,程序主义的法治模式是一种借助建构和完善程序性的法律制度来实现国家和社会治理目标的法治类型。程序主义的法治模式以程序性法律制度的存在和完善为前提。从世界范围内看,程序性法律制度包括一系列关于法律的程序性原则和具体的程序法律,前者如英国的自然公正原则、美国宪法修正案所确定的正当程序原则等,后者如民事诉讼法、刑事诉讼法和行政诉讼法等。程序主义的法治模式也强调法律的形式品质和实质上的正义、理性、自由、平等价值,但它更注重法律的程序价值,主张以法律运作的程序过程为重心来建设法治,更强调司法过程的作用和意义。

**法的精义**

正义不仅要实现,而且要以人们看得见的方式被实现。

——[英]G. 休厄特

程序主义法治模式的核心价值目标是程序正义,实质是由法律所保障的正当程序之治。程序一词有着广泛的指称,一般是指"事情进行的先后次序"或者依照一定顺序安排的"工作步骤"等。从法学的角度看,程序"主要体现为按照一定的顺序、方式和手续来作出决定的相互关系。其普遍形态是:按照某种标准和条件整理争论点,公平地听取各方意见,在使当事人可以理解或认可的情况下作出决定"。程序正义是人类法律演进过程中的重要发明,它把正义的理念深刻地贯彻到对法律程序的要求中去,将法律程序的公正、合理性视为比法律决定结果的公正、合理性具有更大意义的价值,提醒人们在注重法律决定结果公正的同时,更要确保法律实施过程的公正性。

**法象万千**

　　1966 年联合国通过的《公民权利和政治权利国际公约》第 9 条就正当程序问题作了规定:"一、……任何人不得加以任意逮捕或拘禁。除非依照法律所确定的根据和程序,任何人不得被剥夺自由。二、任何被逮捕的人,在被逮捕时应被告知逮捕他的理由,并应被迅速告知对他提出的任何指控。三、任何因刑事指控被逮捕或拘禁的人,应被迅速带见审判官或其他经法律授权行使司法权力的官员,并有权在合理的时间内受审判或被释放。……四、任何因逮捕或拘禁被剥夺自由的人,有资格向法庭提起诉讼,以便法庭能不拖延地决定拘禁他是否合法以及如果拘禁不合法时予以释放。五、任何遭受非法逮捕或拘禁的受害者,有得到赔偿的权利。"

　　追求程序正义就是要实现正当的法律程序之治,只有法律程序是具有正义价值内容的程序,程序正义才能真正得到保障。关于程序正义的具体内容,中外思想家曾从不同的角度进行过许多有益的论述,例如,美国法学家贝勒斯认为,判断和实现程序公正应该确立以下七项原则:(1)和平原则,即程序应当是和平的;(2)自愿原则,即人们应能自愿地将他们的争执交由法院解决;(3)参与原则,即当事人应能富有影响地参与法院解决争议的活动;(4)公平原则,即程序应当公平平等地对待各方当事人;(5)可理解原则,即程序应能为当事人所理解;(6)及时原则,即程序应提供及时的判决;(7)止争原则,即法院应作出解决争执的最终决定。可以说,程序正义是一种"看得见的正义",它不仅具有工具性的价值,为实现法律的公平、自由、人权、秩序、效率等其他实体价值目标提供步骤支持,而且具有自身独立性的价值,能够满足人们实现就程序本身所期许的民主、公开、平等、中立、参与、救济等程序性目标。

　　从一定意义上说,对程序法治的重视程度是衡量一个国家是否真正接纳现代法治原则的重要表现。程序主义的法治模式为现代法治国家的建设提出了更理性的要求,使克服轻程序重实体的习惯思维,强调程序合法的前提性地位,树立程序违法也是违法的理念等,都成为一国推进法治建设的重要任务。程序法治的原理告诉我们,正是程序公正的存在使得实体公正的实现获得了更大的确定性和可靠性,也正是此种缘由,程序主义法治模式在处理实体公正冲突时,倾向于坚持程序公正对于实体公正及其价值具有优先地位。

程序主义的法治模式主要奉行以下原则:第一,坚持程序先行。程序先行就是要健全并坚持合理的程序运行,让程序意识成为法律活动的基本意识。在立法上,程序先行就是要在制定实体规范的同时或之前先设置程序;在司法上,程序先行就是要严格依照司法程序处理案件。第二,坚持程序优越。坚持程序优越就是倡导树立程序必需的思想,即程序正义是不能舍弃的,程序公正应该是实现实体公正的最佳方案,是实现实体公正的必由之路。第三,坚持以程序公正否定实体公正。当尊重程序要求的做法与获得实体结论的追求相违背时,自然应当取前者而舍后者。如果在诉讼中出现了严重违反程序的行为,即使实体结论的获得是正确的,也应该被否定。

**法治天下**

作为程序主义法治模式应用的源头,通过正当程序原则来进行裁判最早出现在1723年"国王诉剑桥大学"一案中。在该案中,英国王座法庭的裁决恢复了本特利先生的神学博士学位,这个学位曾在剑桥大学副校长主持的一次校务会上被取消,对此,本特利本人没有获得任何申辩的机会。担任本案首席法官的普拉特在起草该案件的判决书时指出:"学校的会议在对本特利进行与之不利的指控、降低其资格的时候拒绝听取他的申辩,与自然公正是不相容的。"

**课后思考**

1. 如何理解现代法治的一致性与多样性?
2. 如何理解现代法治的政治、经济、文化和社会基础?
3. 现代法治的模式有哪些?

**参考文献**

1. 张文显:《法治与法治国家》,法律出版社2011年版。
2. 卓泽渊:《法治国家论》,法律出版社2008年版。
3. 马长山:《国家、市民社会与法治》,商务印书馆2002年版。
4. 高鸿钧:《法治:理念与制度》,中国政法大学出版社2002年版。

5. 蔡定剑:《法制的进化与中国法制的变革——走向法治之路》,载《中国法学》1996 年第 5 期。

6. 季卫东:《法治秩序的建构》,中国政法大学出版社 1999 年版。

7. [德]古斯塔夫·拉德布鲁赫:《法律智慧警句集》,舒国滢译,中国法制出版社 2001 年版。

8. [美]迈克尔·D. 贝勒斯:《法律的原则——一个规范的分析》,张文显、宋金娜等译,中国大百科全书出版社 1996 年版。

第七章

# 现代法治的变革与发展

法治建设是完善国家治理体系,实现治理能力现代化的不二法门。如何进一步深入研究法治精髓、细化法治发展纲要,成为当代法治认知必须要面对的问题。在形式法治与实质法治,主权与人权,科学技术与法律规制,法治全球化与法律多元主义,普世主义法治与国情主义法治等话语博弈下,现代法治迎来了一个全球性的"不确定性"时期。法治无论在中国还是在世界范围内,都面临着现实社会生活的诸多挑战。更为迫切的则是,针对这些挑战,开示出具体的变革趋向。

# 第一节　现代法治面临的挑战

**法的门前**

"黑天鹅事件"指非常难以预测,且不寻常的事件,通常会引起政治、经济的连锁负面反应甚至颠覆。2016 年,国际政坛发生了多起"黑天鹅事件",包括英国退出欧盟、特朗普赢得美国大选、意大利修宪公投失败等。这些政治进程中的意外事件,预示着长久以来的全球化进程出现了相反的趋势,而全球化治理也出现了诸多不确定、不稳定因素。

**请思考**:面对诸多不确定、不稳定因素,当代全球法治现代化进程面临着哪些挑战?

法治是传统政治走向现代政治的标志,是寓意良善的价值符号。公正、自由、人权等美好的希冀都与法治有着千丝万缕的联系。法治的发展,既是形式法治程序、法律治理方式全面建立的过程,也是现代社会赋予法治的实质价值不断实现的过程。

**法的精义**

最好是把法治理解为一种独特的机构体系而非一种抽象的理想。这种体系的主要特征就是形成了专门的、相对自治的法律机构;这些机构在各个规定的权能范围内要求有限的至上性。尽管有促成新的行话的危险,我们还是要把这种体系称为自治型的体制。这一术语并不是要表明一种牢靠的和圆满的自治,相反,它要表达的是:在这一阶段,巩固和捍卫机构自治是法律官员关注的中心。它既表明法治的弱点,又表明法治的成就。

——[美]P. 诺内特、P. 塞尔兹尼克:《转变中的法律与社会:迈向回应型法》

## 一、法治的实质化

从西方法治发展进程来看,形式法治和实质法治都是法治理论的重要组成部分。第二次世界大战中纳粹德国的暴行,暴露出形式法治无力遏制独裁专制统治的缺陷。于是人们开始反思纳粹统治时期的法律治理状况,认为单纯的形式化法治,可能导致法律成为实现邪恶目的的工具,使法治成为一种"恶法之治"。因此,法治承载和追求某些普泛价值的观点成为了西方的主流观念,要求综合形式法治和实质法治的合理要素。在尊重法治形式合理性的情况下,将实质合理性作为主动评判、校验和变更法治制度的标准。这正是法治实质化的主要立场。

法治实质化对现代法治的挑战主要包括以下方面:

第一,促使现代法治着眼具体社会情境,聆听社会的不同声音。形式法治强调法治的固有要素和普遍标准,但在后发型法制现代化国家中,形成法治体系的动力主要来自自上而下的建构和由外向内的移植,容易引发法治"水土不服"的局面。此时,法治的实质化进程能够为法治建设注入特定社会或群体的价值和目标,调适法治的形式价值与实质价值,并为可能的法治创新提供独特的文化土壤。

第二,促使现代法治关注实质公平、保障实质正义。现代法治的形式要素往往体现在形式公平和形式正义之中,如"法律面前人人平等""个人权利不受侵犯""凡十八周岁以上公民享有选举权和被选举权"等宣示,无法解决诸如对高收入人群加大税收调节力度,对社会弱势群体(如老弱病残、少数族群等)加以特殊保护等问题。换言之,如果要使不同社会地位、能力甚至个人禀赋上存在巨大差异的个体,在社会生活中获得相类似的处遇,就需要积极促进个人的生存发展,为他们提供最低限度的机会。在法治层面,就需要关注实质公平和实质正义,对不同个体或群体的基本权利给予相应的保护,从而维护社会的底线共识。

第三,缓和形式法治的滞后性和保守性,将社会冲突和社会撕裂的不确定性控制在一定范围内。形式法治尊重社会不同族群的多元话语,尊重他们的议论和话语博弈,并给予同等对待,因而构成了多元社会的底线共识。但在当前的全球化背景下,政治和经济的不确定性凸显,恐怖主义和激进宗教势力令人担忧,多元社会的话语博弈和议论似乎正在转向政治的冲突和文明的对抗,这就需要某种积极的决断。形式法治的消极姿态和保守特征,令其难以应对这些问题。相反,法治的实质化进程能够注入社会关注的价值和目标,为法律议论提供标杆,致力凝聚共识和控制社会总体风险,防止社会撕裂及冲突。

但需要注意,法治的实质化进程不能取代法治的形式面向。正如纯粹的形式法治难以约束独裁统治一样,简单追求实质法治也同样面临着消解法律形式理性、使法律沦为统治工具的局面。这是因为,实质法治所追求的价值和目标是法律的外在道德,如果片面强调法治的实质价值,法律就会被简单视为实现这些价值的手段和工具,"法律之治"(rule of law)也就变成了"以法治国"(rule by law)。更为严重的是,法律一旦被视为统治工具,不仅会损坏法律的形式价值,而且容易导致法律虚无主义的泛滥,法律丧失民众的信仰,法治也会濒临解体。这就警示我们,形式法治既要为法治的实质价值(一元或多元价值)提供土壤,更要为法治的实质化过程给予反向规制,亦即通过形式合理性实现实质合理性。

**法象万千**

　　西方哲学之父苏格拉底晚年被指控宗教信仰不虔诚和蛊惑青年,被判处死刑,判刑后,尽管有机会越狱潜逃,他却坚持公民必须守法。公元前399年,他遵照判决,吞药自尽,为信念而死……苏格拉底这么做,是极端的执着,也是出奇的洒脱。历史上有人为自由而死,有人为爱而死,有人为复仇而死,也有人为真理而死,但谁会在仍有选择的前提下,愿意为他所不同意的法律判决殉身?除非在他心目中,守法——包括恶法亦守——这个概念的的确确就是他所深信不疑的"通往真理"的手段。

　　　　　　　　　　　　——周天玮:《法治理想国——苏格拉底与孟子的虚拟对话》

## 二、人权运动的勃兴

　　人权即人之所以为人的基本权利。按照《世界人权宣言》的规定,人权的基本内容包括平等、生命、自由和人身财产安全,免于任意逮捕、拘禁、放逐和酷刑,言论自由、思想自由、行动和迁徙自由等。人权可概括为以下三个特征:第一,法律确认人权而非赋予人权;第二,人权是一种形式权利,为人人所普遍而平等地享有;第三,保护人权的最大义务承受者来自国家,国家或通过消极的自我约束方式尊重人权,或通过积极的方式保障人权。人权运动则是维护人权所进行的各类活动,其特征是在法律维护最大多数人的最大幸福时,也要做到"一个也不能少",如美国民权运动、女权运动、原住民人权运动、同性恋群体的婚姻平等权运动甚至是成年人之间的卖淫合法化等。1861 年,美国内战爆发,为了在内战中赢得胜利,林肯在 1863 年正式实施了著名的《解放黑人奴隶宣言》,黑人在法律上成为自由人。内战结束之后,美国黑人开始了争取获得平等普选权的艰苦斗争。迫于压力,美国国会先后在 1865 年、1868 年和 1870 年通过宪法第 13 条、第 14 条和第 15 条修正案,将自由权、公民权和选举权赋予黑人。虽然各州还通过具体的选举附加条款对黑人参政加以限制,黑人仍无法取得与白人一样的平等地位,依然处处受到歧视,但是,这一时期仍然是美国黑人参政历史上具有里程碑意义的时期。20 世纪五六十年代是美国黑人民权运动风起云涌的时代,1954 年美国联邦最高法院判定教育委员会种族隔离的学校违法,以及1955 年阿拉巴马州蒙哥马利市黑人公民的全面罢乘事件,开启了美国民权运动的大幕,到 20 世纪 60 年代初,以美国民权运动领袖马丁·路德·金发表著名的演说《我有一个梦想》为标志,该运动达到了高潮。这场以非暴力的抗议行动为主要手段争取黑人民权的群众斗争,对美国黑人政治地位的进一步提高和唤醒黑人更积极地参与政治生活起到了重要的推动作用。以 1964 年的《民权法》和 1965 年的《选举权法》为代表的一系列法令和法规的颁布,使得事实上的种族隔离制被废除,黑人的选举权进一步扩大。20 世纪 70 年代以来,压在美国黑人身上的法律上的不平等已经基本消除,美国黑人的参政进入了一个全新的时代。如今,这样的人权运动获得了来自联合国等国际组织的积极认可,如联合国大会在 1998 年通过的《个人、群体和社会机构在促进和保护普遍公认的人权和基本自由方面的权利和义务宣言》(以下简称《人权维护者宣言》)就指出,人人都是人权维护者,在《联合国宪章》和《世界人权宣言》的指导下,他们有权单独地与他人一起在国家和其他政治实体内促进争取保护和实现人权及基本自由,而国家和政治实体有义务尊重、维护和落实这样的人权维护者的权利。

人权运动要求国家和政治实体对保护、促进和实现人权提供积极或消极的支持和保障,这为当代法治带来了极具现实意义的挑战。

第一,人权运动促使国家或政治实体完善法律制度,积极回应不同群体的人权诉求,促使现代法治更新观念,使之具备更强的包容性,充分展示现代法治的形式精髓。具言之,人权运动为社会不同群体(主要是社会弱势群体)争取权利提供了充分理论依据和强大道义支持,促使当局正视他们的呼声与正当利益诉求。现代法治所依赖的形式合理性要能在较大程度上包容人权运动背后的实质价值,并可防范可能带来的社会撕裂和共识破裂的局面。因此,现代法治需要进一步为人权运动者和社会强势话语之间的论辩和议论提供程序性依据,同时引入第三方中立判断机制,使立法能够充分贯彻最小伤害原则、协调不同群体利益,并使司法继续扮演维护法治公信力和凝聚底线共识的角色。

第二,人权运动在为现代法治引入多元价值的同时,也为现代法治带来了不稳定因素。从社会层面来看,人权运动的目的在于为不同利益群体争取实质的社会利益,这可能为法治带来不稳定因素,形成新的不确定风险。人权运动要求法治承受更多的道德评价,或要求根据个别社会事实发展普遍法律规范,容易引发法治在外在道德方面的"过载"现象。在应对人权运动带来的社会冲击时,原本凝聚共识和缓和冲突的现代法治,可能拖延或点燃社会危机,影响社会对法治公信力的认识。强调稳定、保守和崇尚经验的现代法治,可能在人权运动的鼓励和政策考量下祭出司法能动主义的大旗,主动对某些有待深入讨论的社会议题给出终局结果,不仅有损法治的公正性、司法的独立性,还可能引发新的社会冲突。

第三,人权运动容易加剧"人权与主权"之间的紧张关系,从而产生深刻影响。以《联合国宪章》和《世界人权宣言》作为基础的国际人权法,对人权运动采取了积极态度,并进一步指出国际社会有支持人权运动的道义责任。但是,人权运动的核心是联合起来的个体的抗争,其对象不仅包括社会其他群体,也指向国家本身。如何平衡认可人权运动和不干涉他国内政、充分实现人权与维护国家安全之间的关系,国际社会长期未有共识,反而激化了"人权与主权"的内在矛盾:对个体而言,为了维护人权,需要国家权力的某种让步;对国家而言,为了维护统治秩序,需要个体作暂时牺牲。为此,应当明确,人权与主权本是内容与形式、目的与手段的关系。主权是人权得以充分发展和实现的保障,主权的行使要受到人权的制约,也就是要求国家权力在其管辖范围内,尽其所能尊重、保障和发展人权,特别是作为个人自由发展基础的生存权和发展权。试图以人权取消主权,或以主权压制人权的行为,都是不可取的。

## 法治天下

法律保护弱者,是现代立法最重要的立法宗旨之一,也是法治追求正义、人权等价值的集中体现。未成年人保护是国际社会一直颇为关注的话题。为保护未成年人的权利,国际社会签订了《儿童权利公约》《联合国少年司法最低限度标准准则》《确定允许儿童在海上工作的最低年龄公约》等多项公约。这些公约中涉及了儿童生存权、受保护权、发展权和参与权等基本权利。

### 三、科技现代化

现代科技日新月异,其发展速度引人注目,对社会的整体运作产生了全方位的深刻影响。法治支持和鼓励科技现代化进程,并因应其发展情况不断调节自身的静态形式和动态机制。在不同层面上,现代法治也受到了来自现代科技的影响。

就积极影响而言,现代科技能够促使法治更新和深化自身的调整机制,通过强化程序理性来突出其形式价值。现代科技的主要特征之一是代际更替速度大大提高,追求高精尖的科技与谨慎保守的法律之间的张力进一步拉大。在支持现代科技发展这一实质理性指导下,立法和行政监管机构势必调整自身的体制机制,变直接规制为间接指导、变个别监管为全行业的监督和救济、变具体的规则指导为抽象的原则提示、变实质审查为形式与实质审查相结合,旨在尊重科技企业和科技运用行业规律,防止法律运作不当,束缚科技发展的步伐。科技现代化的发展也将进一步深化社会对公平和效率之间关系的认识,特别是在竞争法、反垄断法和知识产权法等领域,法治发展的趋势是积极转变既往认识,从市场的价格竞争向鼓励科技创新转变,引发对相关领域法律判定与法律理念的重新认识。在执法方面,科技发展要求采取更具弹性的执法机制,如积极使用执法和解措施,允许相对人自行采取补救措施,并视具体情况采取相应执法策略。在司法方面,科技发展要求以平等和自由竞争等法治的形式价值作为基本立场,在一定程度上鼓励和允许监管机构与市场主体之间的博弈和交易,努力实现科技发展和社会秩序的均衡。此外,法治也积极吸收现代科技的成果来作为更新运作机制的方式,在立法质询、案件审理、司法裁判、司法公开等方面均取得了积极成果。

与此同时,科技现代化也给法治带来了不小的冲击。飞速发展的科技会进一步凸显法治体系的滞后性,使法律系统面临加强规制则扼杀创新、允许竞争又可能放大科技风险的两难局面。比如,在电子商务领域,第三方支付平台吸纳了大量的社会资金,如何监管这些资金,是当前仍存在争议的问题。在监管过程中,既要顾及民众生活使用习惯,又要防止第三方支付机构违规使用资金造成金融秩序混乱,还要以此为契机推动金融体制改革创新,难度可想而知。法治所蕴含的程序价值要求各方的磋商应当形成一定的共识,但面对科技现代化问题时,这样的磋商可能难以形成共识。科技进步标志着各类应用技术的精细化发展,认识这些技术需要较高的知识素养和长期的专业训练,在这类技术转变为生产力时,可能难以获得基于"有限理性"的民意认同,如核电站建设、转基因食物、克隆技术等。此时,专家理性与民众经验的博弈将拷问立法和司法的正当性与公信力,甚至可能形成某种规制科技风险的恶性循环,动摇社会对法治理念的确信。科学技术的精细化水平也会影响司法裁判。法官的学识及其中立地位,决定了他们难以客观真实地遇见科技在未来所具有的风险,因而难以对科学技术本身进行实质审查。因此,科学技术的现代化对现代法治而言,的确是一把"双刃剑"。如何在充分享受现代科技带来的成果的同时适应科技发展态势,合理平衡科技发展与民众意愿、科技伦理风险与社会秩序等关系,是现代法治必须回答的新问题。

### 四、全球治理问题

20 世纪 90 年代以来,随着全球化水平的逐步提升,"治理"理论成为全球各界观察人类政治生活的典型范式。简单说,治理就是公共管理组织在运用公共权威维持秩序,满足公众需要的一项事业,其目的是运用权力去引导、控制和规范公民各个方面的活动,最大化地增进公共利益。这一界定显示,治理理论的核心是政治国家与市民社会的协调互动,并防止二者的沟通失败。

通俗地说,"治理"就是要把原先分隔开的"看得见的手"(政府调控)和"看不见的手"(市场规律)牵连起来,防止它们挣脱对方。"全球治理"理论则是诸多治理理论中具有国际影响力的一种。它是各国政府、国际组织、各国公民之间的民主协商和合作,目的是最大化地增进共同福祉,核心内容是发展一整套维护全人类和平与发展的新的国际秩序,包括处理国际政治经济问题的各种全球规则制度。全球治理要求全球公民社会成为全球治理的中坚力量,要求各类非政府组织(NGO)和专家学者肩负起更大的治理责任。此时,主权国家的强力统治将逐步消解,传统以民族国家为政府统治,被主权国家、国际组织和全球公民社会等政府机制和非政府机制的联合治理所取代。

全球治理理论对现代法治的挑战是多方面的。在积极方面,全球治理的核心在于"去国家化",突出非政治实体的联合参与,这就要求法律与主权松绑,使原本的"政治—法律"框架转变为"法律—政治"框架,使超国家的法治得以可能。在欧洲公民意识逐步提升、"民族国家"重要性逐步下降的情况下,"领土国家"的概念正在逐步取代"主权国家"的概念。法律(尤其是实证法)不再是主权国家所具有的独特现象,超国家实体(如欧盟)也可以具有相应的法律。全球治理理论主张提升非国家力量的话语地位,凸显法治作为社会规则之治的核心内涵,为法律多元主义提供了新的实证基础。法治的本质是以法律为基础的社会规则自治,市民社会必须在法治之下获得自治空间。在民族国家之下,市民社会的自治往往受到来自国家权力的规制,其自治规范也必须获得国家权力的实质认可。全球治理理论号召社会和个人力量在公共事务中发挥更大作用,能够在一定程度上为各类民间自治规范(如软法等)正名。全球治理理论还能强化法律的反思性、学习性和回应性,使法律系统锻造自身的学习机制,及时回应外部环境的要求,提高自我反思能力。

但是,全球治理理论毕竟是一种较为理想化的社会思潮,其自身伴随相当多的不确定性和模糊性,对现代法治也具有不小的负面作用。全球治理理论在很大程度上遮蔽了不同国家经济、政治、文化和社会发展中的特殊情况,试图以划一、抽象的标准消解民族国家的强主权地位、以普世价值取代各国特殊性,这必然冲击各国的具体法治理念和法治制度。特别是在国情悬殊的情况下,这种冲击尤其明显。目前宗教激进势力和全球恐怖主义正愈演愈烈,"去全球化"态势越发明显。全球治理秩序可能降低民族国家抵御内外风险的能力。届时,超国家的法治制度失去调节功能,而国内的法治秩序又难以及时恢复至原有的完全独立状态,法治势必陷入调整不能的两难局面。对此,我们应当重视全球治理理论对现代法治的挑战,平衡国内法治建设和国际法治参与的关系,既要将全球治理根植于本国的民主政治建设,与非国家力量一道共同构建法治秩序,又要坚持国家自身的独立自主,在全球治理中保持自身鲜明的法治特色。

### 五、法律全球化

与全球治理理论的兴起过程相似,法律全球化现象也是全球化进程的产物。迄今为止,国内外学界在法律全球化的概念界定问题上尚未取得一致。一方面,全球范围内法律规范的趋同化和一体化是法律全球化的一个实质特征;另一方面,法律全球化与法律趋同化并非同一概念。因为"法律全球化"的提法容易抹杀国家之间法律的特异性,甚至有取消主权国家之嫌,但法律趋同化则是"求同存异",也能够避免诸多无谓的概念之争。

尽管如此,就客观现象和法律功能而言,法律全球化与法律趋同化在某种程度上仍然是可通约的。因为,法律全球化是从全世界的法律发展进程角度给出的表述,并不排斥"法律趋同化"这一现象,相反,"法律全球化"的表述能够涵盖"法律趋同化"的内容;法律趋同化更多强调的是主权国家自发进行法律趋同的过程,而法律全球化则可以是对这一动态过程的高度概括,并且还能说明法律趋同现象的深层动力。因此,我们仍以"法律全球化"来指代在全球化背景下各国的法律在不同层面逐步形成普遍适用规范的现象。

对于现代法治来说,法律全球化也存在积极和消极两个维度的影响。就积极面向而言,法律全球化是一种后现代的法律发展现象,强调个人和公民组织在法治秩序建构中的作用,能够立足多元主义基础,为法律的整全性理解提供新的思路。比如,欧洲人权法院的上诉机制允许个人就所在成员国的最高法院判决提出上诉,个人因此取得了与国家相同的地位,能够获得更高层次的司法救济。又如,《关于解决国家与他国国民之间投资争端公约》设计了他国国民与东道国政府之间的诉讼机制,以保障个人在东道国中的投资利益。法律全球化也能够增强政府间和非政府间国际组织的话语权,方便各国自由贸易、畅通和平解决国际纠纷的渠道,或形成某些国际道义责任,促使各国维护全人类的共同利益。比如,国际商会所制定的一系列商业惯例如《国际贸易术语解释通则》《跟单信用证统一惯例》《托收统一规则》等,就是国际贸易中较为典型的民间立法。

就消极方面而言,"法律全球化"的问题主要在于"去国家化"。目前,各国对法律全球化与主权国家之间的关系难以取得共识,法律全球化在不同国家遭遇各异。比如,西方学者多倾向于认为,法律全球化是某种抽象的、全人类的共同事业和规划,我国学者则主张必须要在坚持主权国家独立性的基础上看待法律全球化,这对我国法治建设进程有智识上的影响。此外,目前较为普遍接受的全球性法律多位于私法领域,公法上的法律全球化进程,其性质、属性和效力等方面仍然极具争议。比如,国际人权法究竟属于条约法还是属于国际强行法,其对主权国家是具有直接拘束力,抑或仅具国际道义责任等问题,都还未达成较为普遍的共识。这些问题反映到各国的法治秩序中,也会产生不同的实质影响。

# 第二节　现代法治的变革趋向

## 法的门前

　　美国佛罗里达州杰克逊维尔市在 20 世纪 70 年代初期仍然有一条禁止游荡法规,限制在该市活动的游荡者包括"流民和流浪者,或四处乞讨的行为放荡之人""一般赌徒""一般酗酒者""一般夜行者""无合法目的或目标四处游荡之人、惯常游手好闲之人……有工作能力但却惯常依赖妻子或未成年子女生活之人……"。此"游荡者"定义显然过宽,几乎无所不包。因此,1972 年在著名的"帕帕克里斯托诉杰克逊维尔市案"中,美国联邦最高法院作出判决指出,游荡法的制定不能明确而公允地使人知道何种行为属违法,违反了法治所保障的平等正义精神,因此应属违宪。由此可以看出,所谓法治必须是要依据"良法"去实现"善治",两者缺一不可。

　　**请思考**:为什么说"良法善治"是法治的应有之义?

　　良法善治是人类的共同追求。权利与权利、权利与权力的冲突是任何一个国家法治实践中都会遭遇的问题,如何在诸多挑战下建立在理性基础上的社会框架? 变革和探索都正在悄然发生。

## 法的精义

　　人类天生都是自由、平等和独立的,如不得本人同意,不能把任何人置于这种状态之外,受制于另一个人的政治权力。任何人放弃其自然自由并受制于公民社会的种种限制的唯一方法,是同其他人协议联合组成为一个共同体,以谋他们彼此间的舒适、安全和和平的生活,以便安稳地享受他们的财产并且有更大的保障来防止共同体以外任何人的侵犯。

——[英]洛克《政府论(下篇)》

### 一、发达国家法治的实践变革

现代社会特别是 20 世纪后半叶,因应国际地缘政治、全球化趋势和国内政治经济形势,发达国家的法治实践也在逐步发生变革。法律制度和法律体系的融合成为一大特色,超国家的法治实践出现。

在法律渊源和立法主体方面,英美法系和大陆法系国家的法治实践呈现出制定法和判例法的融合趋势,超国家法治实践开始出现。在英美法系国家,判例法的绝对地位发生动摇,制定法逐步出现、其地位逐渐上升,制定法已经跟判例法并驾齐驱,甚至有时制定法的地位高于判例法,制定法可以修改和废止既有的判例法。大陆法系国家虽然拒斥判例法,不承认判例法作为法律渊源,但也十分重视司法案例,注重吸收英美法系国家判例制度的精髓。比如,德国联邦宪法法院、法国国家行政法院等国家最高司法机关,就将判例法作为案件裁判的合法渊源。而大陆法系的司法裁判和法官在案件中对法律的解释也逐步成为立法的考量依据。在这样的情况下,欧盟作为超国家政治实体,其法治实践和变革对多元政治和法律秩序的形成具有重要的参考意义。就法律框架而言,欧盟法主要以成文法作为表现形式。这不仅极大影响了大陆法系国家的法制,也对属于英美法系的英国法律制度造成了冲击。英国法官在审理案件时必须掌握成文法的解释方法和推理技术。同时,欧盟法也积极引入判例制度,欧洲人权法院的判决确认欧盟法效力高于成员国法律,其判决可以形成相应的裁判原则,甚至可以直接为成员国公民创设权利义务关系,也对大陆法系国家产生了一定影响。

**法象万千**

近年来,我国法院系统大力推进案例指导制度。案例指导制度是最高人民法院根据中央关于司法改革的决策部署,为总结审判经验、加强监督指导、统一法律适用、提高审判质量、维护司法公正而建立的一项具有中国特色的司法制度。这项制度旨在通过统一发布对全国法院审判、执行工作具有普遍指导意义的典型案例,规范法官自由裁量权,着力解决同案不同判的问题。

在法律的对象上,公私法区分的重要性开始下降,边界开始模糊,"社会法"逐渐兴起。区分公法和私法是大陆法系国家的传统,但一些国家的社会变革和社会实践表明,取消公私法的区分在很大程度上并未对社会生活造成太大影响,而一些后发国家的法制现代化进程也没有必然形成公法和私法的区分。由于宪法兼具"公法"和"母法"的地位,私法上的权利救济也可循司法审查或宪法诉讼的渠道,私法的相对独立地位被打破。行政法将自身作为控权法,对公权力侵害私权的可能渠道进行了积极的约束,消解了私法与公法的对抗意味。随着政治国家和市民社会之外的"第三法域"即社会力量的兴起,兼具公私法属性的社会法不断出现,在民间团体自治、市场经济秩序、企业治理等方面发挥着积极作用。

在司法诉讼程序上,当事人主义和职权主义之间相互渗透和融合。比如,强调当事人主义的美国,在庭审前也允许法官召集当事人召开庭前会议,交换证据、归纳争议焦点,鼓励当事人和解或辩诉交易;在庭审中也关注法官驾驭庭审的能力,允许法官在庭审推进、证据认定、证人传唤等方面积极行使职权。大陆法系国家则吸收当事人主义的精华,如日本就在司法改革中积极改革和完善诉讼程序,努力为当事人扩大辩论空间。

在法学教育方面,发达国家之间也呈现出相互借鉴、相互融合的过程。在大陆法系国家,比如德国、法国和日本,都积极模仿美国法学院的教育制度,重视实务教学和判例教育,开展小班教学,突出理论与实务相结合,并扩大在职学生和非法学专业学生的入学比例。在英美法系国家如英国,受欧盟法的影响,也在积极关注和学习制定法的裁判思维和研究框架。

## 二、转型国家的法治道路探索

现代法治的另一个变革趋势,就是转型国家结合自身的具体国情,自主地探索不同的法治道路,既有共性,也有差异。所谓转型国家,是指国家经济体制和政治体制发生较大规模变革的国家,也特指从中央计划经济向市场经济转型的原苏联和东欧地区国家。在这些国家中,有的已经加入欧盟,纳入欧盟法的调整范围,如波兰、捷克、斯洛伐克、罗马尼亚、保加利亚等;有的正在积极进行自身法治道路的摸索,如俄罗斯、越南等;有的正在积极恢复原有的法治秩序,如白俄罗斯。具体来看,这些国家的法治道路探索呈现出如下特征。

第一，把法治作为政权合法性的来源，但建设过程受到国内力量影响，法治进程并非一帆风顺。在许多转型国家中，法治秩序被视为政权合法性的依据，它们通过恢复、制定或修改宪法的方式巩固转型成果，并在制定宪法时重视全民公决的作用。然而，这些转型国家的各类经济关系和社会关系都处于复杂的博弈状态。反映到法治秩序中，就是法律秩序不稳，法律变动频繁。如斯洛伐克在加入欧盟的过程中遭遇国内势力的反复斗争，该国法治建设就是围绕加入欧盟和保持独立自主的博弈过程。又如，俄罗斯在1990—1993年内就由总统和议会等各类势力制定了五部宪法草案，彼此各不妥协，最终以非常规的手段解决争议。

第二，初步形成现代的形式法治模式，但在实质法治问题上受到国内政治力量的影响。东欧国家在经济和政治体制转型过程中，纷纷效仿德国建立起违宪审查制度，并强调法律的安定性，但涉及实质法治问题时，不同国家的法治取向有所不同。如在评价过去社会主义立法和共产党执政的问题上，匈牙利的最高法院认为形式法治优先、安定性优先，宣告社会主义时期的立法经过审定和修改后继续有效。而捷克与之相反，该国最高法院认为实质法治优先于形式法治；法律的目定性优先于安定性；宪法和法律体系必须体现该国公民的选择，因而必须要对过去的政治事件加以法律上的评价。

第三，逐步采取渐进主义的路径，积极推进法治化治理。许多转型国家抛弃了转型初期的激进主张，强调以本国国情为依据，并以法治作为推进国家和社会治理的手段。比如，俄罗斯的法治建设就体现了从激进主义走向渐进主义的过程，并试图借助法治巩固民主政治，并积极开展"法治反腐"工作，试图强化政权法治建设、建设法治市场经济、培育法治意识、严密反腐法网，努力形成民众与政府良性互动的现代法治国家。

## 三、现代法治的发展趋向

现代法治的发展目标之一，就是走向以良法为基础的善治。"良法"既有形式上的维度，也有实质上的维度。在形式层面，法律在制定时必须以法定程序为基础，制定过程必须使各方在充分获得信息的基础上进行不受限制的议论，以便立法过程的民主化，立法表达的规范化和立法体系的科学化。同时,法律文本和法律体系内部在逻辑上应当呈现出历时性或共时性下的融贯特征。在实质层面,法律内容本身符合社会的普遍价值理念,获得社会各阶层认可,或代表社会所共同期待的规范秩序追求。而"善治"则是政府与公民对公共生活的合作治理,目的是实现社会公共利益最大化。换言之,也就是官民之间在公共生活场合中进行合作治理,以此追求共同所欲的规范秩序。

善治也同样包括了形式和实质维度,不仅要求政府的治理机制吸纳民众参与,而且应当通过程序正义实现社会公平正义。这就暗合了良法的价值取向,并为今后的法治发展指明了道路,亦即走向以良法为基础的善治、走向以法律为基础的社会规则自治。良法是善治的基础,法律本身应当完备呈现自身的程序理性,同时体现社会合作治理所共同追求的实质目标和外部价值。法律不仅符合人民群众的根本利益、体现公平正义的价值追求,还要符合社会客观发展规律,尊重不同的民族文化和独特国情。善治是法治追求的方向,在治理过程中发挥个人的主观能动性,尊重个人的自我意识和自由意志;通过合作自理、团体自治、贤能治理、软法之治等方式实现社会自治,使社会成为国家权力和个人权利的互动场域,提升国家的治理能力。法治共同体现良法和善治的内涵,以法律为基础、规则为主线、合作为范式,最终形成国家统治、社会自治、个人自主的协同规则之治。

### 法治天下

《残疾人权利公约》于2006年12月13日由联合国大会通过,并于2007年3月30日开放供签字。《残疾人权利公约》有146个签字国,有90个缔约国批准了《残疾人权利公约》。这是有史以来在开放供签字之日获得签字数量最多的联合国公约。《残疾人权利公约》旨在成为记录明确的社会发展问题的人权文书。它标志着人们对待残疾人的态度和方法发生了"示范性转变"。《残疾人权利公约》规定,残疾人权利可以分为公民及政治权利和经济、社会及文化权利两大类。(1)公民及政治权利主要包括:生命权、自由和人身安全权、身心受到完整的保障和尊重的权利、迁徙自由的权利,以及免于剥削、暴力和凌虐的权利等。(2)经济、社会及文化权利主要包括:享有独立生活和融入社会的权利、家居和家庭受到尊重的权利等。

**课后思考**

1. 为什么说法治是传统政治走向现代政治的标志?

2. 应该如何看待形式法治与实质法治之间的关系?

3. 法律全球化是否必然会导致法律趋同化?

**参考文献**

1. 俞可平:《治理和善治引论》,《马克思主义与现实》1999 年第 5 期。

2. 马长山:《西方法治产生的深层历史根源、当代挑战及其启示——对国家与市民社会关系视角的重新审视》,《法律科学》2001 年第 6 期。

3. 高鸿钧:《现代法治的困境及其出路》,《法学研究》2003 年第 2 期。

4. 张志铭、于浩:《共和国法治认识的逻辑展开》,《法学研究》2013 年第 3 期。

5. 公丕祥:《全球秩序重构进程中的法治中国建设》,《法律科学》2016 年第 5 期。

6. 徐显明主编:《国际人权法》,法律出版社 2004 年版。

第八章

# 中国特色社会主义法治理论

　　法治中国建设是中国特色社会主义建设的重要组成部分，必须依靠中国特色社会主义法治理论作为理论指导和学理支撑。中国特色社会主义法治理论注重汲取中华法律文化精华，借鉴国外法治有益经验，但决不照搬外国法治理念和模式。中国特色社会主义法治理论是马克思主义中国化的成果，也是顺应世界治理趋势、总结中国治理实践的产物，既吸收了现代法治的一般原理，又符合中国实际，具有中国特色，体现社会发展规律。

　　与西方法治理论相比，中国特色社会主义法治理论更加先进，不仅充分肯定了全面推进依法治国的必要性，而且确立了建设社会主义法治国家的总目标，强调法治是良法与善治的结合；不仅在总结以往宪法实施经验教训的基础上，深刻理解了依法治国首先是依宪治国，而且主张通过健全宪法实施和监督制度，坚决维护宪法法律权威；不仅承认人权是人类共同的目标，人权与社会主义制度高度一致，而且致力于探索适合中国国情的人权发展道路。

　　党的十八大以来，特别是党的十八届四中全会以来，围绕"全面推进依法治国"主题，中国特色社会主义法治理论正在形成内涵丰富的有机整体。中国特色社会主义法治理论以良法善治为核心理念，以依宪治国为基本要求，以保障人权为根本目标。

# 第一节　良法善治

## 法的门前

2014 年 10 月 20 日至 23 日,中国共产党第十八届中央委员会第四次全体会议在北京隆重召开,首次以全会的形式专题研究部署全面推进依法治国这一基本治国方略,作出了《中共中央关于全面推进依法治国若干重大问题的决定》(以下简称《决定》)。《决定》指出:"我国正处于社会主义初级阶段,全面建成小康社会进入决定性阶段,改革进入攻坚期和深水区,国际形势复杂多变,我们党面对的改革发展稳定任务之重前所未有、矛盾风险挑战之多前所未有,依法治国在党和国家工作全局中的地位更加突出、作用更加重大。"

**请思考:**为什么要"全面"推进依法治国?

### 一、国家治理领域的一场革命

依法治国,是坚持和发展中国特色社会主义的本质要求和重要保障,是实现国家治理体系和治理现代化的必然要求,事关党执政兴国,事关人民幸福安康,事关党和国家长治久安。全面推进依法治国,被视为"国家治理领域一场广泛而深刻的革命"。

## 法的精义

立善法于天下,则天下治;立善法于一国,则一国治。

——王安石:《周公》

全面推进依法治国是国家治理现代化的基本路径。在 21 世纪的今天,"多一些治理,少一些统治"已经成为世界各国政治发展的普遍趋势。与"国家统治"不同,"国家治理"是所有人依靠共同规则的自治。在现代社会加速变迁、日益复杂的条件下,这种共同规则不可能源于领导人的个人意志,不可能源丁古老的习俗习惯,也不可能源于众说纷纭的道德伦理,只能是全体人民共同制定的法律。

全面推进依法治国应当落实到广泛的国家治理领域。党的十一届三中全会以来,我国逐渐走上了社会主义法治道路;党的十五大更是将依法治国确立为党领导人民治理国家的基本方略。在中国共产党的领导下,经过三十多年的发展,我国的社会主义法治建设已经取得了历史性的成就。但与发达国家相比,我国国家治理的法治化、规范化、程序化水平还比较低;在国家治理的某些领域,依法治国尚未落到实处。全面推进依法治国,要求经济、政治、文化、社会、生态文明各方面建设的法治化;要求从中央到地方,从地区到行业、基层,都厉行法治;要求将立法、执法、司法、守法和法律监督各环节纳入法治轨道。

全面推进依法治国必须与全面深化改革结合起来。在人口众多、幅员辽阔、社情民意复杂、"人治"传统包袱沉重的中国,通过全面推进依法治国改善国家治理,是一项艰巨的任务。只有依靠立法、执法、司法、守法和法律监督各环节的全面深化改革,不断破除不利于法治建设的体制机制障碍、陈旧思维阻碍和利益固化藩篱,不断创造有利于法治建设的市场经济、民主政治、公民文化、市民社会和专业人才条件,全面推进依法治国才可能最终取得成功。从这个意义上讲,全面推进依法治国不啻于一场"革命"。


## 二、建设社会主义法治国家

全面推进依法治国,总目标是建设中国特色社会主义法治体系,建设社会主义法治国家。建设社会主义法治国家,需要明确政治方向、核心内容、实施战略和基本方针。

建设社会主义法治国家应当坚定政治方向,以中国共产党的领导为最根本的保证,以中国特色社会主义制度为保障,以中国特色社会主义法治理论为指导。只有在党的领导下依法治国、厉行法治,人民当家作主才能充分实现,国家和社会生活法治化才能有序推进;只有坚持中国特色社会主义制度,中国的法治建设才能与经济、政治、文化、社会各领域的制度建设相协调,体现、维护和促进社会公平正义;只有贯彻中国特色社会主义法治理论,中国的法治建设才能符合中国实际、具有中国特色、体现社会发展规律。

中国特色社会主义法治体系是建设社会主义法治国家的核心内容,由完备的法律规范体系、高效的法治实施体系、严密的法治监督体系、有力的法治保障体系、完善的党内法规体系共同构成。中国特色社会主义法治体系不是一个静态的规则体系,而是一个动态的运作系统,要求将法律的制定与法律的实施结合起来,与对公共权力的监督和制约结合起来,与配套制度的建立健全结合起来,特别是与依靠党内法规管党治党、规范执政权力结合起来。

坚持依法治国、依法执政、依法行政共同推进,坚持法治国家、法治政府、法治社会一体建设,是建设社会主义法治国家的实施战略。依法治国不仅要求公民依法行事,而且要求执政党依法执政、政府依法行政,其中,依法执政是关键,依法行政是中心环节。但仅仅依靠党和政府的力量也是不够的,只有充分发挥社会的力量,使法律的权威得到全体人民的内心拥护和真诚信仰,才能为建设社会主义法治国家奠定坚实的基础。

实现科学立法、严格执法、公正司法、全民守法,是建设社会主义法治国家新的基本方针。与有法可依、有法必依、执法必严、违法必究的旧"16 字"方针相比,新"16 字"方针对建设社会主义法治国家提出了更高要求,强调通过立法体制改革提高立法质量,通过行政执法体制改革落实严格规范公正文明执法,通过司法体制改革让人民群众在每一个司法案件中感受到公平正义,通过深入开展法治宣传教育引导全民自觉守法、遇事找法、解决问题靠法。唯有落实新"16 字"方针,才能全面推进依法治国,促进国家治理体系和治理能力现代化。

## 三、良法善治才是法治

全面推进依法治国,不是要建立单纯的规则之治,而是要追求"良法善治"。

所谓良法,不仅应当按照立法程序制定,符合现代法治的一般原理,具备普遍性、一致性、公开性、明确性、可预期性、稳定性、不溯及既往等形式特征,而且应当从四个方面体现社会主义优越性。一是反映人民的意志和利益。这就要求拓宽公民有序参与立法途径,最大限度地实现民主立法,避免立法沦为地方利益、部门利益、利益集团的产物。二是反映公平正义的法治理念。这就要求落实法律面前人人平等的宪法原则,相同问题相同对待,不同问题不同对待,坚决反对维护特权或实施差别待遇的法律。三是符合社会发展规律。这就要求科学立法,在充分考虑法律实施效果的同时,保持法律的适度前瞻性,提升法律引领社会发展正确方向的能力。四是符合国情、社情、民情。这就要求坚持实事求是原则,始终面向现实存在的问题制定法律,而不是生搬硬套西方理论、照搬照抄西方法律。

## 法象万千

2014年9月5日,中共中央、全国人大常委会在人民大会堂隆重举行庆祝全国人民代表大会成立60周年大会。中共中央总书记、国家主席、中央军委主席习近平在大会上发表重要讲话,指出:"要坚持问题导向,提高立法的针对性、及时性、系统性、可操作性,发挥立法引领和推动作用。要抓住提高立法质量这个关键,深入推进科学立法、民主立法,完善立法体制和程序,努力使每一项立法都符合宪法精神、反映人民意愿、得到人民拥护。"

所谓善治,是有助于公共利益最大化的良好国家治理模式,包括民主治理、依法治理、社会共治、贤能治理四方面的基本内涵。善治是民主治理,在人民当家作主的社会主义社会,民主已经成为国家法令得到普遍执行、国家治理得到广泛认可的基本前提;善治是依法治理,在行政权力日益强大的现代社会,只有通过法律规范权力运行、限制权力滥用,公民才能享有免于恐惧的自由,积极参与民主治理;善治是社会共治,在利益格局不断分化的复杂社会,只有将行政管理与社会自治、法律法规与社会规范结合起来,才能提升普通公民的主人意识、志愿精神、合作意愿和自我组织能力,及时发现社会问题、解决社会纠纷,有效应对社会风险、化解社会矛盾;善治是贤能治理,在深受中华民族优秀文化浸润的中国社会,德才兼备被视为国家治理者应当具有的素质,选贤任能被视为公共利益最大化的必然要求。

社会主义法治是良法与善治的有机结合。一方面,良法支撑着民主制度的运转,对公共权力施加法律约束,为政社合作和社会自治确立法律框架,为治理人才的培养和选贤任能提供法律保障,是民主治理、依法治理、社会共治、贤能治理的前提;另一方面,善治扩大了公民参与公共事务的空间,调动了社会组织的积极性,激发了全社会的活力,有助于促进良法的制定、顺畅良法的实施、监督良法的运行。

## 法治天下

近年来,一些农村社区制定了乡规民约。依据乡规民约,村民们开展了自我约束、自我管理的自治实践,大大缓解了基层政府的治理压力。有的乡规民约倡导红白喜事厉行节约,改变了婚丧嫁娶大摆宴席和送礼的风气;有的乡规民约建立了"门前五包"责任制,解决了长期存在的"脏、乱、差"问题;有的乡规民约规定了封山育林期砍伐树木的处罚措施,有效保护了森林资源;有的乡规民约成为民间调解的重要参考,发挥了及时化解村民矛盾的作用。但也有的乡规民约制定主体不合法、制定程序不规范,甚至写入了男尊女卑的陋俗、惩罚犯罪的"家规",违反法律规定和法治精神,被基层政府依法纠正。

# 第二节　依宪治国

## 法的门前

1949 年 4 月 23 日,南京解放,国民党统治覆灭。但中国大陆尚未全部解放,战争尚在进行,社会改革尚未开展,社会秩序还不够安定,遭受长期战争破坏的国民经济还没有恢复,人民群众的组织程度和觉悟程度未达到应有水平。这些现实情况都表明,召开全国人民代表大会并制定正式宪法的条件尚不具备。尽管如此,中国共产党还是立即着手起草具有临时宪法性质的"共同纲领"。9 月 21 日,中国共产党邀请各民主党派、人民团体、人民解放军、各地区、各民族以及国外华侨各方面代表 635 人,在中南海怀仁堂举行了中国人民政治协商会议第一届全体会议;9 月 29 日,会议通过了《中国人民政治协商会议共同纲领》,宣告了人民民主共和国的建立,规定了新中国的国体和政体、各项基本政策以及公民的基本权利和义务,宣布取消帝国主义在华的一切特权,提出没收官僚资本,进行土地改革。

**请思考:**为何要在新中国成立之前制定《中国人民政治协商会议共同纲领》这部临时宪法?

一、新中国的四部宪法

自 1949 年中华人民共和国成立以来,除了起临时宪法作用的《中国人民政治协商会议共同纲领》之外,一共产生了四部宪法,分别是 1954 年宪法、1975 年宪法、1978 年宪法、1982 年宪法。在此基础上,新中国展开了宪法实施的曲折实践。

1954 年宪法确立了中国特色社会主义宪法的基本框架,即确认了"一切权力属于人民""人民法院独立进行审判""公民在法律上一律平等"的宪法原则,建立了人民代表大会制度,规定了公民的基本权利和宪法义务。1954 年宪法颁布之后,在新中国的政权建设、人民代表大会的运行、社会主义改造三个方面得到了较好实施。但随着 1956 年社会主义改造的完成,1954 年宪法逐渐丧失在国家治理中的重要地位;1957 年"反右运动"扩大化之后,1954 年宪法不再能够制约对公民基本权利的侵犯、对民主制度的干扰和对人民法院独立审判原则的破坏;1966 年"文化大革命"之后,1954 年宪法实质上被完全抛弃了。

1975 年宪法保持了社会主义性质,但将"文化大革命"的许多错误理论和指导思想加以法律化,较 1954 年宪法存在严重的倒退。1975 年宪法不仅在体系和结构上极不完备,把原来 1954 年宪法的 106 条修改为 30 条,使宪法成为抽象的原则和口号,而且破坏了人民民主原则,大幅度限制了全国人民代表大会的职权;破坏了社会主义法制原则,取消了人民法院独立审判原则和人民检察院,还取消了"公民在法律上一律平等"的规定,以及国家为公民享受经济、政治、文化等方面的权利和自由提供物质保障的规定。从这些方面看,1975 年宪法缺乏可操作性,缺乏限制公权、保障人权、捍卫民主制度、维护平等自由的基本意涵,且存在于人治环境之下,只是不具有实施空间的政治宣示。

1978 年宪法纠正了 1975 年宪法的部分错误,删除了 1975 年宪法关于"全面专政"的规定,提高了各级人民代表大会在国家政治生活中的作用,恢复了人民检察院的设置,将公民的基本权利和义务由 1975 年宪法的 4 条增加到 16 条。但 1978 年宪法没有完全摆脱 1975 年宪法的影响,内容很不完善,存在许多不符合现实的规定,难以适应即将到来的改革开放新时期的需要。因此,在颁布以后,1978 年宪法很快启动全面修改,实际上没有得到认真实施。

1982 年宪法是在改革开放的历史背景下制定的。1982 年宪法明确了宪法作为国家根本大法的地位;把"公民的基本权利和义务"置于"国家机构"之前,表明国家权力来源于人民的委托和授予;明确了国家的根本任务,确认了四项基本原则;增加了"民主集中制"的具体内容;恢复了 1954 年宪法关于公民在法律面前一律平等的规定;发展了人民代表大会制度、民族区域自治制度和司法制度,增加了基层自治制度的规定;规定了国家领导人的任期制度,废止了职务终身制；充实了有关社会主义精神文明建设的条款。

1982 年宪法通过以后，又在 1988 年、1993 年、1999 年、2004 年和 2018 年进行了五次部分修改，形成了 52 条修正案。五个宪法修正案集中回应了我国经济政治改革和民主法治发展的现实需要，使我国宪法日益走向完善。在没有进行根本性修改的前提下，1982 年宪法至今已持续运行 30 多年，实施情况较前三部宪法好。这主要是因为三个原因：一是 1982 年宪法在内容上符合国情、符合实际、符合时代发展要求，体现了人民共同意志、保障了人民民主权利、维护了人民根本利益；二是 1982 年宪法不再局限于为特定时期的政治需要服务，而是确立了长期有效的民主法治原则、自由平等价值、市场经济体制以及限制权力、保障人权等理念深入人心，得到人民的普遍拥护；三是 1982 年宪法颁布前后，中国逐渐走上法治轨道，改变了政策治国、运动治国的模式，扫清了法律虚无主义的观念障碍，为纠正漠视宪法的错误实践奠定了基础。

## 二、坚决维护宪法权威

**法的精义**

社会之中，宪法无处不在；不只是格劳修斯所谓"有社会就有法"，而且是"有社会就有宪"。

——［德］贡塔·托依布纳：《宪法的碎片：全球社会宪治》

在全面推进依法治国的今天，宪法在国家治理中的意义得到了进一步的认识。鉴于宪法内容的重要性、宪法地位的崇高性和宪法所反映民意的广泛性，"坚持依法治国首先要坚持依宪治国"，依宪治国是依法治国的基本要求。依宪治国不是简单地将宪法作为治国理政的工具，而是要求坚决、全面地维护宪法在国家治理领域的至上权威。

第一，国家生活中的根本问题只能由宪法规定。这些问题，包括一国的国体、政体、根本制度、根本政治制度，以及政治、经济、社会、文化等各方面的基本制度。

第二，所有国家公权力都应受宪法约束。国家机构应依宪法设置，国家机构的职权划分应由宪法确定，不得在宪法规定的国家机构外另设机构，不得行使宪法未授予的职权。

第三,宪法应具有最高法律效力。一切法律、行政法规、地方性法规和执政党党内法规都不得同宪法相抵触,一切与宪法相抵触的法律、法规都应撤销或宣布无效。

第四,宪法应得到普遍的遵守。一切国家机关和武装力量、各政党和各社会团体、各企业事业组织都必须遵守宪法,一切违反宪法的行为都必须予以追究和纠正。

第五,宪法反对任何特权。任何组织或者个人都不得有超越宪法的特权,特别是执政党必须依据宪法治国理政,坚持在宪法范围内活动,不得以政策代替宪法;领导干部必须带头遵守宪法,提高对宪法权威的认识,捍卫宪法尊严。

## 法象万千

本宪法以法律的形式确认了中国各族人民奋斗的成果,规定了国家的根本制度和根本任务,是国家的根本法,具有最高的法律效力。全国各族人民、一切国家机关和武装力量、各政党和各社会团体、各企业事业组织,都必须以宪法为根本的活动准则,并且负有维护宪法尊严、保证宪法实施的职责。

——摘自《中华人民共和国宪法》序言

新中国宪法发展的历史已经表明,宪法与国家前途、人民命运息息相关。维护宪法权威,就是维护党和人民共同意志的权威。只有坚决维护宪法权威,切实尊重和有效实施宪法,人民当家作主才有保证,党和国家事业才能顺利发展。相反,如果宪法受到漠视、削弱甚至破坏,人民权利和自由就无法保证,党和国家事业就会遭受挫折。

### 三、健全宪法实施和监督制度

现行宪法是一部制定和实施均较为良好的宪法。但与依宪治国、坚决维护宪法权威的要求相比,现行宪法的实施情况还有很大改善空间,表现为一些法律法规仍然不符合宪法的原则和精神;有法不依、执法不严、违法不究现象在一些地方和部门依然存在;执法文明和司法公正问题还比较突出;一些公职人员滥用职权、失职渎职、执法犯法甚至徇私枉法,严重损害国家法制权威;公民包括一些领导干部的宪法意识还有待进一步提高。造成这些问题的根源,在于宪法实施的制度和监督宪法实施的制度都还不健全。

## 法治天下

2015 年 7 月 1 日,第十二届全国人民代表大会常务委员会第十五次会议通过《全国人民代表大会常务委员会关于实行宪法宣誓制度的决定》(2018 年 2 月 24 日第十二届全国人民代表大会常务委员会第三十三次会议修订),要求各级人民代表大会及县级以上各级人民代表大会常务委员会选举或者决定任命的国家工作人员,以及各级人民政府、监察委员会、人民法院、人民检察院任命的国家工作人员,在就职时应当公开进行宪法宣誓。誓词为:"我宣誓:忠于中华人民共和国宪法,维护宪法权威,履行法定职责,忠于祖国、忠于人民,恪尽职守、廉洁奉公,接受人民监督,为建设富强民主文明和谐美丽的社会主义现代化强国努力奋斗!"

宪法的生命在于实施,宪法的实施需要制度保障。我国的宪法实施,以往主要采用政治方式,即依靠执政党发挥主导作用,面向所有国家机关、社会团体、社会组织开展政治动员、作出政治决策,推动落实宪法规定。健全宪法实施制度,要求更多利用法律方式执行宪法,特别是要求确保立法机关审查每一部法律草案的合宪性,行政机关的法制机构审查每一项重大行政决策和重大行政行为的合宪性,党内法规的审议、批准、备案机关审查党内法规的合宪性;要求全国人大常委会定期或不定期地检查国家机构及其负责人遵守和执行宪法的情况;要求建立宪法解释的程序机制,使各方面明确宪法规定的具体含义,保障宪法的正确实施;要求在条件允许的情况下,逐步推进人民法院在审判案件中适用宪法规范,对基本权利遭受侵犯的公民提供司法救济。此外,还要求在全社会普遍开展宪法教育,弘扬宪法精神。

宪法的实施离不开完善的宪法监督制度,亦即为了保障宪法正确实施而对违反宪法的行为进行监督的制度。这是因为,宪法规范比较抽象概括,在实施宪法的过程中,容易产生歧义和误解,偏离宪法的应有之义;宪法实施的主体主要是国家机关,国家机关出于权力扩张的天然倾向,容易侵害公民权利、扰乱宪法秩序;民主制度的缺陷、宪法意识的不足、对短期利益的追逐等,也常常阻碍宪法的顺利实施。健全宪法监督制度,首先,要求明确宪法监督的主体,在不违背由全国人大及其常委会行使宪法监督权的宪法规定的前提下,设置专门的宪法监督机构;其次,要求扩展宪法监督的对象,将执政党和国家机关、企事业单位、社会团体的行为全部纳入宪法监督范围;再次,要求完善宪法监督程序,明确有权提起宪法监督程序的主体,简化宪法监督的程序步骤,对每个程序步骤予以时效规制,从而便利宪法监督;最后,要求建立违宪责任追究的多元化机制,保证所有违宪行为都得到公正的处理。

# 第三节　保障人权

**法的门前**

1789 年法国《人权和公民权宣言》在序言中写道:"组成国民会议的法兰西人民的代表们,相信对于人权的无知、忽视与轻蔑乃是公共灾祸与政府腐化的唯一原因,乃决定在一个庄严的宣言里,呈现人类自然的、不可让渡的与神圣的权利,以便这个永远呈现于社会所有成员之前的宣言,能不断地向他们提醒他们的权利与义务。"1918 年俄罗斯《被剥削劳动人民权利宣言》则规定:"宣布苏联为工兵农代表苏维埃共和国。中央和地方全部政权属于苏维埃。""批准将一切银行收归工农国家所有,这是使劳动群众摆脱资本压迫的条件之一。"

**请思考**:两份"宣言"有何不同点,有何共同点?

## 一、人权是人类共同的价值追求

人权通常被界定为"人之为人应当享有的基本权利"。这一界定至少包含三层意思:第一,人权是"人"的权利,保护人性尊严。在古代社会中,奴隶被视为动物,妇女儿童被当作财产,低等阶层和弱小民族遭受非人的奴役,根本原因就在于他们被剥夺了人权。第二,人权是"基本"的权利。与非基本权利不同,基本权利对抗体制性的力量,而不是个人的权利或行动。在现代社会中,缺乏人权的保障,人就难以抵御政治、经济、文化等各种社会体制的侵犯,保持其身心完整性;就容易被各种社会体制所排斥,无法充分参与各领域社会实践、融入现代生活。第三,人权是"应然"的权利。一方面,每个人都应当享有人权,人类从古到今的所有悲剧,都与人权保障的匮乏相关;但另一方面,人权不会自动获得保障,人类的每一次伟大斗争,都是为了争取人权的保障,或者扩大人权的范围。

**法的精义**

人权思想主要不是源于西方文明这样一个特殊的文化背景,而是源于这样一种尝试,即:对已经在全球范围内展开的社会现代化所引起的一系列特殊的挑战作出回应。

——[德]尤尔根·哈贝马斯:《论人权的合法性》

在最近几个世纪的艰难斗争中,人权逐渐成为全人类共同的价值追求,其内涵不断丰富。17—18世纪,西方世界展开了启蒙运动和资产阶级革命,人权被用于对抗神权统治和君主专制,维护以表达自由、信仰自由、宗教自由、言论和出版自由、集会自由、生命安全、私有产权和选举权为核心的"公民权利和政治权利";19世纪以来,工人运动、社会主义革命和西方福利国家改革轮番登场,人权被用于反对资产阶级的经济剥削和政治压迫,维护以工作权、适当生活水准权、社会保障权、健康权、教育权、休息权、参加文化生活权为核心的"经济、社会、文化权利";20世纪以来,民族解放和民族独立运动风起云涌,两次世界大战和法西斯国家的暴政留给人类惨痛的教训,经济全球化加剧了发展不平衡,科技进步造成了环境恶化,人权又被用于抵御殖民主义、军国主义、霸权主义和环境破坏,维护以民族自决权、和平权、发展权、环境权为核心的"第三代人权"。

在人权的来源问题上,思想家们众说纷纭。有的持"人权天赋"论,认为人权源于"自然"或者"造物者"的赋予。这种观点认识到了人权不可转让、不可剥夺的性质,但诉诸人类理性之外的力量,且无法解释人权范畴的持续扩大。有的持"人权国赋"论,认为人权源于国家法律的赋予。这种观点看到了人权有赖于国家及其法律的保障,但否定了人权的普遍性,使人权丧失了抵御暴政的力量。实际上,人权是人类自我赋予的,它既非上帝的礼物,亦非国家的恩赐,而是全体人类可能经由理性商谈达成共识的价值。"权利自赋"论正确地指出,人权是人类理性的产物,随着社会和观念的变迁而不断丰富;国家的正当性与人权密切相关,法律的内容不是任意的,必须与人权的价值相一致。

依法治国的根本目标就是保障人权,以法治方式捍卫人类共同的价值追求。是否以保障人权为根本目标,是良法善治与规则之治的关键区别,也就是"法治"与"法制"的关键区别。法制社会完全可能通过运用国家暴力,实施践踏人权的规则,以维护政治统治;法治社会则要求以法律形式将人权固定下来,依靠国家的力量抵御一切侵犯人权的行为。

## 二、人权与社会主义制度的一致性

以自由、平等、民主为核心的现代人权观,发端于近代资产阶级革命。但这并不意味着,人权与社会主义制度不能兼容。作为人类共同的价值追求,人权与社会主义制度是一致的;甚至应当认为,社会主义制度在批判、扬弃资本主义制度弊端的基础上发展起来,充分认识到资产阶级人权的缺陷,要求更好地保障人权、努力扩大人权。

社会主义制度高度重视人的自由发展,强调"每个人的自由发展是一切人的自由发展的条件"。它所理解的自由不仅是行动的自由,而且包括精神的自由,是人的力量、智慧、潜能的全面发挥;它要实现的不是少数人的自由,而是绝大多数人甚至全体人的自由,反对将一个阶级的自由建立在奴役其他阶级的基础上;它不仅要实现个人的自由,而且致力于实现集体的自由,使个人自由与集体自由相互协调。

社会主义制度高度重视人与人之间的平等,强调"一切人都应当有平等的政治地位和社会地位"。它认识到阶级社会的平等仅仅存在于阶级内部,主张消灭阶级压迫,将平等扩大到整个社会;它认识到法律不能只保护形式平等,主张通过解放和发展生产力,逐步落实实质平等;它还认识到平等并不局限于经济层面,任何领域的不平等都可能破坏其他领域的平等,主张实现经济、政治、教育、医疗等各领域的平等。

社会主义制度高度重视公民的民主权利,强调"人民民主是社会主义的生命"。它扩展了民主的范围,作出了人民当家作主的庄严承诺,要求保障每位公民的民主权利;它丰富了民主的实践,将代议制民主、选举民主与协商民主、公众监督、社会自治结合起来;它发展了对民主价值的理解,认为民主不仅具有减轻统治压力的工具价值,而且本身应当成为国家治理的根本目的和本质要求,主张通过"形式民主"实现"实质民主"。

社会主义制度还高度重视公民的经济、社会、文化权利,为扩大人权保障作出了重要的贡献,将人权从消极权利扩展为积极权利。在它看来,仅仅通过限制政府权力,远不足以保障实质意义上的自由、平等、民主;只有赋予公民广泛的经济、社会、文化权利,迫使政府主动为人民提供更好的生存条件和生活环境,各项人权才能得到充分实现。

**法象万千**

我国现行宪法已经建立起一个种类较为丰富、内容较为齐备的社会主义人权体系。一是平等权;二是政治权利,包括参加管理的权利,选举权和被选举权,言论、出版、集会、结社、游行、示威自由等表达自由,监督权;三是精神自由,包括宗教信仰自由、文化活动自由、通信秘密和自由;四是人身自由与人格尊严;五是社会经济权利,包括财产权、继承权、劳动权、休息权、获得物质帮助权、受教育权;六是获得救济的权利,包括提起申诉、控告的权利,国家赔偿请求权;七是少数民族、妇女、儿童、华侨、侨属等特定主体的权利。

## 三、走适合中国国情的人权发展道路

新中国成立以来,特别是改革开放以来,人权事业取得了历史性的发展和辉煌的成就。

一是创造中国人权事业发展的基本前提。1949年,中国共产党带领中国人民建立了新中国,实现了国家的完全独立,这是中国人权事业的历史性转折点。此后,中国共产党建立人民民主的政治制度,为人民当家作主奠定了基础;实行土地改革和民主改革,废除压迫人民的旧制度、旧习俗,为人权发展扫清了障碍;实行民族区域自治制度,反对民族压迫和歧视;建立社会主义制度,为人权水平的提高创造了经济社会条件。

二是尊重和保障人权成为国家治理的重要原则。20世纪50年代初期,党和政府通过制定宪法,对婚姻自由、宗教信仰等人权的具体内容予以确定和保障。改革开放以来,中国共产党领导中国人民突破“左”的思想束缚,破除了将人权视为资产阶级专利的错误观念,确立了人权理念在中国社会政治生活中的重要地位。特别是2004年以来,党和国家高度重视人权问题,将“尊重和保障人权”先后写入宪法和《中国共产党章程》,为中国人权的进步提供了有力的政治和法律保障,促使中国人权事业迈入新的历史阶段。

三是人民的生存权和发展权得到切实的保障。新中国成立以来,特别是改革开放以来,中国经济、社会发展突飞猛进,14亿中国人的生活水平得到了大幅提高,实现了从贫困到温饱和从温饱到小康的两次历史性跨越,从低收入国家成功转型为中等偏上收入国家。在城乡居民收入不断增长的同时,交通通讯、文教娱乐、医疗保健、家庭服务、旅游观光等发展型、享受型消费比重不断提高。在普遍提高全国人民生活水平的同时,中国致力于解决贫困人口的温饱问题。中国贫困人口以平均每年1000万人的速度递减,成为世界上贫困人口减少最快的国家。

四是公民权利和政治权利得到有效的保障。新中国成立以来,特别是改革开放以来,中国的民主法制建设取得重大进展,公民权利和政治权利依法得到维护和保障。中国特色社会主义法律体系在2011年宣告形成,社会生活各个方面实现了有法可依,公民的各项权利有了坚强的法律保障。与此同时,中国积极稳妥地推进政治体制改革,不断扩大公民的有序政治参与,强化政务公开,加强对权力的监督与制约,公民的民主权利依法得到保障。党的十八大以来,中国公民权利和政治权利领域不断取得新成就:大幅削减死刑,生命权更受尊重;确立无罪推定和非法证据排除等原则,公正审判权得到有效保障;畅通渠道,表达权利得以进一步拓展;城乡平等选举,提升妇女代表比例,选举权实现历史性突破。

五是经济、社会、文化权利不断改善。新中国成立以来,特别是改革开放以来,国家通过各种措施,着力解决就业和再就业问题,加紧建立社会保障制度,加大对教育、科技、文化、卫生等社会事业的支持力度,努力将公民的经济、社会、文化活动权利落到实处。农业方面,中国2006年取消了农业税和农业特产税,结束了延续2600多年农民种田交税的历史;教育方面,目前中国高等教育毛入学率均超过中高收入国家平均水平,义务教育普及率高于高收入国家平均水平;医疗卫生方面,当前中国居民健康水平总体上处于中高收入国家平均水平,部分地区已经达到或接近高收入国家的水平;社会保障方面,覆盖城乡的社会保障体系基本建立,社会保险覆盖范围不断扩大;文化方面,覆盖城乡的公共文化服务体系初步形成,公共文化服务设施设备大量增加,人民的文化生活日益丰富多彩。

六是人权领域的对外交流与合作不断拓展。改革开放以来,中国充分尊重

《联合国宪章》的宗旨和原则,积极参与联合国人权领域的工作和国际人权法律文书的制定,为丰富国际人权概念的内涵,促进国际人权实践的发展作出了自己的贡献。中国积极批准、加入有关人权国际公约,迄今已先后参加了25项国际人权公约,并采取有效措施履行公约义务,及时提交履约情况报告,接受联合国条约机构审议。中国一贯主张在平等和相互尊重的基础上,通过开展对话、合作与交流,促进国际人权事业的健康发展,迄今已与世界各国进行了70多次人权对话和交流,增进了与世界各国的相互了解,为人权发展作出了积极的努力。

几十年来,中国走出了一条适合中国国情的人权发展道路,这是中国人权事业取得辉煌成就的根源。这条道路可以概括为四个方面的内涵:一是坚持党的领导。党的领导是中国特色社会主义人权道路的鲜明特点和政治优势,是中国人权事业发展最根本的保证。只有坚持党的领导,才能保证中国人权事业沿着正确方向前进,才能把人权建设融入到党和国家工作的各个方面,才能最广泛地调动一切力量,共同推进中国人权事业发展。二是以生存权和发展权为首要人权,带动人权体系全面发展。发展经济、改善民生始终是解决中国所有问题的关键所在。我国将经济社会权利作为人权保障的重点,着重解决人民的生存和发展问题,有效保障了中国人民的生存权、发展权。同时,促进经济、社会、文化权利与公民权利、政治权利协调发展,促进个体人权与集体人权协调发展。三是以稳定为前提,以发展为关键,以改革为动力,以法治为保障。我国在社会主义人权实践中,坚持把政治稳定、社会稳定、国家安全放在重要位置;坚持以经济建设为中心,为实现充分的人权提供牢固基础;坚持依靠改革解放和发展生产力,为人权事业发展提供不竭动力;坚持通过全面推进依法治国,为人权提供最基本的制度保障。四是把人权的普遍性原则同中国实际相结合,不断加强和改进人权保护。世界上没有放之四海而皆准的人权发展模式;人权保障没有最好,只有更好。只有始终致力于根据不同社会发展阶段国情世情的变化落实人权,致力于有计划、有步骤地将经济、政治、社会、文化等各项人权统筹协调推进,才能在更高水平上保障中国人民的人权。

**法治天下**

---

1966年12月16日,第21界联合国大会全票通过《经济、社会及文化权利国际公约》。该公约不仅开列了详尽的经济、社会和文化权利目录,包括工作

权、工作条件权、组织和参加工会的权利和罢工权、社会保障权、家庭保护和协助权、获得相当生活水准权、体质和心理健康权、受教育权、参加文化生活的权利等,而且提出了缔约国为促进这些权利的实现应采取的步骤。但考虑到各国经济发展水平的差异,该公约不要求缔约国承担立即实现上述权利的义务,而是要求每一缔约国"尽最大能力""逐渐达到本公约中所承认的权利的充分实现"。1976 年 1 月 3 日,《经济、社会及文化权利国际公约》生效;1997 年 10 月 27 日,我国签署了该公约;2001 年 2 月 28 日,第九届全国人大常委会批准了该公约。

**课后思考**

1. 为什么说社会主义法治是良法善治?

2. 为什么说依法治国首先是依宪治国?

3. 为什么说人权与社会主义制度是一致的?

**参考文献**

1. 张文显:《法治与国家治理现代化》,载《中国法学》2014 年第 4 期。

2. 王利明:《法治:良法与善治》,载《中国人民大学学报》2015 年第 2 期。

3. 韩大元:《论宪法权威》,载《法学》2014 年第 5 期。

4. 范进学:《我国宪法监督程序制度之审思与变造》,载《法学》2012 年第 10 期。

5. 李步云主编:《人权法学》,高等教育出版社 2005 年版。

6. 徐显明主编:《人权法原理》,中国政法大学出版社 2008 年版。

第九章

# 中国特色社会主义法治体系

新中国成立以来,特别是改革开放以来,中国共产党领导中国人民制定宪法和法律,经过六十多年的持续努力,克服各方面困难挑战,于2010年形成了有中国特色社会主义法律体系。在此基础上,针对我国法治运行中存在的突出问题,2014年党的十八届四中全会又提出了建设中国特色社会主义法治体系的新目标。法治中国建设从此进入新的历史阶段,发生了意义深远的重心转移。

建设中国特色社会主义法治体系,必须形成五大子体系。其中,完备的法律规范体系是重要前提,高效的法治实施体系是中心任务,严密的法治监督体系是关键举措,有力的法治保障体系是强大支撑,完善的党内法规体系是必然要求。

建设中国特色社会主义法治体系,涉及执政、立法、执法、司法、守法各个环节,党、政府、公民、社会组织多元主体,必须坚持依法治国、依法执政、依法行政共同推进,法治国家、法治政府、法治社会一体建设的基本路径。

# 第一节　从法律体系到法治体系

## 法的门前

1997 年,党的十五大确立了宏伟目标:依法治国,建设社会主义法治国家,到 2010 年形成有中国特色社会主义法律体系。2014 年,党的十八届四中全会又提出,全面推进依法治国,总目标是建设中国特色社会主义法治体系,建设社会主义法治国家。

**请思考:**两次会议提出的依法治国目标有何不同?

### 一、社会主义法律体系的形成

社会主义法律体系,全称是中国特色社会主义法律体系。新中国成立以来,特别是改革开放 30 多年来,中国共产党领导中国人民制定宪法和法律,经过各方面坚持不懈的共同努力,到 2010 年年底,一个立足中国国情和实际、适应改革开放和社会主义现代化建设需要、集中体现中国共产党和中国人民意志,以宪法为统帅,以宪法相关法、民法商法等多个法律部门的法律为主干,由法律、行政法规、地方性法规等多个层次法律规范构成的中国特色社会主义法律体系已经形成。

从 1949 年到 1954 年,根据政权建设的需要,中国颁布实施了具有临时宪法性质的《中国人民政治协商会议共同纲领》,制定了中央人民政府组织法、工会法、婚姻法、土地改革法、全国人民代表大会和地方各级人民代表大会选举法等一系列法律、法令,开启了新中国民主法制建设的历史进程。

1954 年,第一届全国人民代表大会第一次会议召开,通过了新中国第一部宪法,同时制定了全国人民代表大会组织法、国务院组织法、地方各级人民代表大会和地方各级人民委员会组织法、人民法院组织法、人民检察院组织法,确立了国家生活的基本原则。此后至 1966 年“文化大革命”前,中国立法机关共制定法律、法令 130 多部。这个时期的民主法制建设,为建设中国特色社会主义法律体系提供了宝贵经验。"文化大革命"期间,中国的民主法制建设遭到严重破坏,立法工作几乎陷于停顿。

1978年,中国共产党十一届三中全会开启了中国改革开放和社会主义民主法制建设的历史新时期。这个时期立法工作的重点是,恢复和重建国家秩序,实行和推进改革开放。1979年,第五届全国人民代表大会第二次会议通过了修改宪法若干规定的决议,同时制定了全国人民代表大会和地方各级人民代表大会选举法、地方各级人民代表大会和地方各级人民政府组织法、人民法院组织法、人民检察院组织法、刑法、刑事诉讼法、中外合资经营企业法7部法律,拉开了新时期中国大规模立法工作的序幕。

1982年,第五届全国人民代表大会第五次会议通过了现行宪法,为新时期改革开放和社会主义现代化建设提供了根本保障,标志着中国民主法制建设进入新的历史阶段。随着改革开放的深入推进和经济社会的深刻变化,中国先后于1988年、1993年、1999年、2004年和2018年对宪法的部分内容进行修改。这个时期,适应以经济建设为中心、推进改革开放的需要,制定了民法通则、全民所有制工业企业法、中外合作经营企业法、外资企业法、专利法、商标法、著作权法等法律;贯彻落实"一国两制"方针,制定了香港特别行政区基本法、澳门特别行政区基本法;加强民族团结,发展社会主义民主,维护公民合法权益,制定了民族区域自治法、村民委员会组织法、刑事诉讼法、民事诉讼法、行政诉讼法等法律。这个时期立法工作取得的突出成就,为中国特色社会主义法律体系的形成奠定了重要基础。

1992年,中国共产党第十四次全国代表大会作出了建立社会主义市场经济体制的重大战略决策。中国立法机关按照建立社会主义市场经济体制的要求,加快经济立法,制定了公司法、商业银行法、反不正当竞争法、消费者权益保护法、产品质量法、担保法等法律;修订刑法,形成了一部统一的、比较完备的刑法;修改刑事诉讼法,完善了刑事诉讼程序;为规范和监督权力的行使,制定了行政处罚法、国家赔偿法、法官法、检察官法、律师法等法律;为进一步加强对环境和资源的保护,制定了固体废物污染环境防治法等法律。

1997年,中国共产党第十五次全国代表大会确立了"依法治国,建设社会主义法治国家"的基本方略,明确提出到2010年形成中国特色社会主义法律体系。按照这一目标要求,适应加入世界贸易组织的需要,中国继续抓紧开展经济领域立法,制定了证券法、合同法、招标投标法、信托法等法律;为规范国家立法活动,制定了立法法;为发展社会主义民主、繁荣社会主义文化,制定了行政复议法、高等教育法等法律。经过这个阶段的努力,中国特色社会主义法律体系初步形成。

进入新世纪,根据中国共产党第十六次、第十七次全国代表大会确定的全面建设小康社会这一目标,中国立法机关进一步加强立法工作,不断提高立法质量。为维护国家主权和领土完整,促进国家和平统一,制定了反分裂国家法;为发展社会主义民主政治,制定了行政许可法、行政强制法等法律;为保障和促进社会主义市场经济的健康发展,制定了物权法、侵权责任法、反垄断法等法律;为保障和改善民生,制定了社会保险法、劳动合同法、人民调解法、劳动争议调解仲裁法、食品安全法等法律;为建设资源节约型、环境友好型社会,制定了可再生能源法、循环经济促进法、环境影响评价法等法律。

中国特色社会主义法律体系是中国特色社会主义永葆本色的法制根基,是中国特色社会主义创新实践的法制体现,是中国特色社会主义兴旺发达的法制保障。它的形成,是中国社会主义民主法制建设的一个重要里程碑,体现了改革开放和社会主义现代化建设的伟大成果,具有重大的现实意义和深远的历史意义。

## 二、社会主义法治体系的提出

社会主义法治体系,全称是中国特色社会主义法治体系。在中国特色社会主义法律体系形成的基础上,2014年党的十八届四中全会又提出了建设中国特色社会主义法治体系的新目标。这一新目标着眼于我国法治建设的前景展开顶层设计,立足于对我国法治建设现状的客观评估,针对我国法治运行中存在的突出问题,充分体现了中国共产党实事求是的态度和全面推进依法治国的决心。具体说来:

第一,法律体系已经形成,不等于法律体系已经完备。社会的高速发展和全面深化改革的推进带来了新的法律问题;人民权利意识不断提高、利益诉求不断增长,要求继续制定新的法律;由于立法科学性不足,已有的法律有些未能全面反映客观规律,有些针对性、可操作性不强,有些互相冲突、适用困难,应当加以修改;由于立法民主性不足,已有的法律法规有些不符合人民意愿和法治理念,有些带有严重的部门化、地方化倾向,应当加以废止。

第二,法律体系已经形成,有法可依基本实现,有法必依、执法必严、违法必究的问题就显得更为突出、更加紧迫。当前我国执法体制权责脱节、多头执法、选择性执法现象仍然存在,执法司法不规范、不严格、不透明、不文明现象较为突出,群众对执法司法不公和腐败问题反映强烈;部分社会成员尊法信法守法用法、依法维权意识不强,一些国家工作人员特别是领导干部依法办事观念不强、能力不足,知法犯法、以言代法、以权压法、徇私枉法现象依然存在。解决这些问题,必须加强法治的实施,以及对法治的监督保障。

**法的精义**

---

天下之事,不难于立法,而难于法之必行。

——张居正

---

第三,法律体系已经形成,还不能保证依法执政。依法执政,既要求党依据宪法法律治国理政,也要求党依据党内法规管党治党。党的领导和社会主义法治是一致的,社会主义法治必须坚持党的领导,党的领导必须依靠社会主义法治。但只有将国家法律的外在约束与党内法规的自我约束结合起来,使全体党员和行使领导权的党组织均受到比普通公民和普通社会组织远为严格的双重限制,才能在充分发挥党的领导这一中国特色社会主义制度优势的同时,确保党的领导与社会主义法治的理论一致性转化为现实一致性,确保依法执政。

总而言之,法律体系是法治体系的逻辑起点和基本条件,法治体系是法律体系的充分完善和全面落实。中国特色社会主义法律体系的形成,表明国家经济建设、政治建设、文化建设、社会建设以及生态文明建设的各个方面实现有法可依;中国特色社会主义法治体系的形成,则意味着中国法治现代化的成功和法治国家的实现。

### 三、法治中国建设的重心转移

党的十八届四中全会提出建设中国特色社会主义法治体系,具有重大而深远的意义,标志着法治中国建设的重心转移。

一是从规范私人行为向限制公共权力转移。一方面,建设中国特色社会主义法治体系,要求将已经形成的法律体系提升为"良法"体系,不仅规范私人行为,防止私人之间的相互侵犯和私人对公共利益的侵犯,而且着重限制政府行为,防止公共权力对私人权利和私人利益的不当侵犯;另一方面,建设中国特色社会主义法治体系,要求完善党内法规体系,通过党内组织、管理的法治化,将执政党对国家重大问题的决策权力,以及管理军队、干部、意识形态等其他事项的公共权力也纳入法治框架。

### 法象万千

党的十八大以来,党内法规的制定和修改不断加速,为依规治党提供了基本依据。2016 年党的十八届六中全会审议通过了修订后的《中国共产党党内监督条例》。该条例第三条规定:"党内监督没有禁区、没有例外。信任不能代替监督。各级党组织应当把信任激励同严格监督结合起来,促使党的领导干部做到有权必有责、有责要担当,用权受监督、失责必追究。"第六条规定:"党内监督的重点对象是党的领导机关和领导干部特别是主要领导干部。"

二是从聚焦法律制定向加强法治实施转移。"法律的生命力在于实施,法律的权威也在于实施。"在中国特色社会主义法律体系形成之后,法治建设的工作重心已经不再是制定法律,而是把白纸黑字的法律落到实处,使全体公民真正感受中国共产党依法治国的决心,真正享受到依法治国带来的益处,从而对法律形成尊重、对法治形成信仰。建设中国特色社会主义法治体系,强调在科学立法的基础上,改革既有的执法司法体制,深化法治教育宣传,更加重视法治实施及其监督和保障,逐渐实现严格执法、公正司法和全民守法。

三是从维护社会稳定向落实法治理念转移。法律是"治国之重器",运用法律调节社会关系、保障管理秩序、规范人的行为,是古今中外维护社会稳定的通用手段。但在中国特色社会主义法治体系之下,法律不仅有其维护社会稳定的工具价值,而且渗透着法治理念。落实包括良法善治、宪法至上、限制公权、保障人权、正当程序、依法行政、司法公正、公平正义在内的法治理念,本身成为建设中国特色社会主义法治体系的目标。

### 法治天下

近年来,一些领导干部利用自己的身份和权力,通过为案件当事人请托说情等方式,妨碍司法机关依法独立公正行使职权,损害了司法权威。为了解决这个问题,2015 年 3 月,中共中央办公厅、国务院办公厅印发了《领导干部干预司法活动、插手具体案件处理的记录、通报和责任追究规定》。该规定自 2015 年 3 月 18 日起施行，明确任何领导干部都不得要求司法机关违反法定职责或法定程序处理案件，都不得要求司法机关做有碍司法公正的事情；同时规定，领导干部违法干预司法活动，造成后果或者恶劣影响的，依照《中国共产党纪律处分条例》《行政机关公务员处分条例》《检察人员纪律处分条例（试行）》《人民法院工作人员处分条例》《中国人民解放军纪律条令》等法规规定给予纪律处分；造成冤假错案或者其他严重后果，构成犯罪的，依法追究刑事责任。2015 年 11 月以来，中央政法委多次通报领导干部干预司法活动、插手具体案件处理的典型案件，坚持对违反相关规定的行为"零容忍"，发现一起，查处一起，通报一起，营造良好的法治环境。

# 第二节　五大法治体系的基本内涵

## 法的门前

　　2016 年 6 月 28 日，教育部、司法部、全国普法办联合制定的《青少年法治教育大纲》经国家教育体制改革领导小组审议通过，印发给各级教育行政部门、司法行政部门、普法依法治理领导小组办公室、教育部直属各高等学校。《青少年法治教育大纲》指出："建设社会主义法治国家的宏伟目标，对加强和改善青少年法治教育提出了现实而迫切的要求，当前和今后一段时间，要高度重视青少年法治教育工作，加快完成法治教育从一般的普法活动到学校教育的重要内容，从传授法律知识到培育法治观念、法律意识的转变，完善工作机制，加大工作力度，将法治教育全面纳入国民教育体系，创新青少年法治教育的形式与内容，着力提高系统化、科学化水平，切实增强教育的针对性与实效性。"

　　**请思考**：为何建设社会主义法治国家要加强和改善青少年法治教育？

　　建设中国特色社会主义法治体系，就是要形成五大法治体系。其中，形成完备的法律规范体系是重要前提，形成高效的法治实施体系是中心任务，形成严密的法治监督体系是关键举措，形成有力的法治保障体系是强大支撑，形成完善的党内法规体系是必然要求。

## 一、完备的法律规范体系

完备的法律规范体系,是指中国全部现行法律规范不仅分类组合为不同的法律部门,形成有机联系的统一整体,而且突出宪法的统帅和核心地位,体现中国共产党和中国人民的共同意志,满足中国政治、经济、社会各方面改革和发展的实际需要,恪守以民为本、立法为民理念,贯彻社会主义核心价值观。

形成完备的法律规范体系,健全宪法实施和监督制度是根本。应当完善全国人大及其常委会宪法监督制度,健全宪法解释程序机制;把所有规范性文件纳入备案审查范围,依法撤销和纠正违宪违法的规范性文件;依法追究和纠正一切违反宪法的行为。

形成完备的法律规范体系,完善立法体制是重点。应当加强党对立法工作的领导,完善党对立法工作中重大问题决策的程序;发挥人大及其常委会在立法工作中的主导作用,彻底纠正以往立法工作中存在的"行政化""地方化""部门化""短期化"倾向。

形成完备的法律规范体系,科学立法、民主立法是途径。应当加强人大对立法工作的组织协调,健全立法起草、论证、协调、审议机制,健全向下级人大征询立法意见机制,建立基层立法联系点制度,以保障科学立法;健全法律法规规章起草征求人大代表意见制度,增加人大代表列席人大常委会会议人数,更多发挥人大代表参与起草和修改法律作用,健全立法机关主导、社会各方有序参与立法的途径和方式,以保障民主立法。

形成完备的法律规范体系,加强重点领域立法是基础。应当在市场经济、民主政治、文化事业、保障和改善民生、推进社会治理体制创新、保护生态环境六大重点领域加快完善体现权利公平、机会公平、规则公平的法律制度,保障公民人身权、财产权、基本政治权利等各项权利不受侵犯,保障公民经济、文化、社会等各方面权利得到落实,实现公民权利保障法治化;增强全社会尊重和保障人权意识,健全公民权利救济渠道和方式。

## 二、高效的法治实施体系

高效的法治实施体系,是指在执政、执法、司法、守法等法治运行环节中,各项制度和机制相互衔接、相互协调,构成有机联系的统一整体,能够以较少的人力、财力、物力等社会成本,获致宪法法律的充分实现,取得良好社会效果。

形成高效的法治实施体系,必须深化执法司法体制改革。就行政执法而言,要合理配置执法力量,科学使用有限的执法资源;要推进综合执法,着力解决执法乱和执法散的问题;要完善行政执法管理,加强统一领导和协调,有效解决多头执法问题。就司法而言,要优化司法职权配置,建设公正高效权威的司法制度和确保法律有效实施的司法体系;要完善诉讼程序和执行程序,解决立案难、诉讼难和执行难问题;要改革完善确保人民法院、人民检察院依法独立行使职权的制度机制,坚决排除领导干部对司法活动的干扰和干预,切实树立司法权威;要加强人民法院、人民检察院和公安机关在刑事诉讼中的相互配合和相互制约,切实解决因制约不足影响司法公正甚至造成冤假错案的问题。

形成高效的法治实施体系,必须坚持以公开透明为特色,以信息化为支撑。要构建开放、动态、透明、便民的阳光法治实施机制,大力推进行政执法公开、审判公开、检务公开、警务公开、狱务公开和其他法治实施活动的公开,依法及时公开法治实施的依据、程序、流程、结果和理由。要以信息化为依托,向信息化要效率,打造法治实施公开平台,实现法治实施信息系统内畅通、系统间共享。要着力打造法治实施流程平台,让法治实施活动全过程公开透明,保障人民群众对法治实施的知情权、有效行使监督权,保障法治实施活动公开公正运行,杜绝暗箱操作;要着力打造法治实施过程中各类生效法律文书统一上网和公开查询平台,展示法治实施结果和理由,实现法治实施信息全社会共享,充分发挥其宣传法治、教育公民法人和其他组织以及引领社会风尚的重要作用。

形成高效的法治实施体系,必须坚持严格执法,公正司法。一是要牢固树立高效与公正相统一的法治实施理念。高效必须以公正为前提、为基础,没有公正就不可能有高效;公正必须以高效为支撑,迟到的正义同样影响法治实施的权威和公信。二是要健全严格执法公正司法的制度机制。把每一项执法、司法权力都关进制度的笼子里,做到有权必有责,用权受监督,违法必追究,坚决纠正有法不依、司法不严、违法不究行为。三是要紧紧围绕让人民群众在每一个司法案件中都感受到公平正义的要求,加大司法解释和案例指导工作力度,适时发布高质量的司法解释和指导性案例,统一执法办案的尺度,为严格执法、公正司法提供明确细致统一的依据。四是要建立健全办案质量终身负责制和错案责任倒查问责制等工作机制,使执法、司法人员对案件质量终身负责,确保错案发生以后,倒查程序立即启动,及时查明错案的责任人和错案发生的原因,依法追求错案责任。

**法的精义**

　　一次不公正的审判,其恶果甚至超过十次犯罪。因为犯罪虽是无视法律——好比污染了水流,而不公正的审判则毁坏法律——好比污染了水源。

——[英]弗朗西斯·培根

### 三、严密的法治监督体系

　　严密的法治监督体系,是指以保证宪法法律在立法、行政、司法三个领域的正确统一实施为目标,以加强对权力的制约和监督为核心的各项制度共同构成的统一整体。

　　形成严密的法治监督体系,必须在立法领域健全宪法实施和监督制度。宪法是党和人民意志的集中体现,是通过科学民主程序形成的根本法。维护宪法尊严、保证宪法实施,是法治监督最根本的任务。为此,必须健全宪法实施和监督制度,特别是完善全国人大及其常委会宪法监督制度,健全宪法解释程序机制;加强备案审查制度和能力建设,把所有规范性文件纳入备案审查范围,依法撤销和纠正违宪违法的规范性文件,禁止地方制发带有立法性质的文件;追究和纠正一切违反宪法的行为。

　　形成严密的法治监督体系,必须在行政领域强化对行政权力的制约和监督。行政权力具有管理事务领域宽、自由裁量权大等特点,法治监督的重点之一就是规范和约束行政权力。要加强党内监督、人大监督、民主监督、行政监督、司法监督、审计监督、社会监督、舆论监督制度建设,努力形成配置科学、职责明确、协调有力、运行顺畅的行政权力制约和监督体系,增强监督合力和实效。

　　形成严密的法治监督体系,必须在司法领域加强对司法活动的监督。司法公正对社会公正具有重要引领作用。要进一步健全司法机关内部监督制约机制,明确司法机关内部各层级权限,明确各类司法人员工作职责、工作流程、工作标准,建立司法机关内部人员过问案件的记录制度和责任追究制度;要完善检察机关行使监督权的法律制度,加强对刑事诉讼、民事诉讼、行政诉讼的法律监督;要重视和规范舆论监督,及时回应社会关切;要对司法领域的腐败零容忍,坚决清除害群之马。

**法象万千**

2016 年 11 月 7 日,中央办公厅印发《关于在北京市、山西省、浙江省开展国家监察体制改革试点方案》,国家监察体制改革正式拉开帷幕。深化国家监察体制改革的目标,是建立党统一领导下的国家反腐败工作机构;实施组织和制度创新,整合反腐败资源力量,扩大监察范围,丰富监察手段,实现对行使公权力的公职人员监察全面覆盖,建立集中统一、权威高效的监察体系,履行反腐败职责,深入推进党风廉政建设和反腐败斗争,构建不敢腐、不能腐、不想腐的有效机制。监察委员会的监察对象是所有行使公权力的公职人员,不论是党员、民主党派人士还是无党派人士,不论是政府工作人员还是法院、检察院、医院、学校工作人员,只要行使公权力、由财政供养,都在监察范围之内。

## 四、有力的法治保障体系

有力的法治保障体系,是指由保障法律制定、法律实施、法律监督正常运转的各项要素构成的,结构完整、机制健全、资源充分、富于成效的整体。

中国共产党的领导是建设中国特色社会主义法治体系的政治保障。把党的领导贯穿到依法治国全过程和各方面,是我国社会主义法治建设的一条基本经验。依法治国必须坚持党的领导,与此同时,必须加强和改进党对法治工作的领导。党员干部是全面推进依法治国的重要组织者、推动者、实践者,要自觉提高运用法治思维和法治方式深化改革、推动发展、化解矛盾、维护稳定能力,高级干部尤其要以身作则、以上率下。

中国特色社会主义制度是建设中国特色社会主义法治体系的制度保障。这套制度根植于改革开放和社会主义现代化建设的生动实践,致力于维护和实现最广大人民的根本利益,符合我国国情、顺应时代潮流,具有鲜明特点和独特优势。必须以保障人民当家作主为核心,坚持和完善人民代表大会制度,坚持和完善中国共产党领导的多党合作和政治协商制度、民族区域自治制度以及基层群众自治制度,推进社会主义民主政治法治化。

法治工作队伍是建设中国特色社会主义法治体系的组织和人才保障。必须通过深入开展社会主义核心价值观和社会主义法治理念教育,推进法治专门队伍正规化、专业化、职业化,建立法官、检察官逐级遴选制度,建设高素质法治专门队伍;必须通过提高律师队伍业务素质,在各级党政机关和人民团体普遍设立公职律师,发展公证员、基层法律服务工作者、人民调解员队伍,加强法律服务队伍建设;必须创新法治人才培养机制,培养造就熟悉和坚持中国特色社会主义法治体系的法治人才及后备力量,建设通晓国际法律规则、善于处理涉外法律事务的涉外法治人才队伍,建设高素质学术带头人、骨干教师、专兼职教师队伍。

社会主义法治文化是建设中国特色社会主义法治体系的文化保障。必须通过加强法治教育、弘扬法治精神、倡导以公平正义为核心的社会主义法治价值观、发掘法治的道德底蕴,增强全社会厉行法治的积极性和主动性,形成守法光荣、违法可耻的社会氛围,使全体人民都成为社会主义法治的忠实崇尚者、自觉遵守者、坚定捍卫者。

### 五、完善的党内法规体系

党内法规是党的中央组织以及中央纪律检查委员会、中央各部门和省、自治区、直辖市党委制定的规范党组织的工作、活动和党员行为的党内规章制度的总称。完善的党内法规体系,指党内法规覆盖党内生活的方方面面,对内形成以党章为基础和依据的有机整体,对外与宪法法律协调一致,为依规治党提供根本保证,为依法治国提供重要支撑。

形成完善的党内法规体系,要对已有党内法规进行清理。凡主要内容同党章和党的理论路线方针政策相抵触,或同宪法和法律不一致的,已明显不适应现实需要的,已被新的规定涵盖或替代的,一律废止;凡调整对象已消失、事实上已不再执行的,适用期已过的,有关事项或任务已完成、不需要继续执行的,一律宣布失效;凡内容不存在问题的,或者虽存在一些问题但不影响继续执行的,或者目前尚无其他党内法规可以替代、废止时机条件还不成熟的,继续有效;内容存在一些问题,须作修改,但修改前也继续有效。

形成完善的党内法规体系,要规范党内法规的制定和备案工作。2013 年出台的《中国共产党党内法规制定条例》对党内法规的制定权限、制定原则、规划与计划、起草、审批与发布、适用与解释、备案、清理与评估等作出了明确规定；同年出台的《中国共产党党内法规和规范性文件备案规定》对党内法规和规范性文件备案的原则、范围、期限、审查、通报等提出了具体要求。必须落实上述两项党内法规，防止党内法规同党章和党的理论、路线、方针、政策相抵触，同宪法和法律不一致，同上位党内法规相抵触，与其他同位党内法规对同一事项的规定相冲突，违反制定权限和程序。

形成完善的党内法规体系，还要保障党内法规具备形式和实质两个方面的法治品格。党内法规体系是中国特色社会主义法治体系的组成部分。党内法规具有双重属性，既是依规治党的规范依据，也是依法治国的规范依据。尽管党内法规与国家法律的制定主体、制定程序、适用范围、严格程度、实施机构、执行方式不同，但与国家法律一样，党内法规应当一方面符合一般性、公开性、清晰性、稳定性、无矛盾、不溯及既往、可为人遵守等法治原则，另一方面体现权力制约、权责对等、权利保障、程序正当等法治理念。

**法治天下**

党的十八届六中全会审议通过了党内法规《中国共产党党内监督条例》（以下简称《条例》）。《条例》指出"党内监督没有禁区、没有例外"，"信任不能代替监督"，体现了权力制约的法治理念。《条例》将党的中央组织的监督单设一章，规定了党的中央委员会、中央政治局、中央政治局常委会，以及中央委员、中央政治局委员的监督职责，体现了权责对等的法治理念。《条例》要求党的基层组织保障党员权利不受侵犯，要求党组织保障党员知情权和监督权，以解决不能监督、不敢监督的问题，体现了权利保障的法治理念。《条例》规定纪委发现同级党委主要领导干部的问题，可以直接向上级纪委报告，强化了纪委执纪审查的相对独立性，符合程序中立的原则；规定党组织对监督中发现的问题应当整改，整改结果必要时可以向下级党组织和党员通报，并向社会公开，符合程序公开的原则；规定纪律检查机关接到对干部一般性违纪问题的反映，经核实之后没有发现问题的应当了结澄清，符合及时终结程序的原则；规定党组织应当保障监督对象的申辩权、申诉权，符合平等参与的程序原则……中立、公开、及时终结、平等参与共同体现了程序正当的法治理念。

# 第三节　建设法治体系的基本路径

## 法的门前

　　奥地利著名法社会学家欧根·埃利希认为："法发展的重心不在立法、不在法学,也不在司法判决,而在社会本身。"在日常生活中,存在着一些通常为各社会共同体(家庭、村落、企业、商会、协会、学校等)成员所认可、并在实际上支配成员之行动的规范,包括生成和维持团体内在秩序的习惯和惯例,这就是"活法"。"活法"是国家法的根基。

　　**请思考:**欧根·埃利希的"活法"理论对建设中国特色社会主义法治体系有何启示?

　　建设中国特色社会主义法治体系是一项系统工程,涉及执政、立法、执法、司法、守法各个环节,党、政府、公民、社会组织多元主体必须坚持依法治国、依法执政、依法行政共同推进,法治国家、法治政府、法治社会一体建设的基本路径。

## 一、依法治国、依法执政、依法行政共同推进

　　依法治国,是指广大人民群众在党的领导下,依照宪法和法律规定,通过各种形式和途径管理国家事务、管理经济文化事业、管理社会事务,保证国家各项工作都依法进行;依法执政,是指党运用宪法法律治国理政、在宪法法律的范围内治国理政、按照法定的程序和方式治国理政,同时依据党内法规管党治党;依法行政,是指行政机关必须根据法律法规的规定设立,并依法取得和行使其行政权力,对其行政行为的后果承担相应的责任。

　　依法治国、依法执政、依法行政既相互联系又有所区别。一方面,三者都尊崇宪法法律的权威,都在党的领导下进行,都以维护全体人民根本利益和共同意志为目标;另一方面,依法治国的主体是广大人民群众,依法执政的主体是中国共产党,依法行政的主体是各级行政机关。这就决定了三者在根本上是统一

的,但在实际运行的过程中,无论是党的执政权超越宪法法律,还是政府的行政权缺乏宪法法律约束,都可能影响依法治国的实现。因此,建设中国特色社会主义法治体系,必须坚持依法治国、依法执政、依法行政共同推进。

**法的精义**

在整个历史上,法治不可或缺的要素是政府官员和一般民众接受法治的价值和正当性,并逐渐视其为理所当然之事。

——[美]布雷恩·Z. 塔玛纳哈:《论法治——历史、政治与理论》

依法治国、依法执政、依法行政共同推进,关键在于规范党的执政权和政府行政权的行使。规范党的执政权,一是要求正确处理党的活动与宪法法律的关系,各级党组织应当自觉在宪法法律范围内活动,全体党员应当带头遵守法律,带头依法办事,维护宪法法律的权威和尊严,坚决反对一切超越宪法法律的特权,切实尊重和保障人权。二是要求正确处理党的政策与宪法法律的关系,应当完善党委依法决策机制,发挥政策和法律的各自优势,促进党的政策和国家法律互联互动,确保党的政策符合宪法法律,并与宪法法律的有效对接。三是要求正确处理改革决策与立法的关系,做到重大改革于法有据、立法主动适应改革和经济社会发展需要;实践证明行之有效的,要及时上升为法律。实践条件还不成熟、需要先行先试的,要按照法定程序作出授权;对不适应改革要求的法律法规,要及时修改和废止。四是要求正确处理党与国家政权机关之间的关系,应当健全依法执政工作机制,坚持党对国家政权机关的领导,充分发挥党总揽全局、协调各方的领导核心作用,同时按照宪法法律规定的原则、职责和程序,不断改进党领导国家政权机关的方式方法。规范政府的行政权,要求各级政府依法全面履行政府职能、健全依法决策机制、深化行政执法体制改革、坚持严格规范公正文明执法、强化对行政权力的制约和监督、全面推进政务公开,加快建设法治政府。

## 二、法治国家、法治政府、法治社会一体建设

法治国家是全面推进依法治国的总目标,是中国特色社会主义法治体系全面建成后呈现的国家形态,意味着人民当家作主、宪法法律至上、尊重和保障

人权的全面落实,科学立法、严格执法、公正司法、全民守法的全面实现。法治政府是法治国家建设的重点,核心是规范与制约政府权力,提高运用法治思维和法治方式化解社会矛盾的能力,使市场在资源配置中发挥决定性作用,实现政企分开、政事分开、政资分开、政社分开。法治社会是法治国家的重要组成部分,核心是弘扬社会主义核心价值观,形成全社会所有成员自觉守法、遇事找法、解决问题靠法的法治意识,崇尚法律、遵守法律、捍卫法律的法治思维。

法治国家、法治政府、法治社会一体建设,也是建设中国特色社会主义法治体系的基本路径。经过多年的法治实践,人们逐渐认识到法治国家、法治政府、法治社会是一体两翼的关系,法治国家建设应当把自上而下的政府规划与自下而上的社会自治结合起来,同时调动政府和社会的积极性;法治政府与法治社会既相互促进又相互补充,任何一方面出现短板,都将制约另一方面的发展,进而影响全面推进依法治国的历史进程。

法治政府是建设法治国家、法治社会的前提和保障。只有法治政府才能得到人民群众的认可和支持,推动宪法法律的顺利实施,规范、引导和促进法治社会的发展。各级政府必须牢固树立"法无授权不可为,法定职责必须为"的原则,坚持在党的领导下、在法治轨道上开展工作,创新执法体制,完善执法程序,推进综合执法,严格执法责任,建立权责统一、权威高效的依法行政体制,加快建设职能科学、权责法定、执法严明、公开公正、廉洁高效、守法诚信的法治政府;必须深入开展法治宣传教育,建设完备的法律服务体系,健全依法维权和化解纠纷机制,支持各类社会主体自我约束、自我管理,为建设法治社会创造良好环境。

## 法象万千

广义的法治社会指依靠法律治理的社会或国家,与人治社会、专制社会、人情社会对称,与法治国家混用。狭义的法治社会指国家和政府事务之外社会生活的法治化,与法治国家、法治政府相区分。今天我们一般从狭义上理解法治社会,其特征在于以下三个方面:①存在一个内在协调的多元规范体系,覆盖所有社会成员和社会生活的方方面面,由国家法律、社会性自治规范和社会习惯构成,其中国家法律特别是宪法基本原则居于最高地位;②上述多元规范体系限制了政府权力,保障了公民权利,符合现代法治的基本理念和精神,在日常生活中得到社会成员的普遍认同、自愿服从和自觉维护;③社会成员不仅普遍配合和主动监督政府依法进行社会管理,而且在不违反国家法律的前提下,建立各类社会组织开展自律自治实践,或者就特定社会事务与政府分工协作,形成共治秩序。

法治社会是建设法治国家、法治政府的基础和动力。只有法治社会才能凝聚价值共识,维护宪法法律权威;发挥自治潜力,减轻执法司法压力;调动多元主体,化解社会矛盾纠纷;培育理性精神。必须拓宽公民有序参与立法途径,健全法律法规规章草案公开征求意见和公众意见采纳情况反馈机制;健全普法宣传教育机制、加强社会诚信建设和公民道德建设,推动全社会树立法治意识;发挥市民公约、乡规民约、行业规章、团体章程等社会规范在社会治理中的积极作用,发挥人民团体和社会组织在法治社会建设中的积极作用;完善法律援助制度,发展律师、公证等法律服务业,保证人民群众在遇到法律问题或者权利受到侵害时获得及时有效法律帮助;强化法律在维护群众权益、化解社会矛盾中的权威地位,引导和支持人们理性表达诉求、依法维护权益。

**法治天下**

2015 年 12 月,为深入推进依法行政,加快建设法治政府,如期实现 2020 年法治政府基本建成的奋斗目标,针对当前法治政府建设实际,中共中央、国务院颁布了《法治政府建设实施纲要(2015—2020 年)》。根据该纲要,法治政府基本建成的衡量标准是:政府职能依法全面履行,依法行政制度体系完备,行政决策科学民主合法,宪法法律严格公正实施,行政权力规范透明运行,人民权益切实有效保障,依法行政能力普遍提高。

**课后思考**

1. 为什么中国特色社会主义法律体系已经形成之后,还要提出建设中国特色社会主义法治体系的目标?

2. 中国特色社会主义法治体系包括哪些内容? 各自内涵是什么?

3. 为什么必须坚持依法治国、依法执政、依法行政共同推进,法治国家、法治政府、法治社会一体建设?

**参考文献**

1. 吴邦国:《形成中国特色社会主义法律体系的重大意义和基本经验》,载

《求是》2011 年第 3 期。

2. 张文显:《建设中国特色社会主义法治体系》,载《法学研究》2014 年第 6 期。

3. 信春鹰:《中国特色社会主义法律体系及其重大意义》,载《法学研究》2014 年第 6 期。

4. 李适时:《形成完备的法律规范体系》,载《求是》2015 年第 2 期。

5. 周强:《形成高效的法治实施体系》,载《求是》2014 年第 22 期。

6. 付子堂:《形成有力的法治保障体系》,载《求是》2015 年第 8 期。

7. 曹建明:《形成严密法治监督体系　保证宪法法律有效实施》,载《求是》2014 年第 24 期。

8. 马长山:《"法治中国"建设的问题与出路》,载《法制与社会发展》2014 年第 3 期。

# 第十章

# 中国特色社会主义法治道路

党的十八届四中全会鲜明地提出,要"坚定不移走中国特色社会主义法治道路"。中国特色社会主义法治道路,是中国特色社会主义道路及其政治发展道路的有机组成部分,是中国共产党人坚持把马克思主义法治思想的基本原理与中国具体法治实践相结合,在建设中国特色社会主义法治的伟大实践中,走出的一条符合中国国情条件的法治发展道路。作为中国现代化进程的一部分,法治中国已逐渐形成与国情相匹配的专属模式,呈现出自己的特色。中国特色社会主义法治道路是必须坚持党的领导、人民当家作主和依法治国相统一,以法治体现道德理念,以道德滋养法治精神,从单纯的国家推进转向共建共享的发展道路。

# 第一节　法治建设的中国国情

## 法的门前

　　法治是政治文明发展到一定历史阶段的标志,凝结着人类智慧,为各国人民所向往和追求。中国人民为争取民主、自由、平等,建设法治国家,进行了长期不懈的奋斗,深知法治的意义与价值,倍加珍惜自己的法治建设成果。一国的法治总是由一国的国情和社会制度决定并与其相适应。依法治国,建设社会主义法治国家,是中国人民的主张、理念,也是中国人民的实践。

　　**请思考**:当前我国法治建设下的国情是怎样的?

　　中国的法治或法律实践在走向现代化的历史语境中展开,是特定时空背景下的产物。认识中国的法治道路,必须将目光聚焦在中国的经济、政治、社会及文化意识形态所构筑的现实国情中。脱离了国情看待法治,要么陷入法治秩序的想象而触碰不到中国问题,要么因忽视社会现实的复杂性而认识不到中国问题的深刻性。

## 法的精义

　　我们的社会结构本身和西洋的格局是不相同的,我们的格局不是一捆一捆扎清楚的柴,而是好像把一块石头丢在水面上所发生的一圈圈推出去的波纹。每个人都是他社会影响所推出去的圈子的中心。被圈子的波纹所推及的就发生联系。每个人在某一时间某一地点所动用的圈子是不一定相同的。

　　　　　　　　　　　　　　　　　　　　——费孝通:《乡土中国》

### 一、市场经济基础

　　党的十八届四中全会《中共中央关于全面推进依法治国若干重大问题的决定》指出:"社会主义市场经济本质上是法治经济。使市场在资源配置中起决定性作用和更好发挥政府作用,必须以保护产权、维护契约、统一市场、平等交换、公平竞争、有效监管为基本导向,完善社会主义市场经济法律制度。"这一表述深刻揭示了市场经济与法治之间的内在联系。

市场经济是契约经济,以平等主体、契约自由、意思自治作为基本命题,这是市场经济呼唤法治的根本原因;市场经济崇尚市场规律,但也需要国家进行宏观调控,法治能够在尊重市场规律的情况下更好地发挥政府的宏观调控作用,为市场经济构筑公平、自由、开放的经营竞争和资源分配机制;市场经济要求自由竞争和机会均等,要求提高效率和实现分配正义,法治则可以为这些价值的博弈提供程序渠道和协调机制,不仅强调效率,也兼顾公平;市场经济是跨地域甚至跨国界的,它要求畅通的市场环境、相同或相似的交易规则、可信度高的交易对象,从而提升效率并降低交易成本,而法治则可以在其中扮演守护人和消防员的角色。

在我国,深化社会主义市场经济体制改革的关键,在于进一步理顺政府和市场之间的关系,不仅要使市场在资源配置中起决定性作用,还要政府转变职能,从运动员转变为中立的裁判员。在经济体制深入转轨的关键时期,社会主义市场经济为我国的法治建设提供了稳固的经济体制支撑。一方面,市场经济标志着经济思维从人治走向法治,从权力走向规则。另一方面,市场经济体制需要法治建设保驾护航。在经济体制转型期,权力进入经济领域,在担任裁判员的同时也公然当起了运动员。如果任由这种现象长期存在,势必破坏市场经济的公平交易秩序,而且还会引发民众对政府公信力的质疑,减损执政的合法性。这就需要法治来加以规制,在尊重市场经济内在需求的同时,制止和防范权力的恣意,表达出市场经济尊重个体、尊重规律的特征。

## 二、民主政治保障

民主政治为法治建设提供了价值和制度保障。从正当性角度看,民主政治使法治真正摆脱了作为统治阶级工具的形象,民众得以参与创制符合自身利益的法律,充分行使权利,保障自身免于公权力的随意干预。

民主政治保证了法治得以贯彻其程序特征。民主政治的精髓在于不同个体都能通过一定的渠道参与公共事务,并以此实现公民自身价值,这一过程伴随着诸多的表达、辩论、博弈,甚至是有组织有团体的抗争活动。为了使这些意见既能得到充分表达,又限制在其他利益群体的可容忍范围内,同时维护社会整体秩序和共识不受冲击,就需要充分发挥法治的程序优势,使商谈、磋商、博弈和结论的取得过程始终处于公开、透明、可辩论、可中止的状态。在我国,民主政治体现为广大人民群众在党的领导下管理公共事务,充分实现个人的权利和发展。这都有赖于法治的程序价值,使人们的行动获得明确、公开的期待,并督促立法机关完善立法、政府依法行政、法院依法裁判。公权力机关也必须以为民众所知晓的程序来处理社会争议及矛盾纠纷,杜绝暗箱操作,提升公信力。

民主政治下的问责机制使法治凸显尊重个人的价值取向。《中共中央关于全面推进依法治国若干重大问题的决定》指出,加强问责特别是对政府机关的问责,是强化对行政权力制约的重点。为此,应当完善政府内部监督和专门监督,改进上下级机关的监督,建立常态化监督制度。完善纠错问责机制,健全责令公开道歉、停职检查、引咎辞职、责令辞职、罢免等问责方式和程序。民主政治的重要制度设计是"有权必有责""权责相统一",法治就体现在具体的问责过程中。法治能够为问责提供抽象的构成要件和具体的事由,并设计精细的可操作程序。在问责过程中,不仅做到全程公开、结果公开,而且赋予问责主体和责任人以同等的地位,尤其是注重保障责任人的陈情和发言机会。这不仅可以使最终的问责结果实事求是、获得民众认可,还可以稳定公务员队伍,防止怠政、懒政等现象发生。

### 三、核心价值引领

作为价值取向的法治,是社会主义核心价值观的重要组成部分。将法治与社会主义相关联的做法,能够发挥法治在意识形态中的特定功能,既可以使人们对社会主义的忠诚具象化为对法治的理解、接受与自觉践行,还能够重新焕发"人民民主专政""社会主义"等概念的本质内涵。法治在形成某种规范性秩序时,不仅能够发挥手段作用,而且也体现自身的目的属性。法治作为社会主义核心价值观的重要组成部分,意味着在社会主义制度下生活的人们能够将法治作为群体所欲的生活方式和行动理由,也意味着我们重新从社会本位的角度观察和认识社会主义,而不再局限于纯粹政治经济学的范畴。可以说,法治接受社会主义价值引领,不仅重新解释了"社会主义"在促使个人的自由发展和共同富裕方面的本质属性,而且冲破了"社会主义"与"法治"不兼容的观念束缚。

法治被纳入社会层面的核心价值观,与自由、平等、公正联系在一起。自由、平等、公正是个人在社会中所追求的价值,而法治则为这种价值提供了完备的秩序和制度,不仅能够合理安排各价值的实现途径,还能将国家与个人所追求的价值联系起来,从而揭示出社会主义促进和实现个人自由发展的基本属性。

**法象万千**

2016 年 12 月,中共中央办公厅、国务院办公厅印发了《关于进一步把社会主义核心价值观融入法治建设的指导意见》,指出:"社会主义核心价值观是社会主义法治建设的灵魂。把社会主义核心价值观融入法治建设,是坚持依法治国和以德治国相结合的必然要求,是加强社会主义核心价值观建设的重要途径。"

### 四、多元社会支撑

多元社会为法治提供了社会根基。法治的程序和中立特征只有在多元社会中才能体现其意义。以市场经济为代表的经济利益多元化,要求各方遵循市场规律和交易秩序,促使市场合理分配资源,而旨在形成规范秩序的法治则能够维护交易秩序、降低交易成本、促成谈判对话。政治利益的多元化,要求不同利益群体在社会所能容忍的范围内表达自身利益,并通过一定程序参与政治生活,法治不仅可以提供民主政治所需的程序设计,还能在政治冲突时提供中立的解决途径,防止共识破裂。换言之,法治在社会规则治理事业中承担了程序提供和中立判断的功能,旨在为多元社会主体提供利益衡量和话语博弈的议论竞技场。多元社会能够培育公民意识,将规则意识、合法意识和守法意识渗入社会生活的方方面面,法治建设由此形成内部的驱动力。除了必需的形式理性,法治需要且仅仅需要包容那些为全社会所认同的基础共识,它本身不应当承担更多的价值诉求,以免损害自身的中立性。也正因如此,只有在充满利益互动和价值博弈的多元社会中,崇尚程序正义和手段合目的性的法治才能获得其存在意义。

在我国,多元社会的形成已是不争的事实。诸如"软法"、民间自治团体、基层自治组织和行业协会的兴起,不仅为法治建设提供了大量素材,也急切要求法治提供相应的程序保障。"软法"作为民间力量达成合意的基本规范,有效地弥补了法律("硬法")的不足,并且正在法律的空白地带纵横驰骋。在"互联网 +"时代,这样的情况愈发明显。然而,它们往往多体现为实体性格式规范,缺乏相应的程序性规定和权利救济渠道,并已对社会产生了消极影响。民间团体和行业协会的兴起,各自代表着不同的利益群体和行业利益,利益冲突不断增多,为自身利益形成垄断并损害消费者利益的情况也时有出现。在党和政府鼓励引导社会力量参与社会综合治理的背景下,提升基层自治组织的管理能力,使其逐步落实法定职能,促使其提升自我教育、自我服务、自我管理的能力,急切需要法治的精细化指引。在利益持续分化、多元格局正在形成的情况下,法治的在场就显得愈发重要。

### 法治天下

随着社会经济的发展,人民的主人翁意识不断增强,通过自发加入民间组织参与社会管理。民间组织在扶贫助残、文体科普、妇幼保护、法律援助等方面发挥着重要作用。为了更好地发挥民间组织的功能,要适当降低民间组织在人员、资金、办公场所等方面的登记门槛,通过发展民间组织扩大社会组织资源的增量,促进民间组织快速发展,逐步形成自我发展、自我管理、自我教育、自我约束的运行机制。

# 第二节　法治建设的中国模式

### 法的门前

2014 年 10 月,国新办举行新闻发布会,中央司法体制改革领导小组办公室负责人姜伟介绍党的十八届四中全会《中共中央关于全面推进依法治国若干重大问题的决定》的重大意义和司法领域的重大举措。在该发布会上,姜伟表示:"世界上并没有普世的法治模式,也没有最好的法治模式,只有最适合本国国情的法治模式。中国经过 65 年的探索,已经取得了巨大的法治建设成就。目前,世界已经认可经济发展的中国模式,我们相信,世界也会认可法治建设的中国模式。"

**请思考**:法治建设的中国模式优势何在?

不同国家之间的国情差异必然形成不同的法治发展道路和模式。中国特色社会主义法治道路是中国共产党在领导人民进行中国特色社会主义法治建设过程中逐渐形成和发展起来的、符合中国国情的法治道路。近年来,伴随着中国综合国力的提升,"中国模式"的提法不绝于耳,与之相呼应的是当代中国的法治模式,作为东方经验,丰富了人类对法治模式的认知。

## 一、华盛顿共识与中国模式

华盛顿共识(Washington Consensus),是指 20 世纪 80 年代以来国际货币基金组织、世界银行和美国政府为协助深陷债务危机的拉美国家进行国内经济改革而形成的一系列政策主张,其目的在于减少政府干预,促进贸易和金融自由化。由于这三大机构都位于美国首都华盛顿,而且援助拉美国家的经济改革研讨会也是在华盛顿召开的,因此被称为"华盛顿共识"。受当时的国际政治、经济和科技因素影响,华盛顿共识一度成为世界经济学的主流理论。在内容上,华盛顿共识秉承"大市场、小政府、不干预"理论,鼓吹自由贸易、自由竞争、浮动汇率、私人产权、政府不干预。具体包括十个方面:(1)加强财政纪律,压缩财政赤字,降低通货膨胀率,稳定宏观经济形势;(2)把政府开支的重点转向经济效益高的领域和有利于改善收入分配的领域;(3)开展税制改革,降低边际税率,扩大税基;(4)实施利率市场化;(5)采用一种具有竞争力的汇率制度;(6)实施贸易自由化,开放市场;(7)放松对外资的限制;(8)对国有企业实施私有化;(9)放松政府的管制;(10)保护私人财产权。

华盛顿共识在不同国家的市场经济体制改革中引发了诸多实践争议,主要是其指标体系单一、抽象、教条化,没有考虑到各国的具体情况和社会环境。例如,俄罗斯在 20 世纪 90 年代初期奉行"市场原教旨主义",以"休克疗法"推进市场经济体制,在极短时间内实现国有企业私有化、自由市场和利率自由化,却来不及稳定货币价格和建立新的社会保障制度,导致严重的通货膨胀、工厂倒闭、工人失业,也在极短时间内将原本的体制内权贵塑造为新的寡头阶层,不仅使经济发展严重倒退,而且引发了长期的社会和政治危机。

我国在改革开放过程中,把建立社会主义市场经济体制作为经济体制改革的目标,但并未采纳华盛顿共识开出的药方,而是根据现实国情和具体制度,逐步走出具有中国特色的经济体制改革路子,并影响到社会建设和法治建设。西方新闻界和学界将这种路子称为"北京共识"(也称为"中国模式")。简单来说,"中国模式"具有以下特征:(1)艰苦努力、主动创新和大胆实验;(2)坚决捍卫国家主权和利益;(3)循序渐进;(4)积聚能量。它不仅关注经济发展,同样注重社会变化,也涉及政治、生活质量和全球力量平衡,体现为一种寻求公正与高质量增长的发展思路。

与华盛顿共识相比,中国模式主要有以下优势,其核心在于独立自主:(1)一国发展模式应由本国独立自主地探索,外部强加的发展模式注定失败;(2)强调发展的包容性,把社会主义制度与市场经济相结合,兼顾效率和公正;(3)注重发展的人民性而非特权阶层性,以人为本;(4)强调本民族的文化传统,并努力结合传统优秀文化与现代发展;(5)注重发展的积累性、渐进性。这实际上是一种在社会转型中重构多元社会和社会权威的动态过程,强调效率与公平、个人与社会、社会建设和国家制度建设等多维度的互动。不过,尽管我国的改革经验举世瞩目,但不意味着"中国模式"就适用于所有后发型国家。"中国模式"毋宁说是改革开放以来对中国改革经验的高度概括和总结,它更多的是其他发展中国家独立自主谋发展的经验参照。

二、从"摸着石头过河"到"顶层设计"的制度变革

"摸着石头过河"的经验源自新中国成立初期对恢复生产和发展经济的考虑,并在改革开放的实践中逐步形成具有中国特色的实践模式。它是一种能够广泛使用的总体原则,一种追求大胆发展和稳步前进的辩证统一的实践方式,一种大胆试验和允许试错的思维方法。它的意义在于实事求是、实践先行、吸收经验、允许错误,因而不是狭隘的经验立场,也不同于脱离实际的蛮干。无论是改革开放涌现出的经济特区建设、市场经济体制改革、证券期货市场建设、经济发展的"苏南模式""温州模式""深圳模式",还是法治建设中的"十六字"方针,以及"宜粗不宜细"(法律主要规定基本原则和规则,细节部分留待实践细化)和"批发转零售"(法律成熟一部制定一部,而不是一次性制定完备的法律规范)等现象,都是在"摸着石头过河"的情况下,充分发挥中央和地方两个积极性,在改革的实践中发现问题、解决问题,从而总结经验教训,并上升为行之有效的某些经验准则。

## 法的精义

任何时候，只要对政府的法律限制存在，形式合法性就随之而来。在威胁采取针对个人或财产的政府强制，特别是在施加刑事制裁时，形式合法性必不可少。在为陌生人或不同社群的成员之间的商业交易或其他交易提供安全与可预测性方面，形式合法性也值得珍视。

——[美]布雷恩·Z. 塔玛纳哈:《论法治:历史、政治和理论》

从制度运行的取向看，"摸着石头过河"的本质是在具体的行动目标和路径不明确的情况下，通过实践探索和审慎反思来进行渐进式改革。其合法性及功效，学术界意见不一。通过经济学和管理学的计算分析，可以看出"摸着石头过河"固有的探索性和渐进性源自其改革路径和方法的不确定;制度或政策演进呈现出(阶段性)发散特点，而微观主体对改革推进的预期体现出静态特征，预期的不准确性呈现(阶段性)递增特征;这些特征导致改革过程充满"短期行为"和"短期效果"。例如，国有土地上拆迁补偿、国有土地使用权到期后的续期问题、基础建设的重复投资和"僵尸企业"，以及法律规范叠床架屋、操作性不强、法律弹性过大、选择性执法等问题，都与"摸着石头过河"追求短期效益的因素密切相关。有鉴于这种改革路径成本过大、不确定性渐多，更具全面规划和兼顾长短期利益的改革纲略应当发挥主导作用。这说明，在改革开放进入深水区的背景下，此种改革模式应当有所调整，应当与宏观的指导规划相结合。

因此，有必要在继续"摸着石头过河"的同时，积极进行"顶层设计"，使二者充分结合起来。这一提法源自党的十七届五中全会"更加重视改革顶层设计和总体规划，明确改革优先顺序和重点任务"的表述。所谓"顶层设计"，是指统筹考虑项目各层次和各要素，追根溯源，统揽全局，在最高层次上寻求问题的解决之道。在改革进入攻坚阶段，社会利益分化情况加剧，改革阻力越来越大的情况下，渐进式改革允许试错的空间逐步缩小，改革被允许的灵活性受限，改革成本提高，"进一步退两步"的情况时有发生。在走向全局性改革的情况下，单项改革成果的维持需要配套制度的革新。改革受惠的群体分化，改革热情减退、部门利益捆绑改革成果的情况开始浮现。这些情况均说明，更深层次的改革，迫切需要来自更高层次的规划设计。

理论上看，将"摸着石头过河"与"顶层设计"相结合的制度变革也是中国法治建设的基本遵循,比如,要求改革于法有据,地方试点源自中央授权。在上海自贸区试点、司法改革试点和国家监察制度改革试点等事件中,地方的试验都是基于中央的概括授权,并在授权范围内自行开展试点工作并及时总结经验。又如,突出执政党在顶层设计中的领导地位,地方要求主动进行试验的,必须在程序上报送直接负责的中央机关批准,必要时需要由党中央同意。再如,改革具体措施由中央层面决定,地方负责具体落实并开展业务指标考核,检查落实成果。像在司法改革中,党中央给出宏观的原则和政策指导,最高人民法院负责制定具体的改革措施,在总结试点经验的基础上,自上而下展开改革,并通过内部考核机制督促落实。

**法象万千**

党的十八届三中全会对深化司法体制改革作了全面部署。中央全面深化改革领导小组相继通过《〈关于深化司法体制和社会体制改革的意见〉及其贯彻实施分工方案》、《关于司法体制改革试点若干问题的框架意见》和《上海市司法改革试点工作方案》,对若干重点难点问题确定了政策导向。上海、广东、吉林、湖北、海南、青海、贵州等地法院司法体制改革试点工作相继启动。完善司法人员分类管理、完善司法责任制、健全司法人员职业保障、推动省以下地方法院、检察院人财物统一管理,成为司法体制改革的基础性、制度性措施。

### 三、从"国家推进"到"共建共享"的法治转向

长期以来,我国的法治建设是由国家积极推进的,在法治的正当性、法治的定义和法治的实践等方面,均烙上国家的深刻痕迹。这是一种主张国家有其独立意志、重视法治工具价值的国家主义立场,法治建设的具体步骤、举措甚至其话语正当性,都受到国家的全面影响。

当前,中国的法治建设面临着前现代—现代—后现代因素杂糅的多重困境,贫富差距拉大、地区差异显著、城乡差距突出等现象层出不穷。因此,必须及时调整法治建设战略,树立包容、平衡的共建共享理念,并深植于制度设计中。

第一,国家和社会层面。执政党坚持依法执政,在主导法治程序建构的同时坚持带头守法,使党内民主与社会主义民主相协调,为共建共享战略提

供根本保障。在立法过程中引入社会力量参与，不仅可以防止部门立法的弊端，还可以通过开门立法和专家立法相结合的方式，使公众参与和专家理性同台竞技，以沟通降低立法风险，为共建共享战略提供制度依据。在公共决策过程中引入协商民主，鼓励不同话语在公平的程序内相互博弈，通过广泛议论实现决策民主。鼓励公众参与法治化治理机制的建设，切实做好社会舆论监督和公众监督，保障公民批评、建议、检举的宪法权利，使共治共享战略落到实处。

第二，中央和地方层面。调动好中央和地方两个积极性，做到"摸着石头过河"和加强顶层设计相结合，是共治共享战略能够准确完整贯彻的有效之策。在保障中央权威、贯彻民主集中制的情况下，通过权力清单制度、地方立法制度和司法改革举措，厘定中央和地方之间的事权、财权划分，既要提升地方在治理过程中的话语权，又要完善中央对地方的监督和巡视机制。

第三，多元社会层面。共建共享法治战略要求使不同利益和价值取向的民间力量能够共同参与法治建设。这就需要国家尊重民间的"软法之治"，使基层党委充分发挥协调各方的作用，积极引导和平衡社会力量，也需要基层自治组织和各类社会民间团体从自身情况出发，与其他社会力量、党政组织形成良好的互动关系。

## 法治天下

建设法治中国，要坚持以新发展理念为引领，不断开创法治建设新局面。建设法治社会，要坚持发展为了人民、发展依靠人民、发展成果由人民共享，作出更有效的制度安排，使全体人民在共建共享中有更多获得感。充分调动人民群众的积极性、主动性、创造性，鼓励社会公众进行既负责任又有益于社会整体利益的法治建设创新，在关系自身利益及所在群体、社区共同利益的公共事务方面依法充分表达自己的意见建议，依法共同参与公共事务处置，共同维护所在群体与社区的公共秩序，通过法治方式提高社会自治能力、拓展社会自治空间。培育更为广泛的社会治理主体，创新多样化的社会治理方式，不断培育和增强公民的法治意识、强化公民的社会责任感与使命感，夯实法治建设的社会基础。

# 第三节　法治建设的中国特色

## 法的门前

从 1954 年制定新中国第一部宪法,到改革开放后重启"法律之门";从十五大确立依法治国基本方略,到 2011 年中国特色社会主义法律体系正式形成,我们在长期治国理政的实践中,探索出了一条独具特色的法治建设道路。在坚持和拓展中国特色社会主义法治道路这个根本问题上,我们要树立自信、保持定力。

**请思考**:在探索一条独具特色的法治建设道路的过程中,我们需要注意什么?

党的十八届四中全会提出,要全面推进依法治国,实现国家治理能力现代化。社会主义法治建设将提升到一个新的高度,并呈现法治建设新常态。《中共中央关于全面推进依法治国若干重大问题的决定》明确提出,走中国特色社会主义法治道路,必须坚持依法治国的五项原则。

## 法的精义

任何民族国体文化并非出自个性而系刬自共性,换言之,并非天才个人所能独创,而系同一民族生活大众不断努力之结果。同时,文化亦非出于静止状态而系在变动状态中求其发展;或谓文化非系一种"存在",而系一种"演变",即此故也。共性之程度愈强愈烈则文化之效验愈为显著,演变之时空愈久愈远,则文化之功能愈有价值。中国传统文化自有史以来即见中国文化之产生,并延展而至东亚一带,所谓东方文化实以中国文化为其重心也。

——陈顾远:《中国文化与中国法系》

### 一、坚持中国共产党的领导

发展社会主义民主政治,最根本的是要把坚持党的领导、人民当家作主和依法治国有机统一起来。坚持中国共产党的领导,是中国特色社会主义最本质的特征,是社会主义法治最根本的保证,也是走中国特色社会主义法治道路的根本指认点,具有深刻的理论和现实意义。党的领导和社会主义法治是一致的,社会主义法治必须坚持党的领导,党的领导必须依靠社会主义法治。坚持中国共产党的领导,就需要落实"三统一"和做到"四善于"。

落实"三统一",即党要坚持依法执政,坚持党领导立法、保证执法、支持司法、带头守法,把依法治国基本方略同依法执政基本方式统一起来,把党总揽全局、协调各方同人大、政府、政协、审判机关、检察机关依法依章程履行职能、开展工作统一起来,把党领导人民制定和实施宪法法律同党坚持在宪法法律范围内活动统一起来。

做到"四善于"。一是善于使党的主张通过法定程序成为国家意志。为此,应当加强党对立法工作的领导,完善立法体制,完善党对立法工作中重大问题决策的程序。凡立法涉及重大体制和重大政策调整的,必须报党中央讨论决定。党中央向全国人大提出宪法修改建议,依照宪法规定的程序进行宪法修改。法律制定和修改的重大问题由全国人大常委会党组向党中央报告。同时,党也需要坚持在法定程序内将自身主张上升为国家意志。这需要健全有立法权的人大主导立法工作的体制机制,在立法起草、立法权限、立法解释等方面发挥人大及其常委会在立法工作中的主导作用,防止部门利益和地方保护主义妨害立法工作。二是善于使党组织推荐的人选通过法定程序成为国家政权机关领导人员。组织领导是坚持中国共产党领导的三大法宝之一。对此,就要在坚持"党管干部"原则的基础上充分发扬民主,积极做好沟通工作,使人民群众、人大代表充分明确党组织推荐人选的良好政治素养和过硬的业务能力。要做好选举组织工作,坚决贯彻法定程序,严格执行《中华人民共和国全国人民代表大会和地方各级人民代表大会选举法》(以下简称《选举法》),充分尊重民意,反对贿选等各类选举腐败行为。三是善于通过国家政权机关实施党对国家和社会的领导。要求国家政权机关服务于党和国家的工作大局,加强人大及其常委会的党建工作,使党的主张能够贯彻在立法之中。统筹安排人大代表的选举和立法工作,完善人大对政府、司法机关、检察机关、监察机关的监督机制,督促其他国家机关积极贯彻党的决策部署,强化党对国家和社会的领导。四是善于运用民主集中制原则维护中央权威、维护全党全国团结统一。民主集中制是中国共产党的组织原则,也是各国家机关的组织原则。贯彻民主集中制原则,必须坚持党要管党,从严治党,加强党内法规和国家机关党组建设,既保证党的意志得到贯彻落实,又保证个人在组织生活中畅所欲言,努力营造又有集中又有民主的局面。

## 二、坚持人民主体地位

坚持人民主体地位,是辩证唯物主义和历史唯物主义的应有之义,是中国共产党根本宗旨的本质体现,也是发展中国特色社会主义,走中国特色社会主义法治道路的根本要求。人民是依法治国的主体和力量源泉。从法治建设的目的来说,要坚持法治建设为了人民、依靠人民、造福人民、保护人民,以保障人民根本权益为出发点和落脚点,保证人民依法享有广泛的权利和自由,并承担相应的义务。要保证人民在党的领导下,依照法律规定,通过各种途径和形式管理国家事务,管理经济文化事业,管理社会事务。要增强全社会学法、尊法、守法、用法的意识,使法律为人民所遵守和运用。

从法治建设的层面来说,坚持人民主体地位,保障人民当家作主,贯彻在社会主义法治的立法、执法、司法、守法等多个方面。这不仅体现法律由人民制定、代表人民意志的主体特征,而且体现法律保护人民、尊重人民意愿、促进自由发展的合目的性,从而将坚持人民主体地位与树立法治信仰有机统一起来。在《中共中央关于全面推进依法治国若干重大问题的决定》中,坚持人民主体地位体现在多个制度设计层面。比如,在立法层面,坚持人民代表大会制度,引入公众参与和第三方委托立法制度;在行政层面,将公众参与和专家论证纳入重大行政决策法定程序,同时更加重视行政公开、权力清单制度建设;在司法层面,保障人民群众参与司法建设,通过民众参与和司法说理,维护司法公信力;在社会治理层面,充分发挥人民团体在法治社会建设中的作用,尊重行业自律和社会团体自我管理规律。

## 三、坚持法律面前人人平等

平等是社会主义法律的基本属性。在我国,特别强调平等在法律属性中的作用,主要着眼于以下两个方面:针对目前社会生活和政治生活中屡禁不止的特权现象和以言代法、以权压法、徇私枉法等破坏法治的现象,务必把权力关在制度的笼子里;强调形式平等的现实意义,在法律实施中有效平衡各方势力,为保护弱势群体获得正当性。为此,《中共中央关于全面推进依法治国若干重大问题的决定》提出,任何组织和个人都必须尊重宪法法律权威,都必须在宪法法律范围内活动,依照宪法法律行使权力或权利、履行职责或义务,不得有超越宪法法律的特权。必须维护国家法制统一、尊严、权威,切实保证宪法法律有效实施,绝不允许任何人以任何借口任何形式以言代法、以权压法、徇私枉法。必须以规范和约束公权力为重点,加大监督力度,做到有权必有责、用权受监督、违法必追究,坚决纠正有法不依、执法不严、违法不究行为。同时,要反对社会中的各类歧视行为,尊重多元社会下的不同价值追求,使法律成为不同价值和利益诉求的调节器和减压器。

## 法象万千

卢梭指出,"环境的力量始终倾向于破坏平等,唯其如此,法律的力量就应始终倾向于维护平等"。想造成不平等,我们只需要听任事情自然发展即可。可是,如果我们想追求平等,那就决不能有丝毫松懈。托尼附和卢梭的说法写道:"不平等易,因为它只需要随波逐流;平等难,因为这需要逆流而动。"追求平等的社会是跟自己作战,跟社会自身的内在惯性定律作战。正如萨托利所说:"一旦开始追求平等,曾经被认为是'自然'存在的权力、财富、地位及生存机会等方面的差异,就不再是一成不变地被人接受的差异了。"当然,"法律面前人人平等"的社会追求,既要坚持对其理想性的最大化实现,又要以理性的态度对待这一原则,这样有助于我们以平和的心态正确分析与处理现实生活中的诸问题,以科学的观点认识这些发展中的问题。

## 四、坚持依法治国和以德治国相结合

法律和道德之间的关系问题,一直是政治学、伦理学和法学所共同关注的基本问题。在我国,自党的十五大以来,执政党坚持通过依法治国与以德治国相结合来推动社会主义现代化建设。法律体现党的利益和人民意志,体现多元社会的基本共识,体现党治国理政的根本方略;道德则是体现全党全国各族人民的共同理想信念追求,是对于更高层次的精神需要的努力方向。法律与道德之间功能上互补、领域上互助、实施中相互支持。因此,党的建设、国家和社会治理需要法律和道德共同发挥作用。《中共中央关于全面推进依法治国若干重大问题的决定》指出,必须坚持一手抓法治、一手抓德治,大力弘扬社会主义核心价值观,弘扬中华传统美德,培育社会公德、职业道德、家庭美德、个人品德,既重视发挥法律的规范作用,又重视发挥道德的教化作用,以法治体现道德理念、强化法律对道德建设的促进作用,以道德滋养法治精神、强化道德对法治文化的支撑作用,实现法律和道德相辅相成、法治和德治相得益彰。同时也要明确,依法治国与以德治国"相结合",是反对"非此即彼"的简单化思维,二者有着较为明确的领域和着眼点,不能混淆。在当前的法治化治理中,依法治国应当发挥更大作用,树立法治权威地位应当成为道德建设的重要方向。

**法治天下**

2016 年 12 月 9 日,中共中央政治局就我国历史上的法治和德治进行第三十七次集体学习。习近平在主持学习时强调,法律是准绳,任何时候都必须遵循;道德是基石,任何时候都不可忽视。在新的历史条件下,我们要把依法治国基本方略、依法执政基本方式落实好,把法治中国建设好,必须强化道德对法治的支撑作用,坚持依法治国和以德治国相结合,使法治和德治在国家治理中相互补充、相互促进、相得益彰,推进国家治理体系和治理能力现代化。

### 五、坚持从中国实际出发

中国特色社会主义道路、理论体系、制度是全面推进依法治国的根本遵循,这要求我国的法治建设必须从我国基本国情出发。从政治制度层面来说,我国人民民主专政的国体和人民代表大会制度的政体都决定了法治建设的具体国情不同于奉行"三权分立"的西方国家;从社会层面来说,我国长期以来形成的"熟人社会"及其现代变种,如"关系""单位""面子"等特殊因素与西方的"陌生人社会""个体至上"等理念相去甚远;从文明论的角度来说,西方文明与东方文明也存在迥异。仅就法治文明而言,我国法制传统强调人文精神和以民为本,主张德治与法治并存,注重法律的教育功能和执法者的道德品质,主张对法律条文和典籍从天理、国法、人情的有机结合上予以解释和注释,强调通过变法革新来保持社会稳定和推动社会发展。因此,我国法治建设要同改革开放不断深化相适应,总结和运用党领导人民实行法治的成功经验,围绕社会主义法治建设重大理论和实践问题,推进法治理论创新,发展符合中国实际、具有中国特色、体现社会发展规律的社会主义法治理论,为依法治国提供理论指导和学理支撑。同时,要注意汲取中华法律文化精华,借鉴域外法治有益经验,但决不照搬照抄域外法治理念和模式。

**课后思考**

1. 中国特色法治建设的合理性和优越性体现在哪里?

2. 在社会主义法治建设中我们应该坚持哪些原则?

3. 在法治建设的道路上如何实现理论与实践的有效结合?

**参考文献**

1. 苏力:《二十世纪中国的现代化和法治》,载《法学研究》1998 年第 1 期。

2. 季卫东:《中国:通过法治迈向民主》,载《战略与管理》1998 年第 4 期。

3. 张文显:《论中国特色社会主义法治道路》,载《中国法学》2009 年第 6 期。

4. 顾培东:《中国法治的自主型进路》,载《法学研究》2010 年第 1 期。

5. 王曦、舒元:《"摸着石头过河":理论反思》,载《世界经济》2011 年第 11 期。

6. 马长山:《法治中国建设的"共建共享"路径与策略》,载《中国法学》2016 年第 6 期。

第十一章

# 民法基本原则

民法被称为"社会生活的百科全书",是关乎我们个人利益的法,与我们日常生活密切相关。民法涉及财产、人身、婚姻、继承、买卖、租赁等许多方面。民法的基本原则明确规定在《中华人民共和国民法总则》(以下简称《民法总则》)中,是所有民事主体应当遵循的行为准则。它贯穿于所有民事领域,为内容庞大、繁杂的民法确立基本的价值目标,既从正面确认、保障民事权利的行使,也从反面防止、限制民事权利的滥用。如权利保护原则,确立民事权利的种类及其行使;意思自治原则,尊重民事主体的地位及其选择;公序良俗原则,表明民事权利的行使要尊重公共秩序和善良风俗。民法基本原则对民事主体的尊重、对民事权利的保护以及对民事权利的限制等内容,既突显法治国家对权利的尊重与保护,也体现法治国家对秩序的重视与维护。

# 第一节　权利保护原则

**法的门前**

　　小学职员李××（原告），购买一张电信手机卡后，收到电信发送的 28 条商业广告短信。李××认为这些"垃圾短信"侵害了他的隐私权、财产权、健康权，于 2013 年将中国电信某分公司（被告）起诉至法院，要求电信公司消除影响、赔礼道歉、停止侵害，同时要求其赔偿 1 分钱，其中 0.5 分是侵犯财产权赔偿，0.5 分是精神损害赔偿。2014 年 6 月，此案终审，法院认为被告电信公司侵害了原告李××的隐私权，包括其个人生活宁静权、个人活动自由权和私有领域不受侵犯权，判决被告停止向其发送商业广告短信，但没有支持原告的赔偿请求。

　　**请思考**：隐私权，作为民事权利的重要组成部分，包括哪些具体内容？保护民事主体的哪些利益？隐私权的行使是否有界限？

　　民法确认和保护民事主体享有的民事权利。权利保护原则，主要是指民事主体的权利与利益受到民法保护，不受任何国家机关、社会组织和个人的侵犯。这是非常重要的一项基本原则，是宪法中关于保护公民权利的规定在民法中的具体应用。我国《民法总则》第 3 条明文规定："民事主体的人身权利、财产权利以及其他合法权益受法律保护，任何组织或者个人不得侵犯。"根据这一原则，多种多样的民事权利得以确立并受到保护，满足民事主体多方面的利益需求。同时，民事权利的行使也有边界，受到法律保护的范围也是有限的。

## 一、民事权利的多样性

　　民事权利是民法中最根本性的问题，也是民法的核心内容，涉及民事主体依法享有的某种权能或利益。我国《民法总则》专设一章规定民事权利。民事权利多种多样，不同类别的民事权利性质、特点、内容差异很大，对其进行分类有助于我们更好地了解、认识并行使各类民事权利。简单来说，根据权利的内容，可以将民事权利分为五大类，即人格权、亲属权、财产权、知识产权和社员权。

### （一）人格权

人格权是民事权利中最基本、最重要的一种，是与生俱来的权利，因出生而取得，因死亡而消灭，与民事主体的存在和发展直接相关。人格权也是专属的，由权利人专有，不得转让、继承或抛弃，也不得由他人代为行使。

根据客体不同，人格权又可以分为两类：一类是以人身利益为客体的，包括生命权、身体权、健康权；一类是以其他人格利益为客体的，包括姓名权、肖像权、名誉权、荣誉权、隐私权、婚姻自主权等。

**法象万千**

《民法总则》第111条规定：自然人的个人信息受法律保护。任何组织和个人需要获取他人个人信息的，应当依法取得并确保信息安全，不得非法收集、使用、加工、传输他人个人信息，不得非法买卖、提供或者公开他人个人信息。

### （二）亲属权

亲属权是具有一定的亲属关系的人相互之间享有的权利。根据亲属关系，亲属权可进一步划分为父母子女之间的亲属权、配偶间的亲属权、其他亲属间的亲属权等。

父母子女之间的亲属权，是父母与子女之间享有的权利，这里所谓的父母和子女既包括有自然血亲的父母与子女，也包括因收养成立而发生的养父母与养子女、因扶养关系而发生的继父母与继子女。如父母对未成年子女的抚养权、教育权、惩戒权等；配偶间的亲属权，是夫妻之间享有的权利，如夫妻间的同居请求权、扶养请求权等；其他亲属间的亲属权，是兄弟姊妹、祖父母和外祖父母、孙子女和外孙子女、儿媳和公婆、女婿和岳父母以及其他三代以内的旁系血亲之间享有的权利，如由兄、姐抚养成人的弟、妹对于丧失劳动能力不能独立生活的兄、姐的抚养权等。

### （三）财产权

财产权是人类发展史上最古老的民事权利，对推动人类文明进步具有重要作用，同时也是现代法治社会中非常重要的民事权利。财产权通常是具有经济价值的权利，可以金钱来计算，可以转让、继承或抛弃，也可以由他人代为行使。

财产权通常包括物权和债权两大类。物权，针对的是物，是直接支配物的权利,包括所有权、用益物权和担保物权。其中最重要的就是所有权,即权利人对自己财产所享有的占有、使用、收益和处分的权利,是内容最全面、最充分的物权,也是与日常生活最密切相关的物权。债权,针对的是另一主体,是权利人请求他人为一定行为而得到利益的权利,只发生在债权人和债务人之间,与债务同时存在。

**法治天下**

---

财产,通常是指土地、房屋、物资、金钱等物质财富,既可以体现为有形财产,如汽车、房屋、电脑等,也可以体现为无形财产,如光、电、热等。随着科技、经济和文化的发展,财产的范围也在不断扩大和变动。如今,数据、网络虚拟财产作为无形财产,也受到法律保护。例如,我们日常生活中使用的电子邮件、网络账号、游戏账号的等级、游戏货币、游戏人物、技能等已经成为财产权的客体,受到法律的保护。

---

### (四)知识产权

知识产权是权利人就其智力成果依法享有的专有权利,意味着权利人对其智力成果在一定时期内享有专有权或独占权。智力成果通常包括作品、发明、实用新型、外观设计、商标、地理标志、商业秘密、集成电路布图设计、植物新品种等。根据智力成果的类别,可将知识产权分为著作权和工业产权两类,著作权包括发表权、署名权、修改权、保护作品完整权、使用权和获得报酬权等,工业产权包括专利权、商标权、商号权等。

知识产权虽然受法律保护,但因智力成果具有高度的公共性,与科技、经济、文化发展密切相关,不宜为任何人长期独占,所以法律对知识产权也进行限制,如设立强制实施许可制度等。

### (五)社员权

社员权是社团成员对社团享有的各种权利。根据是否具有经济利益,可以分为非经济性的权利和经济性的权利。非经济性的权利包括社员出席社团会议的权利、选举和被选举的权利、发表意见的权利、表决的权利、参加社团活动的权利等。经济性质的权利包括社团设施的利用权、利益享受权等。股东权是典型的社员权,既包括非经济性的权利,如出席股东会议权、表决权等,也包括经济性的权利,如股息分配请求权、新股认购权等。

当然,上述分类方式不可能涵盖所有民事权利,由于主观或客观条件的限制,有些权利没有被明确写入法律中,但并不意味着这些权利就不受法律保护。在私法领域,法不禁止即为权利。民事主体的某种利益只要具备权利的特征,具有可保护性,即便没有明确规定在法律中,也可以推定为合法权利,并给予法律上的保护。另外,随着社会的发展,权利的内容也在不断发展和变动,范围有日益扩大的趋势,内容也更加丰富。

## 二、民事权利的行使

维护个人利益,是民法的立足之本。民法以人的全面发展为目标,通过创设各种民事权利,保护民事主体的各种利益。因此,民事权利的行使就是为了实现民事主体的利益需要。

**法的精义**

---

在民法慈母般的眼神中,每个人就是整个国家。

——[法]孟德斯鸠

权利的目的是某种利益。

——[德]耶林

---

民法关乎到民事主体的各种利益,上述五大类民事权利分别保护和实现主体不同方面的利益需求,使得各种利益各得其所。人格权意在保护主体的人格利益,既包括人身利益,如生命权、健康权等,也包括精神上和心理上的利益,如名誉权、隐私权等;亲属权旨在保护由亲属关系而享有的利益,既包括具有财产性质的利益,如继承权、夫妻间的抚养请求权等,也包括不具有财产性质的利益,如离婚权、收养权等;财产权保护的是财产利益,即主体生存和发展所需要的物质资料和经济利益,如所有权、债权等;知识产权保护的是人的智力成果及其取得的利益,既包括精神文化利益、物质文化利益,如著作权和发明权,也包括工业产权标识利益,如商标权、专利权等;社员权意在保护社员在社团中的各种利益,既包括经济利益,如股权、社团设施利用权等,也包括非经济利益,如参加会议权、表决权等。

利益的内容十分复杂,且随着社会的发展,各种利益的范围不断扩大,新的利益层出不穷。正是基于这些利益的各种形式及其差异,才形成丰富多彩的民事权利形态,适应着我们日常生活中各方面的利益需求。

另外,民事主体的利益受到侵害或无法实现时,法律有必要予以保护和救济。《民法总则》专设民事责任一章,对侵害民事权利的违法行为进行惩罚,以确保受到侵害的利益能够得到赔偿和补偿。

### 三、民事权利的界限

尽管民事权利受到保护,但民事权利的范围及其行使,也受到法律合理的限制,目的是促使主体正当、及时地行使权利,不妨碍他人权利,不损害公共利益,从而保障各方主体利益的实现。

#### (一)止于他人权利和公共利益

"权利是权利的边界。"民事权利在行使过程中,很有可能与他人权利或公共利益发生冲突或对立,因此须对民事权利的内容予以合理限制。确定权利的边界,以不妨碍他人权利或公共利益为限,也就是说,一方主体的权利行使与他方主体的权利保护之间寻找平衡点,既能够保障一方主体正常行使权利,也能够防止他方主体利益受到侵犯。

我们以不动产相邻关系为例,说明权利行使的界限。不动产权利人在行使权利时,应当注意到相邻不动产权利人的利益,避免侵犯他人正当权益。如土地权利人使用土地时应当考虑邻居的相关利益,不能给邻居造成生活上的障碍和损失,如妨碍邻居通行或采光、妨碍邻居合理利用土地等。因此,不动产的相邻各方应当按照公平合理的精神,正确处理截水、排水、通行、通风、采光、日照、铺设管线等方面的相邻关系,给相邻方造成妨碍或损失的,应当停止侵害、排除妨碍、赔偿损失。

#### (二)止于时效

时间界限是民事权利界限的一种形式,即民事权利受到法律保护的时间是有限的。我们以诉讼时效为例,说明权利行使的时间界限。诉讼时效,通常指权利人持续不行使权利达一定期间,则无权请求法院保护其权利与利益。这意味着权利人在法定期间不行使权利,将失去法律的保护,从而形成对权利人权利的限制。这一制度能够促使权利人积极行使权利,避免利益受损,从而推动经济的发展,维护社会的安全稳定。例如,债权人请求法院保护其债权的诉讼时效期间为三年,如果债权人自债权受到侵害之日起三年内没有向法院请求保护其债权,则失去法院对其债权的保护。这种时效性规定可以督促债权人在诉讼时效期间内积极行使债权,尽快实现财产流转,避免财富长期处于不确定状态或无人管理的状态,避免造成财富与社会资源的浪费。

# 第二节　意思自治原则

## 法的门前

　　×商行(被告)于9月向某服装厂(原告)订购了一批童装,总价值18万元,并预付了货款的20%,约定年底交货。11月,被告打电话给原告方厂长要求变动童装的部分花色,当时厂长不在,接电话的人员草草记下电话内容后,忘记通知厂长。12月底,原告将童装交给被告,被告发现童装的花色并未变更,以原告违约为由拒付货款。原告由于无法收到剩余货款,便提起诉讼,要求被告承担违约责任,支付货款及违约金。法院认为原告请求无证据支持,判决被告胜诉。

　　**请思考**:×商行与某服装厂订立买卖童装合同后,是否有权变更合同内容?变更合同内容是否有条件限制?

　　意思自治原则是民法中非常重要的一项基本原则,它确认民事主体意志的独立、自由以及行为的自主,意味着民事主体可以依自己的意愿从事民事活动,安排民事关系,处理民事事务,任何机关、组织和个人不得非法干涉。意思自治原则体现在我国《民法总则》第5条的规定中,即:"民事主体从事民事活动,应当遵循自愿原则,按照自己的意思设立、变更、终止民事法律关系。"该原则的核心是尊重当事人的意思选择,旨在为民事主体的个人自由提供法律上的保护。当然,意思自治原则并非不受任何限制的自由,只有在法律允许内的自由,以不损害他人利益和公共利益为限。

### 一、尊重当事人的意思选择

　　意思自治原则的核心是尊重当事人的意思选择,即法律尊重并确认当事人按照自己的自由意思处理事务,决定民事关系,从事民事活动。意思自治原则的目的在于维护个人利益,而实现个人利益最好的方法在于由利益主体根据自己意愿采取适当方法处理事务。

**法的精义**

　　自由的主要意义就是:一个人不被强迫做法律所没有规定要做的事情;一个人只有享受民法的支配才有自由。

——[法]孟德斯鸠

　　意思自治原则的内容主要包括主体从事或不从事民事活动的自由、选择何种方式从事民事活动的自由、变更或终止民事活动的自由等。

　　意思自治原则是由契约自由原则逐渐发展而来,并由《德国民法典》确立的,最初主要适用于合同关系与合同行为,后来才适用于所有民事行为。意思自治原则最主要、最彻底的自治领域体现在合同领域,因此,我们主要以合同自由为例说明意思自治原则的内涵及应用。

### (一)"从事或不从事"的自由

　　民事主体都有自己的意志自由,在自由意志的支配下,有权决定是否从事民事活动,从而成为民事行为的基础。这种"从事或不从事"的自由体现在合同领域,即当事人有签订或不签订合同的自由以及选择与谁签订合同的自由。

　　合同的目的是当事人之间通过合作最终期望获得的利益或者达到的状态。市场经济中,当事人被假定为理性人,即自身利益的最佳判断者,那么是否签订合同、与谁签订合同能够实现自己的目的,应当由当事人根据自己的理性、通过自己的意愿来选择和判断,从而实现个人利益的最大化。当然,在选择和判断的过程中会受到不同因素的影响,如是否选择与具有垄断地位的公用事业单位签订合同等,但最终作出决定的仍是当事人自己。

### (二)"选择内容与形式"的自由

　　民事主体在自由意志的支配下,有权决定民事行为的内容及其相应的形式。这种"选择内容与形式"的自由体现在合同领域,即当事人可以自由决定合同的内容以及合同的形式。

　　为保护当事人利益,我国《中华人民共和国合同法》(以下简称《合同法》)第12条规定了合同的基本内容,即当事人的名称或者姓名和住所、标的、数量、质量、价款或者报酬、履行期限、地点和方式、违约责任以及解决争议的方法。但是,该条款也规定合同内容由当事人约定,也就是说,签订合同的当事人有权自主决定合同内容,订立合同条款,既可以选择《合同法》规定的这些内容,也可以改变这些内容,还可以选择其他内容,只要不侵犯他人利益和公共利益即可。

另外,当事人有选择合同形式的自由,即自主决定合同的形式,既可以是书面的,也可以是口头的,还可以是其他形式。不同类别的合同形式各有利弊,如口头形式订立合同方便、快捷,但是发生纠纷时难以取证,不易分清责任;书面形式订立合同,有据可查,便于预防或处理纠纷,更有利于交易安全。随着科技与社会的发展,书面形式所指范围越来越广,既包括合同书、信件,也包括数据电文(如电报、电传、传真、电子数据交换和电子邮件)等。

### (三)"变更或终止"的自由

民事主体在特定情况下,经过协商或基于法律的特殊规定,有权变更或终止民事活动。这种"变更或终止"的自由体现在合同领域,即为签订合同的当事人根据实际需要和自己意愿,自主决定变更合同或解除合同等。

变更合同,是在合同签订、生效后,但尚未履行或尚未完全履行之前,合同内容或主体发生的变化,既包括合同内容的变更,也包括合同主体的变更。合同内容的变更,是在合同主体不变的情况下,只对合同内容作某些修改和补充,如合同标的物的数量或质量、规格、价款或结算方法、履行时间、履行地点、履行方式等的某一项或数项发生变更;合同主体的变更,主要指合同当事人发生变更,即债权人或债务人的改变,实质上是合同权利义务的转让,即由新的债权人或债务人替代原债权人或债务人,而合同内容并无变化。

解除合同,是在合同关系成立之后,因当事人一方或双方的意思表示而使得合同关系归于消灭。也就是说,当出现某些特殊情况(如不可抗力、债务人毁约等)时,当事人可以自由决定解除合同。因为特殊情况的出现导致合同没有必要履行或根本无法履行,如果继续以合同效力约束当事人双方,不但有可能损害当事人一方或双方的利益,有时还会有碍于市场经济的顺利发展。解除合同的自由,能够使得当事人在特殊情况下从合同的约束中解脱出来,从而更好地适应复杂多变的市场情况,更有利于维护自己的利益。

### 法象万千

《民法总则》第180条第2款规定:不可抗力是指不能预见、不能避免且不能克服的客观情况。根据我国实践、国际贸易惯例和多数国家的法律规定,不可抗力事件的范围主要有两类：一类是自然现象，如台风、地震、洪水、冰雹、风灾、火灾、雪崩等；一类是社会现象，如战争、动乱、罢工、政府行为（如征收、征用、政权交替、政策变化）、禁运、市场行情等。这些事件的发生纯属偶然，是当事人在订立合同时无法预见的，其发生后当事人也无法采取任何措施加以避免的，其结果当事人也无法阻止。

## 二、法律允许内的意思自治

意思自治原则尊重当事人的意思自由，但是这种意思自由应当是在法律允许范围内的自由，并不意味着当事人可以随心所欲，也不意味着当事人的自由是绝对的、无限制的。自由不能没有限制，否则自由也无法真正实现或更好地实现。因此，在很多民事领域，意思自治原则都是受到限制的。

对意思自治原则的限制，意味着主体在是否从事民事活动、选择何种方式从事民事活动、变更或终止民事活动等方面的意思自由都会受到某些限制。这些限制体现在合同领域，意味着当事人在是否签订合同、决定合同内容和形式以及变更或解除合同等方面的意志自由都要受到限制。

例如，当事人在签订合同时，如果采用格式条款，那么提供格式条款的一方当事人应当公平确定或分配当事人之间的权利和义务，并采取合理的方式提请对方当事人注意免除或者限制其责任的内容，并按照对方的要求，对该条款予以说明。由此，提供格式条款的一方当事人的权利受到了限制。如果提供格式条款的一方当事人免除自己的义务、加重对方当事人的责任或排除对方当事人的主要权利，则该格式条款无效，以保护对方当事人的利益。

**法治天下**

格式条款，通常是由固定提供某种商品或服务的组织事先拟定的，且不与对方当事人协商，如商品房买卖合同、保险合同中的某些条款等，具有方便、快捷、节省交易成本等优点。但是，格式条款多以垄断为基础，其内容不能改变，对方当事人要么同意，要么拒绝，容易导致不公平现象的发生。因此，法律对格式条款进行限制，目的在于促进公平交易、保护弱者利益。

又如，当事人订立合同可以自由决定采用口头、书面或其他形式，但是法律规定必须采用书面形式的(如劳动合同、政府采购合同等),当事人必须采用书面形式,以保护双方当事人的利益。在变更合同内容时,有些法律、行政法规要求合同内容变更需要办理批准、登记等手续(如商品房买卖合同、股权转让合同等);在变更合同主体时,法律也作出某些限制,如债权人可以将合同的权利转让给第三人,但如果根据合同性质或者按照当事人约定不得转让的(如扶养请求权、雇主对雇员的债权、涉及国家安全和敏感信息的债权等),债权人则不能转让,即债权人不能变更,以保护债务人的利益;债务人可以将合同的义务转移给第三人,但是应当经过债权人的同意,否则不能转移,以保护债权人的利益。

再如,当事人解除合同必须具备解除合同的条件。通常情况下,合同有效成立后,当事人双方必须严格遵守合同约定并履行合同内容,不得擅自解除。只有在主客观情况发生变化,使合同履行成为不必要或不可能,合同继续存在已失去积极意义,并有可能造成不适当的结果时,才允许解除合同。这就说明合同解除必须具备一定的条件,如果条件不具备,当事人自行解除合同,便构成违约,需要承担违约责任。

法律对意思自治原则的限制是为了保证各方主体的自由能够真正实现。但是,这种限制也不能过多,否则可能抑制主体的积极性与创造力,阻碍社会经济与文化的发展。

## 第三节　禁止权利滥用原则

### 法的门前

王×(原告)与×房地产有限公司(被告)签订商品房买卖合同,约定被告应当在 2012 年 10 月 15 日前取得建筑工程竣工验收备案文件并将符合交付条件的房屋交由原告使用。2012 年 10 月 12 日,被告取得建筑工程竣工验收备案书并向原告发出入住通知书。原告收到房屋后交付房款并缴纳了各项费用,但房屋不符合约定条件,没有水、电、煤气、供暖等基本设施。原告于 2013 年 6 月 25 日向被告发出解除合同通知书,并于 2014 年 6 月 10 日起诉至法院,请求判令被告返还其购房款及已缴纳的其他费用。法院于 2015 年 1 月 20 日作出一审判决,驳回原告的诉讼请求。案件受理费人民币 32883 元,由原告承担。

**请思考**:王×是否有解除合同的自由? 其解除合同是否构成权利的滥用? 滥用权利的法律后果是什么?

---

尽管民事主体受到尊重、民事权利受到保护,但这并不意味着民事主体可以任意行使民事权利,即民事权利不能滥用。禁止权利滥用原则,是指民事权利的行使不能超过正当界限,否则构成权利的滥用,应当承担民事责任或其他法律后果。该原则限制民事权利的行使,防止民事权利的滥用,是对权利保护原则的必要修正,以调整个人权利之间以及个人权利与公共利益之间的冲突。

### 一、权利滥用的禁止

禁止权利滥用原则,具体是指民事主体行使权利必须在一定的范围内以适当方式进行,不得超过正当界限,不得通过行使权利而侵害他人利益和公共利益。该原则并非从正面确认权利,而是从反面限制权利的行使,是对权利行使进行制约的一项基本原则,其目的在于保护他人利益和公共利益。民事权利在行使过程中,可能影响其他主体的利益或公共利益,为了平衡不同主体间的利益及其与公共利益的关系,需要对民事权利予以必要、适度的限制。

权利滥用的禁止原则是现代民法发展过程中确立的一项基本原则。在古罗马法中,是不存在权利滥用的。法谚有云:"行使自己的权利,无论对于何人,皆非不法。"权利人行使自己的权利而导致他人受到损害,原则上并非违法行为,不负责任。17—18 世纪,"权利绝对"的观念盛行。法律确认个人权利可以绝对自由的行使,除非有法律上的原因,不得剥夺,不得干涉。保护个人权利成为国家和法律的重要目标。在权利范围之内,主体自由行使权利,均为合法行为,因此权利滥用成为法律上不可想象之事。1804 年《法国民法典》中没有任何关于禁止权利滥用的规定。19 世纪末以来,法律发展的重要目标转向兼顾社会的公共利益,要求权利的行使不得损害他人利益和公共利益。1907 年《瑞士民法典》率先确立权利不得滥用为民法的一项基本原则,对"绝对权利"进行限制。其第 2 条第 2 款规定:"明显地滥用权利,不受法律保护。"由此,禁止权利滥用原则才得以在民法领域慢慢发展为一项基本原则,平衡个人利益与他人利益、公共利益之间的矛盾与冲突。

**法的精义**

自由并非人人爱怎样就怎样的那种自由,而是在他所受约束的法律许可范围内如意行动。

——[英]洛克

我国《民法总则》中并未明确规定禁止权利滥用原则,但是这并不说明我国民法否认该项原则。相反,我国民法自始以来都承认禁止权利滥用原则,是我国宪法中关于"中华人民共和国公民在行使自由和权利的时候,不得损害国家的、社会的、集体的利益和其他公民的合法的自由和权利"的规定在民事领域的具体体现。同时,其他民事法律中也体现着该项原则的内容要求,如《合同法》第7条中规定,当事人订立、履行合同,应当遵守法律、行政法规,尊重社会公德,不得扰乱社会经济秩序,损害社会公共利益。

尽管内容简单、抽象,禁止权利滥用原则在民事活动中却起着非常重要的作用。一是确定权利行使的界限。该原则承认权利本身的合法性与正当性,只是在权利行使过程中为其设定界限,即以他人利益或公共利益为限,主体不得超越这些界限行使权利,否则构成权利的滥用。例如,用人单位与劳动者签订劳动合同后享有单方解除劳动合同的权利,但只能在发生法律规定的情况时(如劳动者严重违反用人单位的规章制度等)行使,不能超过法定界限而任意行使。二是认定侵权行为的标准。权利滥用与侵权行为不同,但是构成权利滥用可以作为认定侵权行为的依据或标准。例如,用人单位在没有发生法定情形时(如劳动者只是轻微违反用人单位的规章制度等)解除与劳动者的合同,属于滥用解除合同的权利,侵害了劳动者利益,可以据此认定为侵权行为。三是调整不同主体间的利益冲突。当权利人行使权利与他人利益或公共利益发生冲突时,如果构成权利滥用,则可以此为由强制权利人停止行使权利,或者认定其行为无效,如果造成损害,还要承担相应的法律后果,由此平衡不同利益的冲突。例如,用人单位违法单方解除劳动合同,则解除合同的行为无效,如果给劳动者造成损害的,还应当承担损害赔偿责任,由此调整用人单位与劳动者之间的利益冲突。

**法治天下**

权利滥用与侵权行为初看有很多相似之处,但实则有较大区别。其一,前提不同。权利滥用以合法权利的存在为前提,只是权利行使过程中构成滥用,而侵权行为并无合法权利的存在。其二，目的不同。权利滥用是以限制、制约权利的行使为目的，保护他人利益或公共利益，而侵权行为并无此目的。其三，主体不同。权利滥用的主体是权利人自己，而侵权行为的主体是侵权行为人。

## 二、权利滥用的后果

权利滥用属于民事违法行为，应承担一定的法律后果。由于权利的性质、行使方式不同，滥用权利的情况也有所不同，权利人承担的法律后果应视具体情况而定，可能体现为以下三个方面：

1. 行为无效。如果权利的行使构成权利滥用，其行为可以被认定为无效，即不产生法律效力。权利人行使权利是为了追求某种利益，如果滥用权利，则法律可通过确认行为无效而使其追求的利益不能实现。例如，滥用合同解除权而解除合同的行为，不产生合同解除的法律效力，合同继续有效，那么滥用合同解除权的当事人所追求的利益无法实现。

2. 限制权利。如果权利人行使权利构成权利滥用而损害他人利益，为制裁权利人或为防止这种损害再次发生，法律可以限制权利人行使权利的范围。例如，诉讼时效的援用如果被认定为权利滥用时，将限制权利人援用时效。

3. 承担民事责任。通常情况下，滥用权利都会损害他人利益或公共利益，因此承担民事责任是权利滥用最常见的法律后果。例如，权利人的建筑物遮挡了邻人的采光，应当承担"排除妨碍"的民事责任。

## 三、民事责任的承担

承担民事责任是权利滥用最常见的法律后果，因此我们对民事责任予以简单说明，包括民事责任的概念、种类和认定原则等内容。

民事责任，也称为民事法律责任，是民事主体因违反合同或不履行其他民事义务而应承担的民事法律后果。我国《民法总则》设专章规定民事责任，主要包括：停止侵害，排除妨碍，消除危险，返还财产，恢复原状，修理、重作、更换，继续履行，赔偿损失，支付违约金，消除影响、恢复名誉和赔礼道歉11种。

权利滥用，意味着权利的行使超过正当界限，给他人利益或公共利益造成损害，而损害可能表现为多种形式，因此民事责任的11种方式从不同维度对受到损害的利益进行补偿或救济,可以单独适用,也可以合并适用。

民事责任的认定通常以过错为原则,即民事主体主观上有过错才承担民事责任,主观上没有过错则不承担民事责任。过错责任原则,将行为人的主观心理状态作为责任认定的依据,即民事主体在从事违法行为时,对其危害后果所持的一种故意或过失的心理状态。过错责任原则起源于古罗马法,"无过错即无责任",这是最古老的民事责任认定原则,其形成与发展历史悠久,成为民事责任认定的基础与核心,在维护权利、制裁违法行为方面发挥着重要作用。大多数民事责任的认定均以过错责任原则为主。

随着社会的发展,在过错责任原则之外,又发展出无过错责任原则,即行为人主观上没有过错,但给他人造成损害,为此要承担相应的民事责任。无过错责任原则,并不考虑行为人的主观意志,而是将损害事实作为责任认定的依据,是对过错责任原则的补充,弥补过错责任原则的不足,从而与过错责任原则一起构成功能互补、多元救济的责任认定体系,实现对权利的综合救济。

**法象万千**

随着科技与信息技术的迅猛发展,现代社会的经济以前所未有的规模与业态迅速发展,同时带来许多社会问题,如产品损害、环境污染等。在这些特殊领域适用传统的、核心的过错责任原则,对受害人明显不公平。换个角度来说,如果受害人无法证明行为人主观上有过错,则无法获得赔偿。而事实上,受害人很难在这些特殊领域证明行为人主观上的过错。因此,现代各国民法均确立无过错责任原则,适用于某些特殊领域,作为过错责任原则的补充,以保护受害人的利益。

# 第四节　尊重公序良俗原则

**法的门前**

蒋×(被告)与黄×系夫妻关系,婚后未育,收养一子。1990年7月,蒋×继承父母遗产取得房屋一套,1995年被拆迁后获得安置房一套。1996年,黄×与张×(原告)相识并租房同居。2000年9月,黄×与蒋×将继承所得房产以8

万元卖与他人,并将其中 3 万元赠与儿子。2001 年年初,黄×因患肝癌住院,其间一直由蒋×及其家属护理。同年 4 月 20 日,黄×立下书面遗嘱并进行公证,将其所得的住房公积金、住房补贴金、抚恤金,以及出售房屋的一半价款 4 万元及手机一部赠与张×。同月 22 日,黄×去世。张×持遗嘱要求蒋×交付遗赠财产 6 万元,并诉至法院。法院认为,黄×所立遗嘱虽系其真实意思表示且形式合法,但其内容和目的违反了法律规定和公序良俗,损害了社会公德,破坏了公共秩序,应属无效民事行为,驳回原告张×的诉讼请求。

**请思考:** 根据意思自治原则,黄×通过遗嘱处分自己财产的行为是否有效?法院判决黄×遗嘱无效的依据又是什么?

尊重公序良俗原则,是民法的一项重要原则,主要是指民事法律行为的内容和目的不能违反公共秩序或善良风俗,否则无效。尊重公序良俗原则,是对民事权利行使的限制,是对意思自治原则的修正,目的在于维护公共利益与公共道德的核心内容。我国《民法总则》第 8 条的规定体现该原则的内容,即"民事主体从事民事活动,不得违反法律,不得违背公序良俗"。

## 一、公序良俗的遵守

民法以人为本,创设民事权利,实现民事主体个人的利益与自由,但是也要考虑公共利益与公共道德的核心内容,因为每个民事主体都不是孤立的,而是与他人共同生活、劳动、合作的,共建社会并分享成果的。通常来讲,民事权利及其行使能够促进公共利益的实现,也符合公共道德的核心要求,但民事权利在行使过程中为了实现个人利益的最大化,有时也会与公共道德发生冲突,也会对公共利益产生不利影响,为平衡与协调个人利益与公共利益、公共道德等的冲突与矛盾,需要对民事权利进行必要的限制。尊重公序良俗原则,就是限制民事权利行使的一项重要原则。该原则体现民法的社会关怀和伦理基础,要求个人权利及其行使要尊重公共利益与社会公德,即公共秩序和善良风俗。

**法的精义**

法的基本命令是:自以为人,并敬重他人为人。

——[德]黑格尔

尊重公序良俗原则,是现代民法确立的一项基本原则,作为对传统民法原则的适当修正与限制。传统民法原则,如意思自治原则,倡导个人权利与自由的绝对性,不允许任何组织或个人予以干涉。但是,随着社会经济的快速发展,继续适用传统民法原则引发许多严重的社会问题,如企业自由发展导致的环境污染问题、垄断企业绝对的优势地位导致对消费者权益的侵害等。因此,现代各国民法均对传统民法原则进行适当的修正与限制,逐渐由"个人本位"转向"社会本位",考虑对公共利益的保护。尊重公序良俗原则,即是对传统民法原则中"意思自治原则"的修正,要求民事主体在行使权利时,不得违反公共秩序和善良风俗,从而限制民事权利的行使,协调个人利益与公共利益、公共道德间的矛盾。

**法象万千**

《法国民法典》首先确定公序良俗原则,其第 6 条规定,任何人不得以特别约定违反有关公共秩序和善良风俗的法律。《德国民法典》第 138 条第 1 款规定,违反善良风俗的行为,无效。《日本民法典》1947 年修订后,第 1 条第 1 款规定,私权应服从公共利益。《瑞士民法典》第 20 条第 1 款规定,含有不能履行,违反法律或违反公序良俗之条款的合同无效。

尊重公序良俗原则在民法中发挥着重要的作用。一是填补法律的漏洞。在立法时,不可能预见并列举所有违反公共秩序和善良风俗的行为,因此,将"尊重公序良俗"作为概括性的原则加以规定,可以弥补立法不能穷尽一切违反公序良俗行为的不足。二是作为审判的依据。在司法活动中,如果法院遇到立法中没有规定的扰乱公共秩序、违背公共道德的行为,而又缺乏相应的禁止性规定时,可以将该原则作为审理案件的依据,弥补法律的漏洞。三是保持民法的开放性。尊重公序良俗原则,意味着对公共道德的核心内容予以法律上的肯定和尊重,使得民法与公共道德保持联系与沟通,反映公共道德的核心内容,并与其发展保持一致,避免成为封闭且神秘的法律,由此能够更好地适应社会发展并发挥民法的功能。

## 二、违反公序良俗的法律行为

公序良俗,即公共秩序和善良风俗,内容简单且非常抽象。公共秩序,是维护公共生活所必需的秩序,内容主要涉及政治、经济等领域,关系到国家的发展问题,主要包括社会公共秩序和生活秩序,如社会管理秩序、生产秩序、交通秩序、公共场所秩序等;善良风俗,是人们长期共同生活中形成的、具有主导性的生活准则,被推定为社会大众普遍承认并遵循的主要道德标准,内容主要涉及婚姻家庭、性关系等私人生活领域中的伦理道德观念。

公序良俗原则的具体内容应当包括哪些,并没有十分明确的答案。有些学者通过对违反公序良俗的行为进行分类,来说明其内容,将其具体化。如我国学者梁慧星教授将违反公序良俗原则的行为分为以下十类:

危害国家公共秩序的行为,关系到国家的政治、经济、财政、税收、金融、治安等基本秩序,如订立从事违法活动的委托合同、买卖身份证的行为等;

危害家庭关系的行为,破坏正常的家庭关系,如约定成年子女不赡养父母的协议、约定断绝亲子关系的协议、约定代理他人怀孕的协议等;

违反性道德的行为,危害善良风俗的基本内容,破坏社会基本的道德秩序,如约定开设妓馆的合同、为开设妓馆而购买或承租房屋的合同等;

射幸行为,即以他人受损为前提而获得偶然利益的行为,危害社会的一般秩序,如赌博、彩票、巨奖销售等,但经政府特许者除外;

违反人权和人格尊重的行为,侵犯人格尊严与人身自由,如过分限制人身自由的劳动合同、企业或商店对雇员或顾客进行搜身检查的行为等;

限制经济自由的行为,妨碍市场经济的发展,如过度的竞业禁止条款、限制职业自由的条款等;

违反公平竞争的行为,破坏市场经济的秩序,如以贿赂方法诱使对方与自己订立合同、引诱对方违约的合同等;

违反消费者保护的行为,主要是利用欺诈性的交易方法、不当劝诱方法、虚假和易使人误信的方法,致消费者遭受重大损害的行为,侵害消费者利益,如传销等;

违反劳动者保护的行为,侵害劳动者利益,如男女同工不同酬的差别待遇条款、"工伤概不负责"的条款、雇员须向雇主交纳保证金的条款、女雇员结婚后视为自动离职的"单身条款"等;

暴利行为,利用他人没有经验或出于急迫需要而取得不当利益的行为,严重损害当事人之间的利益平衡,如高利贷等。

可见,法律行为应当与公序良俗相结合,符合公序良俗的要求,受到公序良俗的限制与约束。当然,通过列举方式并不能穷尽所有违反公序良俗原则的行为。

**法治天下**

公序良俗的内容还受到地域、时间等因素的影响。公共秩序的内容涉及政治、经济、财政、金融等事关国家发展的重要秩序,其确定标准通常较为统一,不受地域因素的影响;善良风俗的内容涉及社会的一般道德,可能随着地域不同而呈现出差异性。另外,公序良俗的内容会随着时间的推移和社会变迁而发展变化,如目前认为违反公序良俗的行为将来可能被法律所认可,那么违反公序良俗行为的种类也会不断变化。

### 三、违反公序良俗的行为无效

违反公序良俗的行为,侵害公共利益与公共道德,本质上是违法行为,因此无效。违反公序良俗,是现代民法中确定法律行为无效的最重要的原因之一。我国《民法总则》第153条第2款明确规定此项内容,即"违背公序良俗的民事法律行为无效"。对于违反公序良俗的法律行为,法律对其予以否定性评价,确认其不发生效力,不予任何法律上的救济,由此实现对此类行为的限制与制约。

违反公序良俗的行为,自始无效,且确定无效,意味着该行为从成立、实施时起就不发生法律效力,以后也不可能发生法律效力或转化为有效的法律行为。比如,高利贷行为从成立时起就不具有法律效力,无论以后发生任何情况,高利贷行为都不可能也不得转化为有效的法律行为。

违反公序良俗的行为当然无效,是指该行为当然没有法律效力,不需要当事人主张其无效,也不需要经过任何程序确认其无效。比如,劳动合同中男女同工不同酬的条款或工伤概不负责的条款,无须劳动者提出,也无须经任何程序确认,该类条款内容当然不发生法律效力。

违反公序良俗的行为,全部、绝对的无效,不能由当事人根据意愿选择一部分行为有效而一部分行为无效,这是对当事人意思自治的限制,否则侵害公共利益与公共道德的行为仍有可能发生。比如,超市因怀疑顾客盗窃物品而对顾客进行搜身检查的行为,必须是全部且绝对的无效,不能由顾客选择哪种行为有效或无效。

违反公序良俗的行为不得履行,意味着该行为发生后,不得继续履行,已经履行的部分应当停止履行。如果允许履行，则是对违法行为的承认。比如，通过贿赂方法诱使对方与自己签订的合同，合同不得履行。

 **课后思考**

1. 根据"权利保护"原则，民事主体的权利及其利益受到法律保护，是不是意味着主体可以随意行使自己的权利，追求自己的利益？请根据"权利保护"原则与"禁止权利滥用"原则之间的关系来回答。

2. "意思自治"原则是民事主体在法律允许的范围内自由处分自己的事务，就是说自由是受到限制的。那么限制自由正当且合理的理由是什么？自由的边界在哪里？

3. 如果发生违反公序良俗的行为，但又缺乏相应的禁止性法律规定时，法院是否可以依据公序良俗原则对案件进行审理？请说明原因。

 **参考文献**

1. 王泽鉴：《民法总则》，北京大学出版社 2009 年版。

2. 梁慧星：《民法总论（第四版）》，法律出版社 2011 年版。

3. 王利明主编：《民法》，中国人民大学出版社 2000 年版。

4. 董学立：《民法基本原则研究：在民法理念与民法规范之间》，法律出版社 2011 年版。

5. 于飞：《公序良俗原则研究——以基本原则的具体化为中心》，北京大学出版社 2006 年版。

6. 梁慧星：《我国民法的基本原则》，载《中国法学》1987 年第 4 期。

7. 谢怀栻：《论民事权利体系》，载《法学研究》1996 年第 2 期。

8. 陈华彬：《论民事权利的内容与行使的限制——兼议我国〈民法总则（草案）〉相关规定的完善》，载《法学杂志》2016 年第 11 期。

9. 王利明：《论合同自由原则》，载《法制现代化研究》1996 年卷。

10. 李政辉：《论意思自治的根基》，载《河北法学》2006 年第 2 期。

11. 钱玉林：《禁止权利滥用的法理分析》，载《现代法学》2002 年第 1 期。

# 第十二章
# 刑法基本原则

刑法主要是规定犯罪与刑罚的法律,是保护人权、维护秩序的"后盾法",其首要目标是通过惩罚犯罪行为实现对人权的保护。刑法的基本原则体现刑法的目标,反映刑法的精神,贯穿于刑法的全部内容。《中华人民共和国刑法》(以下简称《刑法》)确立了三项基本原则,在保护人权、惩罚和预防犯罪等方面发挥着重要的指导作用。罪刑法定原则,以保障人权为目标,限制和防止国家刑罚权的滥用;罪责刑相适应原则,以实现公平为目标,确保刑事责任及刑罚处罚与犯罪行为的性质、情节以及犯罪人的人身危险性相适应;适用刑法人人平等原则,以促进平等为目标,对行为人平等地进行定罪和量刑,并对特殊群体予以合理的差别对待。这些原则的确立及其作用的发挥,都体现着刑事法治的基本要求与精神,有利于推进我国法治化进程。

# 第一节　罪刑法定原则

**法的门前**

　　2014年6月3日,王×进入某市一家火锅店,在候客区的沙发上逗10个月大的男婴(店主妻弟的儿子)玩耍,后抱着男婴从后门离开。当晚,警方在一绿化丛中发现男婴,经抢救无效死亡。法医鉴定,男婴系因钝性物体击打头部,导致严重脑损伤而死亡。案发第二天凌晨,警方将犯罪嫌疑人王×抓获。王×原系火锅店员工,于事发前两天被辞退,为泄愤将男婴抱走并杀害。另外,王×2004年11月10日因犯纵火罪曾被判处有期徒刑四年。法院认为,被告人王×故意非法剥夺他人生命,犯罪情节特别恶劣,后果特别严重,且有犯罪前科,据此认定被告人王×犯故意杀人罪,判处死刑,剥夺政治权利终身。王×赔偿附带民事诉讼原告人死亡赔偿金、丧葬费、交通费、误工费等经济损失8.3万元。

　　**请思考:**被告人王×的行为是否符合《刑法》关于故意杀人罪的规定? 是否符合该罪的构成要件? 法院判决被告人王×死刑是否适当?

　　罪刑法定原则是刑法三大原则中最重要的内容。我国《刑法》第3条明确规定:法律明文规定为犯罪行为的,依照法律定罪处刑;法律没有明文规定为犯罪行为的,不得定罪处刑。简单说来,即为"法无明文规定不为罪,法无明文规定不处罚"。该原则是法治主义思想在刑法领域的具体体现,在保护公民权利、限制国家刑罚权的行使等方面发挥着重要作用,也反映刑法的科学性与人道性,可以说是刑法的灵魂所在。

## 一、犯罪与刑罚均由法律规定

　　罪刑法定原则的核心内容即犯罪与刑罚均由法律明确规定,同时要求在司法活动中禁止事后法以及禁止适用类推。

### (一)法律规定的明确性

　　犯罪与刑罚必须事先由刑法作出明确规定,这是罪刑法定原则的基本要求。如果刑法事先没有明文规定,即使行为危害很大,也不能认定为犯罪并给予刑事处罚。因为认定犯罪与科处刑罚,是国家机关正确运用权力(刑罚权)对公民的基本权利进行限制或剥夺的专门活动,它关乎到公民的生命、自由和财产等基本利益,必须事先通过刑法予以明确规定,从而防止国家刑罚权的滥用,保护公民的基本权利。另外,如果事先没有法律的明文规定,人们也无法事先了解自己的哪些行为会受到处罚,无法预测自己行为的法律后果,也会影响行动的自由,妨碍权利的行使。

**法的精义**

> 只有法律才能为犯罪规定刑罚。
> 超越法律限度的刑罚就不再是一种正义的刑罚。
>
> ——[意大利]贝卡利亚

罪刑法定原则是在反对欧洲封建社会刑法中极为严重的罪刑擅断、刑罚滥用等现象时提出的,目的是要限制、排除刑罚权的恣意行使及其对人权的侵犯,要求确立客观标准,促使审判活动具有确定性,实现对人权和自由的保障。因此,法律规定的明确性或确定性成为罪刑法定原则的最重要的基本要求,即犯罪与刑罚必须由法律事先予以明确规定。

罪刑法定原则的基本含义,主要是指按照刑法明确规定的犯罪行为的概念、性质、种类、构成要件和刑罚处罚的种类、幅度等,对行为人的行为定罪处罚,如果没有刑法的明确规定,则不得对任何行为定罪处罚。具体来说,什么是犯罪、哪些行为构成犯罪、犯罪的构成要件是什么、有哪些刑种、不同刑种的概念及适用条件是什么,以及各种犯罪的量刑幅度是什么等,均由刑法明文加以规定。如果刑法没有明文规定为犯罪的行为,则不得定罪处罚。

罪刑法定原则的基本内容,在我国《刑法》中主要是通过《刑法》总则和《刑法》分则两大部分得以体现的,即《刑法》总则对犯罪与刑罚作出一般性规定,《刑法》分则对各类犯罪及其刑罚作出具体规定。总则对分则具有指导和制约作用,指导分则内容的实施并防止分则内容对总则的违背;分则是总则内容的具体化,具有丰富和发展总则内容的作用。

《刑法》总则对犯罪的概念、构成要件以及刑罚的种类、量刑的原则和各种刑罚制度等作出一般性规定。比如,《刑法》总则对犯罪的概念及犯罪侵害的客体进行规定:"一切危害国家主权、领土完整和安全,分裂国家、颠覆人民民主专政的政权和推翻社会主义制度,破坏社会秩序和经济秩序,侵犯国有财产或者劳动群众集体所有的财产,侵犯公民私人所有的财产,侵犯公民的人身权利、民主权利和其他权利,以及其他危害社会的行为,依照法律应当受刑罚处罚的,都是犯罪,但是情节显著轻微危害不大的,不认为是犯罪。"又如,《刑法》总则对刑罚的种类进行明确规定,刑罚分为主刑和附加刑,主刑的种类包括管制、拘役、有期徒刑、无期徒刑和死刑,附加刑的种类包括罚金、剥夺政治权利和没收财产。同时,规定了各种刑罚的适用条件与要求,如:"死刑只适用于罪行极其严重的犯罪分子。对于应当判处死刑的犯罪分子,如果不是必须立即执行的,可以判处死刑同时宣告缓期二年执行。死刑除依法由最高人民法院判决的以外,都应当报请最高人民法院核准。"

《刑法》分则明确规定各类具体的犯罪罪名及其构成要件、各种具体犯罪的法定刑罚。《刑法》分则根据一定的标准将犯罪行为归纳为十类,即:危害国家安全罪,危害公共安全罪,破坏社会主义市场经济秩序罪,侵犯公民人身权利、民主权利罪,侵犯财产罪,妨害社会管理秩序罪,危害国防利益罪,贪污贿赂罪,渎职罪,军人违反职责罪,并对每一类犯罪行为的具体罪名及相应的具体刑罚进行明确规定。比如,危害公共安全罪中又详细规定了五十多个具体罪名,每个具体罪名的刑罚及其幅度均有明确规定。如帮助恐怖活动罪是危害公共安全罪中的一个具体罪名,其行为表现及相应刑罚均有明确规定,即:"资助恐怖活动组织、实施恐怖活动的个人的,或者资助恐怖活动培训的,处五年以下有期徒刑、拘役、管制或者剥夺政治权利,并处罚金;情节严重的,处五年以上有期徒刑,并处罚金或者没收财产。为恐怖活动组织、实施恐怖活动或者恐怖活动培训招募、运送人员的,依照前款的规定处罚。单位犯前两款罪的,对单位判处罚金,并对其直接负责的主管人员和其他直接责任人员,依照第一款的规定处罚。"

### (二)禁止事后法

禁止事后法,是法不溯及既往原则的体现。法不溯及既往,是法治的一项基本原则,即法律只适用于其生效以后发生的行为,而不适用于其生效以前发生的行为。简单说来,即不能用今天的法律约束昨天的行为。禁止事后法在刑事领域的运用,意味着刑法不能溯及既往,只能适用于其生效后发生的犯罪行为,而不适用于其生效前发生的犯罪行为。

禁止事后法,是罪刑法定原则在司法活动中的体现,即要求司法者在认定犯罪与科处量刑时,必须以行为实施时的法律(行为当时的法律)为依据,不允许以行为实施后的法律(事后法)为依据。其主要内容包括:如果行为当时的法律没有明文规定为犯罪的,不得定罪处罚,即便事后法认定为犯罪,也不得依据事后法加以制裁和惩罚;如果行为当时的法律已经明文规定为犯罪的,事后法经过修正而加重其刑时,也不得援引事后法加重其刑。

**法象万千**

---

法国 1789 年《人权和公民权宣言》第 8 条规定:法律只应设立确实必要和明显必要的刑罚,而且除非根据在犯法前已经通过并且公布的法律而合法地受到科处,任何人均不应遭受刑罚。法国 1994 年《刑法》第 112—1 条规定:"只有在其发生之日构成犯罪的行为,始得惩处之。"德国现行《刑法》第 1 条明确规定,任何行为只有在根据先于其实施而存在的法律明文规定,具有可罚性时才受处罚。日本 1946 年《宪法》第 39 条规定禁止事后法的内容:"任何人,当其实行时属于合法的行为,不得追究其刑事责任。"

---

禁止事后法的原因主要体现为两点:其一,事后法无法为人们的行为提供指引。现行有效的刑法能够为人们的行为提供指引,明确告知人们哪些行为不能实施,人们能够据此作出判断,从而指引自己的行为,并采取行动。试想,如果允许适用事后法,则意味着人们在行为当时必须遵守并不存在的法律,这既不公平、也不合理。其二,事后法无法为人们的行为提供预期。现行有效的刑法能够为人们的行为提供预期,人们据此可以预测自己行为的性质和可能产生的法律后果,从而判断利害关系,决定自己行为的方向,把控自己行为的后果,在法律允许的范围内自由行事。事后法不能为人们在行为当时提供行为标准,人们无法在行为当时预测自己行为的性质和法律后果,不知道自己的行为是否合法、是否会受到处罚,由此而产生的不安全感会影响人们的自由行动,不利于权利的行使及其保护。

当然,禁止事后法并非绝对的,也有例外。为了更好地保护行为人的权利和利益,特殊情况下允许适用事后法,即事后法可以适用于其生效之前的行为,此为"有利追溯"。就是说,行为当时的法律已经明文规定为犯罪的,如果事后法的规定对行为人更有利,可以减轻其刑罚或不认定为犯罪,则可以适用事后法,事后法在此种情况下具有溯及力。如我国《刑法》第 12 条规定:"中华人民共和国成立以后本法施行以前的行为,如果当时的法律不认为是犯罪的,适用当时的法律;如果当时的法律认为是犯罪的,依照本法总则第四章第八节的规定应当追诉的,按照当时的法律追究刑事责任,但是如果本法不认为是犯罪或者处刑较轻的,适用本法。"

### (三)禁止类推解释

类推解释,是法律解释的一种方法,即在没有法律明文规定的情况下,相似情况作相似处理。刑法中的类推解释,是在认识到某行为不是刑法处罚的对象,而以该行为与刑法规定的相似行为具有同等危害性为由,将其作为处罚对象。这种类推解释的本质是将本不是刑法处罚的行为纳入处罚的范围,增加了行为人的入罪可能性,与罪刑法定原则的基本精神相违背。

禁止类推解释,意味着在刑法适用过程中,关于犯罪及刑罚的规定只能适用于符合其明文规定的行为,而不能适用于与其规定相似的行为,禁止通过援引法律规则的方法,对没有明文规定的行为进行定罪量刑,从而限制国家刑罚权,保障公民权利。这是罪刑法定原则在司法活动中的要求和体现。

刑法的内容必须用清晰的文字表达确切的意思,不能含糊其词或模棱两可,由此可以为人们提供明确的指引和预期。根据明确的规定,人们可以判断自己的行为是否合法、是否会受到刑罚处罚。但是,如果允许类推解释,将刑法规则适用于与其规定相类似的行为,人们则无法预测自己的行为是否会被类推为犯罪以及是否会因为类推而受到处罚,从而影响其行动自由和权利的行使。因而,为保护公民的权利,应禁止对刑法规则作类推解释。比如,我国《刑法》中关于破坏监管秩序罪的规定,明确犯罪主体是"依法被关押的罪犯",这里对罪犯不能类推解释为"包括在押的罪犯、被告人和犯罪嫌疑人",否则将在押的被告人和犯罪嫌疑人纳入该罪的处罚范围之内,就会侵害其权利。

当然,在复杂的司法实践中适用刑法,必然会遇到问题和困境。比如,在坚持罪刑法定原则之下,是否只能对刑法规则作"字面解释"? 如果作字面解释无法将刑法规则适用于相应案件并作出判决时,又该作何种解释? 等等。因此,在坚持罪刑法定原则、禁止类推适用的前提下,可以通过多种方法解释刑法规则,如扩大解释或缩小解释等方法。但是,无论采取何种解释方法,都要坚持以保障人权为目的。否则,运用不同的解释方法不断探求刑法文本含义的行为,有扩大或滥用国家刑罚权的倾向,可能会侵害行为人(尤其是被告人)的利益,而有悖于罪刑法定原则的目标。

**法治天下**

---

　　法律解释的方法有很多种,类推解释只是其中的一种方法。在刑法领域,禁止类推解释,但并不意味着在其他法律领域也禁止类推解释。在民法领域,类推解释是填补法律漏洞的方法之一,在民事裁判中具有积极意义。但是,适用类推解释处理民事案件,法官拥有较大的自由裁量权,因此也应对其进行严格的限制,如不得违背民法的基本原则、类推过程和结果应合法合理等。

---

## 二、罪刑法定与人权保障

　　罪刑法定原则的基本精神是维护人权,通过限制国家刑罚权的行使,实现对人权的保障,尤其是对被告人权利的保障,同时也体现了刑法的人道性。

### (一)保护人权是罪刑法定原则的基本精神

　　罪刑法定原则最早发端于 1215 年的英国《大宪章》。后来欧洲启蒙思想家在反对欧洲封建刑法的罪刑擅断、刑罚滥用中,明确提出罪刑法定的主张,强调对人权的尊重和保护。实行罪刑法定、禁止罪刑擅断和刑罚滥用,是保护人权和自由的前提。法国 1789 年《人权和公民权宣言》第 5 条规定:"法律仅有权禁止有害于社会的行为。凡未经法律禁止的行为即不得受到妨碍,而且任何人都不得被强制去从事法律所未要求的行为。"在《人权和公民权宣言》指引下,法国 1810 年《刑法典》首次以立法的形式确立了罪刑法定原则,其中第 4 条规定:"不论违警罪、轻罪或重罪,均不得以实施犯罪前未规定之刑罚处罚之。"随后,欧洲大陆法系国家纷纷效仿,逐渐成为刑法中的一项重要的基本原则。从其产生、发展的历史过程中我们可以看到,罪刑法定原则始终以保护人权为目标,防止人权受到国家权力的侵害。

　　保护人权,是罪刑法定原则的目标和基本精神。国家及其权力的行使目的在于保障人权,但同时也是威胁人权的主要力量。因此,限制国家权力的行使、防止国家权力的滥用是保障人权的重要途径。定罪与量刑的权力,即刑罚权,是国家权力的重要组成部分,是否能够正当行使直接关系到公民的各项权利,涉及公民的人身自由、财产甚至生命的安全,因此,限制刑罚权的行使,防止其滥用,是保护公民权利的重要手段。罪刑法定原则要求,刑罚权的行使必须以尊重人权、保障自由为目标,防止其对公民权利的侵害,尤其防止其对被告人权利的侵害,保障其不受非法责罚。

### (二)对弱者的保护,体现刑法的人道性

罪刑法定原则对国家刑罚权的限制以及人权的保障,尤其是对被告人权利的保障,也体现了刑法的人道性,即对弱者的保护。在刑事案件审理过程中,面对检察院和法院,被告人处于明显的弱势地位。罪刑法定原则要求法院按照法律定罪量刑,不能超过法律之外追究刑事责任,不能任意追究被告人的刑事责任,目的就是防止法院滥用审判权而侵害被告人的利益,这是对被告人权利的保护,也体现了刑法的人道性。同时,禁止类推解释、禁止事后法等规定,也都体现对被告人作为弱者的尊重与保护,同样是刑法人道性的体现。

罪刑法定原则意味着根据刑法的明文规定定罪处罚,没有刑法明确规定的,不得定罪处罚。但并不意味着法律有规定的一定要定罪处罚,或者说对行为人的行为一定要作入罪化处理。有些特殊情况,尽管符合刑法关于犯罪的规定,但可以不认定为犯罪。比如,情节显著轻微、危害不大的行为,可以不认定为犯罪。有些特殊情况,尽管被认定为犯罪,但可以减轻处罚或免除处罚。比如,犯罪已过追诉时效期限的、经特赦令免除刑罚的、犯罪嫌疑人或被告人死亡等情况,不追究刑事责任;已经追究的,应当撤销案件,或者不起诉,或者终止审理,或者宣告无罪。通过对这些特殊情况的规定,可以更好地保护被告人的权利和利益,体现刑法的人道主义精神。

# 第二节　罪责刑相适应原则

### 法的门前

2006 年 4 月 21 日晚,许×至 ATM 取款机取款。取出 1000 元后,惊讶地发现银行卡账户里只被扣了 1 元,狂喜之下又连续取款 5.4 万元。许×将此事告诉郭×,两人再次前往提款,之后反复操作多次。许×先后取款 171 笔,合计 17.5 万元;郭×先后取款 1.8 万元。事后,二人各携赃款潜逃。同年 11 月 7 日,郭×向公安机关投案自首,并全额退还赃款。许×潜逃一年,将所获赃款全

部挥霍,后被警方抓获。法院认定郭×构成盗窃罪,但因其自首并主动全额退赃,判处有期徒刑一年,并处罚金1000元;认定许×构成盗窃罪,但因其盗窃金融机构,数额特别巨大,判处无期徒刑,剥夺政治权利终身,并处没收个人全部财产。许×上诉,二审法院认定许×犯盗窃罪,判处有期徒刑5年。

**请思考:**许×与郭×实施的犯罪行为相同,但两人承担的刑事责任、受到的刑罚处罚为何不同? 对许×的判决,一审法院和二审法院为何差别较大?

罪责刑相适应原则,是指刑事责任的大小和刑罚的轻重由罪行的大小来决定,犯多大的罪,应当承担多大的刑事责任,进而应当受到多大的刑罚处罚。简单说来,就是罚当其罪,即有罪必罚,重罪重罚,轻罪轻罚,罪责刑相称。在确定罪行大小时,既应当考虑犯罪行为的性质、情节等因素,也应当考虑犯罪人的人身危险性等因素,综合考量整个犯罪事实的社会危害性,从而确定刑事责任的大小,决定适用刑罚的轻重,符合基本的公平观念。我国《刑法》第5条规定:"刑罚的轻重,应当与犯罪分子所犯罪行和承担的刑事责任相适应。"

### 一、有罪必罚、重罪重罚、轻罪轻罚的公平观

罪责刑相适应原则起源于朴素的公平观念,最早可追溯至人类社会发展初期的同态复仇观念,以眼还眼、以牙还牙等思想是公平和正义观念的原始表现,也是罪刑相适应观念的初期表现形态。古今中外,任何国家对不同犯罪均施以不同刑罚,如杀人者处死、盗窃者处以罚金等,符合罪刑相适应的观念。经17—18世纪欧洲启蒙思想家的提倡与发展,罪刑相适应原则在反对罪刑擅断主义的过程中逐渐形成。19世纪末,罪刑相适应原则的内容受到挑战,但并不影响其作为刑法基本原则的地位。

朴素的公平观,即因果报应观,要求善有善报、恶有恶报。犯罪是危害社会、破坏秩序的行为,在客观上表现为"害"的结果,在主观上表现为"恶"的动机。已经实施的犯罪行为,作为一种恶行,应当受到"恶报",而刑事责任的承担以及刑罚的适用是由国家对犯罪行为进行制裁和惩罚,是对犯罪行为的一种"报复"。犯罪行为是"因",刑事责任及刑罚处罚是"果",这是朴素的因果报应观、以恶报恶的正义观在刑罚领域的体现。

**法的精义**

犯罪对公共利益的危害越大,促使人们犯罪的力量越强,制止人们犯罪的

手段就应该越强有力。这就需要刑罚与犯罪相对称。

——［意大利］贝卡利亚

### （一）有罪必罚

基于因果报应的公平观,罪责刑相适应原则的内容首先体现为有罪必罚。有罪必罚,意味着犯罪行为必须受到国家的制裁和惩罚,是国家对犯罪行为作出的否定性评价,使得犯罪人因自己的行为承担强制性的不利后果,为自己的行为付出相应的代价,主要体现为人身自由的限制与剥夺,有时甚至是以生命为代价。比如,拐卖妇女、儿童的犯罪行为,侵犯妇女、儿童的人身自由权和人格尊严权,引发被害人家庭妻离子散甚至家破人亡的悲剧,严重破坏社会秩序,必须受到制裁和惩罚,强制犯罪人为其犯罪行为付出代价。我国《刑法》对此类犯罪行为作出明确的惩罚,处五年以上十年以下有期徒刑,并处罚金;情节严重的处十年以上有期徒刑或者无期徒刑,并处罚金或者没收财产;情节特别严重的,处死刑,并处没收财产。

如果有罪不罚,不仅违背基本的公平观,更重要的是刑罚存在的目的与功能完全瘫痪,严重危及法律的权威性。试想,如果对拐卖妇女、儿童的犯罪行为不予惩罚,将会产生什么样的后果? 刑罚的存在还有意义吗? 人们还会相信法律吗? 法律的权威性何在?

### （二）重罪重罚、轻罪轻罚

基于朴素的公平观,罪责刑相适应原则的内容其次体现为重罪重罚、轻罪轻罚,即刑事责任的大小、刑罚的轻重应当与犯罪行为的性质、情节以及犯罪人的人身危险性等因素相适应。罪重的,责任大,量刑重;罪轻的,责任小,量刑轻。如果罪重的责任小、量刑轻,或者罪轻的责任大、量刑重,则明显违背公平和正义的要求。比如,故意杀人的犯罪行为与侮辱、诽谤罪的行为相比,显然故意杀人的犯罪行为社会危害性大,其刑罚必然比侮辱、诽谤罪的刑罚要重。如果故意杀人罪的刑罚比侮辱、诽谤罪的刑罚还轻,则违背基本的公正观念,刑事责任、刑罚与犯罪行为之间的"因果报应"关系也无从体现。

#### 法象万千

《刑法》第232条规定,故意杀人的,处死刑、无期徒刑或者十年以上有期徒刑;情节较轻的,处三年以上十年以下有期徒刑。

第 246 条第 1 款规定,以暴力或者其他方法公然侮辱他人或者捏造事实诽谤他人的,情节严重的,处三年以下有期徒刑、拘役、管制或者剥夺政治权利。

---

当然,罪责刑相适应原则并不是绝对的,并不意味着罪责刑的绝对均衡或机械对应。罪责刑相适应原则是相对的,特殊情况下,并非有罪必有责,也并非有责必有罚。也就是说,存在有罪无责或有责无罚的情况。有罪无责,主要是说犯罪行为已经发生,但由于特殊情况的出现,对犯罪人不追究刑事责任。如犯罪行为已超过法定追诉时效期限,一般不再追究刑事责任。有责无罚,主要是说犯罪行为应当承担刑事责任,但由于特殊情况的出现,对犯罪人免除刑事处罚。如犯罪人在犯罪过程中,自动放弃犯罪或者自动有效地防止犯罪结果发生,没有造成损害后果的,应当免除处罚。可见,犯罪行为与刑事责任、刑罚处罚之间并非绝对不可分割。

## 二、刑事责任、刑罚与犯罪性质相适应

犯罪行为的性质不同,侵害的利益不同,社会危害性程度不同,刑事责任大小及刑罚处罚的严厉性程度则必然不同。罪与责、刑在性质上要相同或相近,即刑事责任及刑罚处罚应当与犯罪行为的性质及其严重性相适应,不同类型、不同性质的犯罪行为应当承担轻重、大小有别的刑事责任和刑罚处罚。

犯罪行为的性质,是刑事责任与刑罚处罚的前提和基础。只有在准确认定犯罪行为性质的基础上,即定罪准确的基础上,才能决定犯罪分子承担的刑事责任及受到的刑罚处罚。定罪如果不准确,刑事责任的认定及其刑罚处罚必然出现偏差。因此,认定犯罪行为的性质(定罪)是影响刑事责任与刑罚处罚的关键因素。

犯罪行为的性质取决于其侵害的利益。不同性质的犯罪行为,侵害利益的重要性不同,社会危害性程度存在区别,进而决定刑事责任及刑罚处罚的轻重。犯罪行为侵害的利益越重要,刑事责任与刑罚处罚相对较重;犯罪行为侵害的利益越轻微,刑事责任与刑罚处罚相对较轻。例如,侵犯公民人身权利的犯罪与侵犯公民财产权利的犯罪相比,量刑相对较重,因为人身利益通常比财产利益更重要。对侵犯人身权利的犯罪行为,主要处以剥夺人身权利的刑罚,如管制、拘役、有期徒刑、无期徒刑或死刑五种主刑;对侵犯财产权利的犯罪行为,除处以主

刑外,还应处以剥夺财产权利的刑罚,如判处罚金、没收财产等附加刑;对公务人员利用职权实施的犯罪行为,除处以主刑外,还应处以剥夺政治权利的刑罚。

如果犯罪行为侵害的利益较重要,但却处以较轻的刑罚,或者犯罪行为侵害的利益较轻微,却处以较重的刑罚,则出现罚不当罪的现象。如对侵犯人身安全的故意伤害罪仅仅处以罚金,对侵犯财产利益的、没有严重情节的盗窃罪处以死刑,反差太大,罚不当罪。犯罪行为的性质与其刑事责任及刑罚处罚不相适应,必然违背公平和正义的观念,进而失去刑法的权威性,也影响其作用的真正发挥。

### 三、刑事责任、刑罚与犯罪情节相适应

在犯罪行为的性质相同的情况下,犯罪情节则成为刑事责任与刑罚处罚的重要考量因素。犯罪情节,能够反映犯罪行为的社会危害性大小,进一步影响刑事责任及刑罚的轻重。对于同一性质的犯罪行为,情节严重的,社会危害性大,责任与刑罚则重;情节轻微的,社会危害性小,责任与刑罚则轻。反之,则背离罪责刑相适应原则的要求,不符合刑法公正的理念。另外,对于同一性质的犯罪行为,情节相似,责任与刑罚应当相似;情节差异明显,责任与刑罚应当有显著差别。如果对情节相似的犯罪行为,处以差异明显的刑事责任和刑罚,或者对情节差异明显的犯罪行为,处以相似的刑事责任和刑罚,则必然违反罪责刑相适应原则,也当然违背公平和正义的要求。

犯罪情节主要包括主观方面、客观方面等内容:

其一,主观方面的情节,主要体现为故意与过失。故意与过失能够反映犯罪人在主观方面的恶性及其社会危害性,进而影响刑事责任与刑罚的轻重。故意,意味着明知自己的行为会发生危害社会的结果,并且希望或者放任这种结果发生,表明行为人主观恶性大,社会危害性大;过失,意味着应当预见自己的行为可能发生危害社会的结果,因为疏忽大意而没有预见,或者已经预见而轻信能够避免,以致发生危害社会的结果,表明行为人主观恶性小,社会危害性小。对于故意犯罪,应当负刑事责任;对于过失犯罪,法律有规定的才负刑事责任,法律无规定的不负刑事责任。而且,在承担刑事责任的前提下,刑罚处罚通常比故意犯罪要轻。

例如,我国《刑法》只有故意伤害罪的罪名,没有过失伤害罪的罪名。过失

伤害行为只有致人重伤才构成犯罪,否则不构成犯罪。而且,过失伤害致人重伤罪与故意伤害罪致人重伤的情形相比,尽管犯罪行为的表现相同,均为伤害他人并致人重伤,但因主观方面差异较大,刑罚处罚明显要轻。故意伤害罪,致人重伤的,处三年以上十年以下有期徒刑,最低刑为三年以上有期徒刑;过失致人重伤罪,处三年以下有期徒刑或者拘役,最高刑为三年有期徒刑。

其二,客观方面的情节,主要体现在犯罪主体的人数、犯罪时间、犯罪地点、犯罪工具、侵害对象、造成后果、犯罪手段、犯罪数额等方面。犯罪主体人数多寡、犯罪时间或地点或工具或对象等是否特殊、造成后果是否严重、犯罪手段是否残忍、犯罪数额是否巨大等因素,均能够体现行为的社会危害性程度,影响刑事责任与刑罚处罚的轻重。

例如,关于抢劫罪,客观方面情节不同,表明社会危害性大小不同,刑事责任与刑罚处罚必有差别。多人共同实施抢劫与一人单独实施抢劫,在犯罪主体人数上存在差异;公共交通工具上抢劫、入户抢劫与其他场所抢劫,在犯罪地点方面存在不同;持枪抢劫与持刀、棍棒抢劫,在犯罪工具方面不同;抢劫枪支、弹药、爆炸物的与抢劫普通财物,在侵害对象方面有区别;抢劫致人重伤或死亡的与未造成重伤或死亡的,在犯罪结果方面存在不同。上述客观方面的情节差异,前者均为抢劫罪中情节严重的情况,我国《刑法》均予以加重处罚。一般抢劫罪,处三年以上十年以下有期徒刑,并处罚金;情节严重的,处十年以上有期徒刑、无期徒刑或者死刑,并处罚金或者没收财产。

## 四、刑事责任、刑罚与犯罪人的人身危险性相适应

刑事责任和刑罚处罚,应当考虑已经实施的犯罪行为(已然之罪)的性质、情节等重要因素,惩罚犯罪行为,体现刑罚公正的目的和功能;还应当考虑犯罪人的人身危险性等因素,针对未来可能发生的犯罪行为(未然之罪)进行预防,体现刑罚预防犯罪的目的和功能。如果仅仅考虑犯罪行为的性质、情节等因素,而忽视犯罪人的个人情况尤其是人身危险性因素,则难以有效地制裁和惩罚犯罪行为,无法全面实现刑法的目的和功能。

刑罚的目的与功能,不仅在于对已然之罪的惩罚与报应,而且在于对未然之罪的遏制与预防,因此,必须正视犯罪人的人身危险性因素,对其进行事先预防,避免将来可能实施的危害行为。在此基础上,强调对犯罪人的改造和教育,

消除其危险性,使其重返社会。

## 法治天下

　　关于刑罚的目的与功能,始终存在两种学说的对立与交叉,即报应主义刑罚观与功利主义刑罚观。报应主义刑罚观,认为犯罪与刑罚之间存在着必然的因果关系,刑罚作为惩罚犯罪的手段,不仅能够维护、恢复犯罪所侵害的社会秩序,也能够实现社会的公平和正义;功利主义刑罚观,认为刑罚的目的在于功利性,能够给社会带来实际利益,即预防犯罪,刑罚的轻重取决于预防犯罪的实际需要。我们认为,刑罚的目的与功能兼具报应主义与功利主义两方面,既能实现公平,也能预防犯罪。

　　犯罪人的人身危险性,即再犯危险性,是犯罪人在犯罪过程中以及犯罪前后表现出来的、与犯罪人的人格直接相关的因素,据此能够衡量犯罪人重新犯罪的可能性及其对社会的潜在危险性,是影响刑事责任大小、刑罚轻重的重要因素。

　　犯罪人的人身危险性大,再次犯罪的可能性大,则刑事责任大,刑罚重。如我国《刑法》中关于累犯制度的规定即为此类情形的具体体现。累犯,是被判处有期徒刑以上刑罚的犯罪分子,刑罚执行完毕或者赦免后,在 5 年内再犯应当判处有期徒刑以上刑罚之罪的。对于累犯,《刑法》总则规定"应当从重处罚"。可见,累犯的人身危险性大,再犯的可能性非常大,对社会的潜在危险性大,因此刑事责任及刑罚处罚重。

　　犯罪人的人身危险性小,再次犯罪的可能性小,则刑事责任小,刑罚轻。如我国《刑法》中关于自首或立功等制度的规定均为此类情形的体现。自首,是犯罪分子实施犯罪行为后自动投案,如实供述自己罪行,可以从轻或者减轻处罚。如果犯罪较轻的,可以免除处罚。立功,是犯罪分子有揭发他人犯罪行为,查证属实的,或者提供重要线索,从而得以侦破其他案件等立功表现的,可以从轻或者减轻处罚。有重大立功表现的,可以减轻或者免除处罚。可见,自首或立功反映出犯罪人在犯罪后的态度较好,人身危险性降低,对社会的潜在危险性降低,再犯的可能性较小,因此刑事责任及刑罚处罚较轻。

　　在各个具体的案件中,结合犯罪人的人身危险性来确定刑事责任和刑罚轻重,从而预防未来可能发生的犯罪行为,实现刑罚预防犯罪的功能。

# 第三节　刑法平等适用原则

2016 年 1 月 17 日,被告人苏×(孕妇)骑电动车搭载女儿在×超市门口,见被害人易×的三轮车上有数件家电,便尾随其至某小区 9 栋 2 单元楼道口处,其女儿先行离开。之后苏×趁易×上楼送家电之际,将一台 55 寸海尔液晶电视机(价值人民币 3899 元)搬到自己的电动车上,带回家中藏匿。案发后,被盗电视机已收缴并发还给被害人。法院认为,被告人苏×的行为构成盗窃罪,但未造成损失、当庭自愿认罪、且为孕妇,可酌情从轻处罚,适当减少刑罚。依照《刑法》关于盗窃罪以及对怀孕的妇女适用缓刑的相关规定,判处被告人苏×有期徒刑七个月,缓刑一年,并处罚金 7000 元。

**请思考:**《刑法》为何对怀孕的妇女的犯罪行为作出特殊规定? 对其处以较轻的刑罚? 这是否违背《刑法》平等适用原则的要求? 为什么?

《刑法》平等适用原则,是指任何人犯罪,都应当受到平等的对待,按照相同的标准认定犯罪行为的性质,按照相同的标准给予刑罚处罚,不因行为人的社会地位、职业性质、收入状况、宗教信仰、受教育程度、政治面貌、性别、身份、民族、种族、语言等方面的差异而予以区别对待。简单说来,就是对于任何犯罪行为,都应该予以平等地对待,平等地定罪与量刑,以实现《刑法》的公正性。我国《刑法》第 4 条规定:"对任何人犯罪,在适用法律上一律平等。不允许任何人有超越法律的特权。"但是,特定情形下,出于对弱势群体的保护,也允许合理的差别对待。

## 一、法律面前人人平等的刑法化

### (一)法律面前人人平等的原则

法律面前人人平等的思想源远流长。古希腊思想家对此就有过较为充分的表达;古罗马法律制度也充分体现了平等的内容;欧洲中世纪宗教法学思想中也表达了人人平等的思想;17—18世纪欧洲启蒙思想家提倡人人生而平等的观念,在反对封建特权和等级制度的斗争中发挥了重要的作用,并体现在重要的宪法性文件中,如美国1776年的《独立宣言》、法国1789年的《人权和公民权宣言》等。由此,法律面前人人平等作为法治的一项基本原则得以确立,并以维护和保障人权为核心。许多国家将其确立为宪法性原则,联合国大会也通过《世界人权宣言》和《经济、社会、文化权利国际公约》对该项原则予以明确规定。

## 法象万千

法国《人权和公民权宣言》第1条规定:人生来是而且始终是自由平等的,在权利方面一律平等。社会差别只能建立在公益基础之上。《世界人权宣言》第7条规定:法律面前人人平等,并有权享受法律的平等保护,不受任何歧视。人人有权享受平等保护,以免受违反本宣言的任何歧视行为以及煽动这种歧视的任何行为之害。

法律面前人人平等原则,简单说来,就是法律一律平等地适用于一切人。该原则的主要内容包括三个方面:其一,平等地受到尊重。任何人的人格都得到法律充分的尊重,平等地享有主体资格,行使法律规定的权利,平等地履行义务,平等参与各种活动。其二,平等地受到对待。任何人都受到法律平等地对待,即法律为一切人提供平等的保护以及平等的惩罚,不应因人而异。其三,反对特权。任何人都不得享有超越法律的特权。法律面前人人平等,必然要求反对特权,反对"不合理的照顾",反对基于不合理的原因而产生的差别待遇,如根据民族、种族、身份、职业、财产、受教育程度等方面的不同而区别对待。

《中华人民共和国宪法》(以下简称《宪法》)作为根本大法和其他一切法律的"母法",明确规定法律面前人人平等的基本原则,即"中华人民共和国公民在法律面前一律平等",任何组织或者个人都"必须遵守宪法和法律","都不得有超越宪法和法律的特权","一切违反宪法和法律的行为,必须予以追究"。

## 法的精义

法律不能使人人平等,但是在法律面前人人是平等的。

　　　　　　　　　　　　　　　　　　　　　　——[英]波洛克

### （二）在刑法领域的具体化

我国《宪法》规定的"法律面前人人平等"原则在刑法领域体现为"刑法平等适用原则"，明确规定在《刑法》第4条，即对任何人犯罪，在适用法律上一律平等。不允许任何人有超越法律的特权。该原则要求，行为人应当受到刑法的平等对待和平等保护；犯罪行为应当受到刑法的平等制裁与惩罚；任何人不得享有刑法上的特权，不得基于不合理的根据而被区别对待。

刑法平等适用原则，基本含义包括两方面：其一，平等适用，意味着任何人实施犯罪行为，都应该按照相同的标准认定犯罪的性质（定罪），按照相同的标准给予刑罚处罚（量刑），不因行为人的社会地位、职业性质、收入状况、宗教信仰、受教育程度、政治面貌、性别、身份、民族、种族、语言等方面的差异而予以区别对待。其二，反对特权，意味着刑法适用过程中不允许任何人有超越法律的特权，不允许任何人因拥有特权而受到差别对待，如有罪不判、重罪轻判、轻罪重判等。

实践中，由于各种因素的限制，刑法平等适用原则并未得到全面贯彻，在某些刑事领域还存在若干问题，如以权抵罪、以钱抵罪等现象。因此，刑法平等适用原则的实践仍然是我国法治建设中的一项重要任务，需要国家、社会和公民在法治理念、法律制度等方面持续不断地努力。

## 二、平等地定罪量刑

平等地定罪量刑，是刑法平等适用原则的基本内容和主要体现，不仅对行为人的权利予以平等保护，也体现刑法的公正性，使得刑法在适用中真正做到不偏不倚、不枉不纵。

### （一）平等地认定犯罪

任何人实施犯罪行为，应当按照相同的标准认定犯罪行为的性质，一律平等地对待，不能因人而异或因人定罪。实施了同样的犯罪行为，应当获得同样的定罪结果，不能因为行为人地位高、收入多、受教育程度高等因素而不予定罪或定为较轻的罪名，也不能因为行为人地位低、收入少、受教育程度低等因素而任意定罪。

平等认定犯罪的标准，具体包括两方面内容：

其一，罪与非罪的标准。行为是否构成犯罪，需要按照一定的标准予以认定。首先,社会危害性是认定犯罪的最基本标准,即行为必须具有社会危害性,危害到刑法所保护的社会关系,且社会危害性必须达到一定程度。比如,诈骗罪是以虚构事实或隐瞒真相的手段侵害公私财物达到较大数额的一种犯罪行为。如果行为没有侵害公私财物,或者侵害公私财物的数额不大,都不构成诈骗罪。其次,刑事违法性是认定犯罪的重要标准,即行为必须触犯了刑法。如果行为触犯了其他法律,只能算作违法行为,并不构成犯罪。比如,诈骗同学100元,只是违反《中华人民共和国治安管理处罚法》(以下简称《治安管理处罚法》),属于一般违法行为,但并不构成犯罪。再次,刑罚当罚性也是认定犯罪的重要标准,即行为应当受到刑罚处罚。比如,诈骗罪最低可处以三年以下有期徒刑、拘役或者管制,并处或者单处罚金。如果行为不应当受到刑罚处罚,而只是受到其他法律的处罚,就不构成犯罪。

如果因行为人在身份、职业、性别、收入等方面存在差异,而将无罪认定为有罪或将有罪认定为无罪,是对平等适用刑法原则的违背。

其二,此罪与彼罪的标准。犯罪行为触犯哪种罪名,主要取决于其侵害的客体以及犯罪行为的时间、地点、手段、对象及后果等因素。比如,我国《刑法》分则按照犯罪行为侵害的客体不同,将所有犯罪行为分为十大类(参见本章第一节),又将每一大类犯罪按照犯罪行为的时间、地点、手段、对象及后果等因素,详细分为不同类别,成为认定、区分此罪与彼罪的重要标准。例如,盗窃罪与诈骗罪,都是侵害公私财物的犯罪行为,都属于侵害财产罪这一大类,但是由于犯罪手段不同,构成不同种类的罪名,在定罪时要予以区分。

如果因行为人在身份、职业、性别、收入等方面存在差异,而将此罪定为彼罪,也是对平等适用刑法原则的违背。

### (二)平等地适用刑罚

平等地适用刑罚,意味着按照相同的标准追究刑事责任并给予刑罚处罚,即根据犯罪行为的性质、情节及犯罪人的人身危险性等因素综合考量刑事责任和刑罚的轻重,不能因人而异,因人而罚。同样的犯罪行为,情节相同,犯罪人的人身危险性相同,那么不论行为人的地位、身份、职业、性别、收入、种族、信仰等方面存在多大的差异性,均应处以相同的刑罚,不能因为上述差异而加重处罚或减轻处罚,否则是对特权的承认与默许。比如,同样实施了分裂国家罪的犯罪行为,犯罪情节及犯罪人的人身危险性也相同,则应当受到相同的处罚,做到同罪同罚,不能因行为人是"官二代"或"富二代"或受教育程度高等其他因素而予以区别对待,即不能因此而加重或减轻其刑罚处罚,否则是对权力、金钱或知识等方面的特殊性予以认可和支持,严重违背刑法平等适用的原则。

同罪同罚是平等量刑的基本要求。当然,也有同罪不同罚的情况。性质相同的犯罪行为,在犯罪情节或犯罪人的人身危险性等方面存在差异,说明犯罪行为的社会危害性程度及其后果有所区别,因此而受到不同的刑罚处罚,这是合理的,并不违反平等量刑的要求。针对不同情况而予以区别对待,正是符合了罪责刑相适应原则的要求(详见本章第二节内容)。

### 三、差别对待的特殊性

刑法平等适用原则,意味着反对特权,反对不合理的差别对待,但并不否认合理的差别对待。合理的差别对待并不是特权,而是基于客观条件的差异而被社会普遍接受的差别,并非对刑法平等适用原则的背离,而是其应有之意。

**法治天下**

---

平等,可以分为形式平等与实质平等两类。简单说来,形式平等意味着机会平等,即人们获得生存与发展的机会是平等的,强调同等情况同样对待;实质平等意味着结果平等,即人们参与社会活动后获得的待遇、分配等结果具有公正性,是人们追求公平的根本目的。社会和法律的发展不能简单地停留在形式平等层面,而应在一定程度上兼顾实质平等,将平等的双重维度予以全面体现,才能实现平等的真正目标。当然,实质平等不可预期,必然伴随着不平等结果的发生,因此对其应当予以适当调整和特殊保护。

---

合理的差别对待,是追求实质平等的一种表现,即法律对弱势群体予以特殊保护。弱势群体,是在社会生产和生活中由于自然原因、传统文化、社会制度、经济力量等因素的影响而处于相对较弱、较低的不对等地位,其权利受到不公平对待而被侵害的可能性比普通群体要大。因此,法律对弱势群体予以特殊保护,给予合理的差别对待,不仅基于深刻的人文思考,更是对实质平等的追求,从而实现对人权的全面保护。

合理的差别对待,在刑法领域体现为对部分弱势群体在定罪量刑方面予以特殊的保护,如对未成年人、精神病人、功能障碍者、怀孕或处于哺乳期的妇女、老年人等特殊群体的特殊规定。

**(一)未成年人犯罪的特殊规定**

未成年人,由于其年龄的特殊性,在认知和控制自己行为等方面存在瑕疵,不能明确了解其犯罪行为的性质和意义,无法准确预测其犯罪行为可能产生的后果,无法完全控制自己的行为,因此对其犯罪行为的定性及处罚都作了特殊规定。如根据《刑法》第17条的规定,已满十四周岁不满十八周岁的人犯罪,应当从轻或者减轻处罚。因不满十六周岁不予刑事处罚的,责令他的家长或者监护人加以管教;在必要的时候,也可以由政府收容教养。

**(二)精神病人犯罪的特殊规定**

精神病人,由于在精神健康方面存在问题,无法完全认知犯罪行为的性质、意义和后果等内容,不能完全控制自己的行为,因此对其犯罪行为作出特殊规定。如《刑法》第18条对此规定:精神病人在不能辨认或者不能控制自己行为的时候造成危害结果,经法定程序鉴定确认的,不负刑事责任,但是应当责令他的家属或者监护人严加看管和医疗;在必要的时候,由政府强制医疗。间歇性的精神病人在精神正常的时候犯罪,应当负刑事责任。尚未完全丧失辨认或者控制自己行为能力的精神病人犯罪的,应当负刑事责任,但是可以从轻或者减轻处罚。

**(三)功能障碍者犯罪的特殊规定**

功能障碍者实施犯罪行为,应当依法定罪并追究刑事责任。但是,由于其在视力、听力、语言、智力、肢体等方面有长期损伤,存在功能性障碍,因此在量刑方面予以特殊保护。如《刑法》第19条规定:又聋又哑的人或者盲人犯罪,可以从轻、减轻或者免除处罚。

**(四)怀孕或处于哺乳期的妇女犯罪的特殊规定**

怀孕或处于哺乳期的妇女实施犯罪行为,应当依法定罪并追究刑事责任。但是,由于其生理、心理等处于特殊情况,而且涉及另外一个生命的生存与抚养问题,因此在量刑方面予以特殊保护,如不能判处死刑、应当缓刑等。如根据《刑法》第49条的规定,审判的时候怀孕的妇女,不适用死刑。即便其分娩后,也不能判决死刑。根据《刑法》第72条的规定:对于被判处拘役、三年以下有期徒刑的怀孕的妇女,如果同时符合下列条件,应当宣告缓刑:犯罪情节较轻;有悔罪表现;没有再犯罪的危险;宣告缓刑对所居住社区没有重大不良影响。

### (五)老年人犯罪的特殊规定

已满七十五周岁的老年人实施犯罪行为,应当依法定罪并追究刑事责任。只是由于其年龄过大,各项生理活动及功能状态都有特殊性,如感觉器官功能下降、神经运动机能放缓、记忆减退等,因此在量刑方面予以特殊保护。如《刑法》第17条之一规定:已满七十五周岁的人故意犯罪的,可以从轻或者减轻处罚;过失犯罪的,应当从轻或者减轻处罚。如《刑法》第49条第2款规定:审判的时候已满七十五周岁的人,不适用死刑,但以特别残忍手段致人死亡的除外。《刑法》第72条规定:对于被判处拘役、三年以下有期徒刑的已满七十五周岁的人,如果同时符合下列条件,应当宣告缓刑:犯罪情节较轻;有悔罪表现;没有再犯罪的危险;宣告缓刑对所居住社区没有重大不良影响。

 **课后思考**

1. 罪刑法定原则是刑法的灵魂,以保障人权为精神旨趣和目标。如何理解限制国家刑罚权与保护被告人权利两者之间的关系?

2. 罪责刑相适应原则体现重罪重罚、轻罪轻罚的公平观。请比较故意犯罪与过失犯罪、犯罪既遂与犯罪中止之间的刑罚差异,分析其如何体现罪责刑相适应原则的要求?

3. "法律不能使人人平等,但在法律面前人人是平等的。"如何理解这句格言在刑法平等适用原则中的体现?刑法适用平等原则是否意味着一律无差别地对待所有行为人?为什么?

 **参考文献**

1. [意]切萨雷·贝卡里亚:《论犯罪与刑罚》,黄风译,北京大学出版社2008年版。

2. 陈兴良:《刑法的价值构造(第二版)》,中国人民大学出版社2006年版。

3. 高铭暄、马克昌主编:《刑法学(第八版)》,北京大学出版社2017年版。

4. 张明楷:《刑法学》,法律出版社2011年版。

5. 陈兴良:《罪刑法定主义的逻辑展开》,载《法制与社会发展》2013年第

3 期。

　　6. 刘宪权:《论罪刑法定原则的内容及其基本精神》,载《法学》2006 年第 12 期。

　　7. 马荣春:《论罪刑相适应原则之刑法地位》,载《河北法学》2008 年第 5 期。

　　8. 李永升:《罪刑相适应原则的内涵解读》,载《甘肃社会科学》2005 年第 4 期。

　　9. 李邦友:《论刑法平等原则的理论基础》,载《现代法学》2002 年第 3 期。

　　10. 赖早兴:《刑法平等原则辨析》,载《法律科学》2006 年第 6 期。

# 第十三章
# 行政法基本原则

---

　　行政法就是规范行政的法。行政法产生及其存在的意义，即在规范政府的作为，保障人民的权利。行政法泛指所有关于国家行政所适用的法规，凡有关行政权的组织、职权、任务、行使程序、救济，以及行政权与人民之间的权利义务关系的法规，都属于行政法。国家是为人民而存在，当政府为实现多数人或全体人民的共同利益或普遍福祉，须限制人民的某些自由与权利时，必须透过法律来规范政府的作为，才能确实保障全体人民的权益。

　　行政主体在行使职权的过程中必须遵循"依法行政"原则和"行政公开"原则。"依法行政"原则要求行政许可条件、权限和程序法定，行政强制、行政处罚职权法定、合法适当、程序法定。"行政公开"原则要求政府信息以公开为原则，以不公开为例外，切实保障公众的知情权。当行政主体违反上述原则，行政相对人可以通过行政复议和行政诉讼获得救济。行政复议机关全面公正审查行政行为的合法性和合理性，人民法院在行政诉讼中依法独立公正审查行政行为的合法性。

---

# 第一节　依法行政原则

**法的门前**

　　继 1999 年、2004 年、2010 年国务院发布全面推进依法行政的决定、全面推进依法行政实施纲要、关于加强法治政府建设的意见之后，2015 年 12 月，中共中央、国务院联合印发了《法治政府建设实施纲要(2015—2020 年)》(以下简称《纲要》)。《纲要》设定总体目标：经过坚持不懈的努力，到 2020 年基本建成职能科学、权责法定、执法严明、公开公正、廉洁高效、守法诚信的法治政府。

　　**请思考**：为什么要建成法治政府？

　　依法行政乃是行政法最为基本的原则。通常认为是指行政机关按照法律规定的职权职责，依照法定的范围、条件、标准、幅度、内容和程序来行使职权和履行职责等。"依法行政"所依的"法"，主要是指法律、行政法规、地方性法规、自治条例和单行条例、部门规章、地方规章，以及享有法律解释权的国家机关所作的正式有效的法律解释。"依法行政"的"行政"是指行政机关为实现法定职能，对行政事务进行的组织、管理活动。其内涵既应包括运用职权实施管理，也包括履行职责提供服务。因此，完整意义上的"依法行政"，不仅指向严格依法行使职权，也强调行政机关必须切实履行各项法定职责。这样的目的在于，避免"有利争着上"的多头执法、滥用职权，也避免"无利都不管"的现象。

## 一、职权法定

　　职权法定是行政机关及其工作人员行使权力的第一要义，是保障合法行政的前提。它意味着行政机关的职权必须由法律规定，行政机关必须在法律规定的职权范围内活动，非经法律授权，不得行使某项职权。同时，即使有行使职权的法律依据，也必须按法律所设定的职权范围和要求去行使。政府应保障市场和公民"法不禁止即为自由"的空间和自治权利，凡是由市场和公民能自主管理、解决的事项都应由其自主处理和解决，行政机关不得在法律规定之外随意运用行政手段实施干预。

**法的精义**

一切有权力的人都容易滥用权力,这是万古不易的一条经验。有权力的人们使用权力一直到遇到有界限的地方才休止。

——[法]孟德斯鸠

从既有的行政法规来看,职权法定主要表现在法律优位原则和法律保留原则。法律优先又称为法律优位,是指在法律已有规定的情况下,行政立法不得与法律相抵触,如有不同规定,则以法律为准。简言之,就是立法者制定的法律,在位阶上高于行政立法。这体现行政机关具有服从立法的消极性义务。从形式上讲,我国广义的法律有多种表现形式,包括法律(狭义而言)、行政法规、地方性法规和政府规章等。这些不同形式的法,都可以作为行政所依之法,但其效力等级是不同的。一般地讲,法律具有最高效力,所有其他形式的法都必须服从法律,与法律相抵触者无效。地方性法规和政府规章不能违反行政法规,地方政府规章不能违反地方性法规,否则违反者无效。所以,行政所依之法应当以法律为最高标准。贯彻法律优先的原则,主要体现在两个方面:一方面是在已有法律规定的情况下,地方性法规和规章的规定,无论是实体方面还是程序方面,都不得与法律相抵触。凡有抵触的,在执行中都应当以法律为准。另一方面,在法律尚未规定,地方性法规和政府规章作了规定时,一旦法律对此事项作出规定,地方性法规和政府规章都必须按照法定程序,予以修改或废止,服从法律。

法律保留原则这一原则是指宪法和法律将某些事项保留在立法机关,只能由立法机关通过法律加以规定,或者由法律明确授权行政机关才可以制定有关的行政规范;法律没有规定的,行政机关不得为之,法律没有明确授权的,行政机关不得制定行政法规范。法律保留可以分为绝对保留和相对保留。绝对保留是指某些事项只能由法律规定,法律不得授权行政机关规定。相对保留是指在某些特殊情况下,法律可将由其保留的某些事项授权给行政机关规定。我国宪法和法律对必须由法律规定的事项已作出某些规定。如行政处罚法规定,限制公民人身自由的事项只能由法律规定,不得授权,这就是法律的绝对保留。关于涉及公民财产权的处罚,由行政处罚法授权行政法规、地方性法规和规章行使,这就是法律的相对保留。

## 二、合法适当

合法适当包括合法行政和适当行政两部分内容。合法行政是指行政机关实施行政管理,应当依照法律、法规、规章的规定进行;没有法律、法规、规章的规定,行政机关不得作出影响公民、法人和其他组织合法权益的决定。其解决的是行政行为"合不合法"的问题。

适当行政(或称之为合理行政)是依法行政发展到一个较高阶段的产物,是一种更高标准的依法行政。适当行政要求行政机关作出的决定适度、适当、合乎情理,其解决的是行政行为"当与不当"的问题。适当行政是合法行政的必要补充。合理行政必须以合法行政为前提,合理是合法范围内的合理,而不是合法范围之外的合理。任何违法的所谓"合理",都是不能容忍的。

**法象万千**

要最大限度减少政府对微观事务的管理。对保留的审批事项,要推行权力清单制度,公开审批流程,提高审批透明度,压缩自由裁量权。对审批权力集中的部门和岗位要分解权力、定期轮岗,强化内部流程控制,防止权力滥用。

——习近平在第十八届中央纪律检查委员会第五次全体会议上的讲话

(2015 年 1 月 13 日)

适当行政具体地说,包括两个方面内容:一是行政机关实施行政管理,应当遵循公平、公正的原则,要平等对待行政管理相对人,不偏私、不歧视。如根据《中华人民共和国行政许可法》(以下简称《行政许可法》)第 5 条第 3 款规定:"符合法定条件、标准的,申请人有依法取得行政许可的平等权利,行政机关不得歧视。"亦即行政机关在设定和实施行政许可时要平等地对待所有个人和组织,不能因为个人和组织的地位、经济条件或来自地区不同等无关因素而作差别待遇。二是行政机关作出行政行为必须符合比例原则。即主观上必须出于正当动机,客观上必须符合正当的目的,所采取的措施和手段应当必要、适当。如《中华人民共和国行政处罚法》(以下简称《行政处罚法》)第 4 条第 2 款规定,设定和实施行政处罚必须以事实为依据,与违法行为的事实、性质、情节以及社会危害程度相当。同样《中华人民共和国行政强制法》第 5 条规定:"行政强制的设定和实施,应当适当。采用非强制手段可以达到行政管理目的的,不得设定和实施行政强制。"比例原则是对行政自由裁量权进行控制的一种手段,其强调行政手段与目的之间的均衡关系,一般而言又包含三项具体原则。首先,适当性原则(又称为妥当性原则),是指行政主体所采取的措施必须能够实现行政目的或至少有助于行政目的的达成。其次,必要性原则(又称为最小侵害性原则),是指行政行为不得超越现实的必要限度,即在可供选择的多种措施中,行政机关为实现目的必须采取对人民权益侵害最小的措施。意义在于拘束行政自由裁量权的行使,使行政行为可能带来的不利影响降到最低限度。最后,衡量性原则(又称为狭义的比例原则),是指行政机关所采取的措施对人民造成的侵害应与该行为欲实现的目的相称。换言之,要求行政机关在采取行政措施时要权衡行政目的与其所采取的措施对公民造成的损害,从而确保行政措施要实现的目的价值不应低于其对公民权益造成的损害。

## 三、程序法定

程序法定是指行政机关在行使权力时必须遵循严格的方式、步骤和过程。即行政机关必须遵循正当程序原则。程序是实体的保障,没有正当程序的规范,行政法治所要求的法律至上就难以实现。对于我国这样一个长期以来重实体、轻程序的国家而言,遵循正当程序原则显得尤为重要。只有按照正当程序行使权力,才能有效防范行政权力的专断和滥用,保障行政机关作出最佳解决问题的决定。

现代行政程序制度的基本内容通常包括:公开制度、告知制度、回避制度、说明理由制度、听证制度、时限制度、案卷制度等。由于行政行为性质上的不同,也导致具体的行政程序存在一定的差异性。以下以行政许可制度为例,阐述程序法定的具体内容。行政许可是行政主体依据相对人的申请,审查后认为符合法律规定的条件,以许可证、执照等方式授予其法律上的资格或权益的具体行政行为。

根据《行政许可法》设定和实施的行政许可,应当遵循公正的原则。这里的公正包括实体公正和程序公正,而体现程序公正原则的制度设计如下:其一,行政告知制度。法律规定申请事项依法不需要取得行政许可的,应当实时告知申请人不受理;申请事项依法不属于行政机关职权范围的,该行政机关应当实时作出不予受理的决定,并告知申请人向有关行政机关申请。其二,说明理由制度。法律规定申请人要求行政机关对公示内容予以说明、解释的,行政机关应当说明、解释,提供准确、可靠的信息。同时行政机关依法作出不予行政许可的书面决定的,也应当说明理由。其三,回避制度。行政机关工作人员履行职责,与处理的事务存在利害关系时,应当主动回避。法律规定行政机关应当指定审查该行政许可申请的工作人员以外的人员为听证主持人,申请人、利害关系人认为主持人与该行政许可事项有直接利害关系的,有权申请回避。其四,时限制度。行政机关对行政许可申请进行审查后,除当场作出行政许可决定的外,应当在法定期限内按照规定程序作出行政许可决定。

### 法治天下

2015 年河南省政府办公厅印发《河南省依法行政考核方案》,基本内容为:各省辖市、省直管县(市)政府、省政府各行政执法部门,以及法律法规授权具有公共事务管理职能的组织,均列为考核对象。将重大行政决策情况、履行政府职能情况、推进服务型行政执法情况等十个方面作为衡量政府是否依法行政的标准。考核结果将与奖励惩处、干部任免挂钩,同时抄送省纪委和省委组织部。依法行政考核每年组织一次,采取日常考核与集中考核相结合、书面审查与实地考查相结合、专家评审与社会评议相结合的方式进行。依法行政考核结果分为优秀、良好、一般和不合格四个等次。

**请思考:**建立依法行政考核的意义?

# 第二节　行政公开原则

### 法的门前

《中华人民共和国政府信息公开条例》(以下简称《政府信息公开条例》)2008 年 5 月 1 日正式施行,确立了政府信息"公开为原则,不公开为例外"理念,强化了社会共识。但近十年来,《政府信息公开条例》的实施面临诸多问题。比如,《政府信息公开条例》适用范围仅为行政机关,不包括司法机关、人大机关等管理公共事务的国家机关,相关信息公开不充分;《政府信息公开条例》属于行政法规,层级低于全国人大及其人大常委会制定的法律,受到保密法、档案法等上位法的限制,导致权威性不足,对行政机关的约束有限;立法机关、司法机关、政党、社会团体的信息未能纳入信息公开的义务主体,难以满足现实需要。国务院 2015 年立法计划称将修改《政府信息公开条例》,2016 年国务院立法计划也将其写入,但相关进展缓慢。2017 年,国务院第三次将《政府信息公开条例》修改纳入立法计划,要求抓紧办理,尽快完成起草和审查任务。

**请思考:** 为何完善和修订《政府信息公开条例》?

行政公开原则基本含义就是行政行为除依法应保密的以外,应一律公开进行。建立行政公开制度能够确保行政机关按照预先设计好的行政程序,合法、合理地行使权力。同时行政公开也便于公民了解行政运作方式,从而维护自身权益和参与政治生活。在行政公开原则中,最基本的要求就是政府信息公开。所谓政府信息是指行政机关在履行职责过程中制作或者获取的,以一定形式记录、保存的信息。在政府信息公开中应该遵守以"公开为原则,不公开为例外"的原则。即除了法律明确规定豁免公开的信息以外,所有信息都应对外公开,而且要求对不公开的政府信息实行严格的审查机制和程序。

一、公开作为基本原则

凡是涉及相对人权利义务的规定和措施必须公开,应公开而未公开的,不得执行。《政府信息公开条例》规定我国政府信息公开的义务主体主要有两类:行政机关与法律、法规授权的具有管理公共事务职能的组织。

行政公开原则的法律规定内容包括:第一,公民有权要求政府提供政治、经济和社会生活各个方面的信息,回答有关咨询,以便于公民参加经济和社会活动。第二,凡是政府颁布的一切涉及公民权利义务的规范性文件,必须正式公布。如《行政处罚法》第 4 条规定:未经公布的,不得作为行政处罚的依据。这包括两层含义:一是有关行政处罚的法律规定要公布以便公民事先知道,二是对违法者依法给予行政处罚要公开,这样便于群众监督,也有利于对民众进行教育,这是形成法明确性的前提。第三,凡要求公民承担的义务,包括公民在提出各种申请时应具备的条件都必须全部列举公布、通知。第四,凡涉及公民基本权利和义务的行政决定,必须公布或通知;涉及个人隐私的,应事先告知本人,等等。

## 法的精义

无论国家采取什么形式,统治者应该以正式公布的和被接受的法律,而不是以临时的命令和未定的决议进行统治,因为只有这样,才能使人民知道他的责任,并在法律范围内得到安全和保障,并将统治者限制在适当范围内。

——[英]洛克

而具体到公开的方式,包括依职权公开和依申请公开两种。依职权公开指行政机关在没有任何人的请求下,主动将其所拥有的行政信息根据法定的方式向社会公开。《政府信息公开条例》第 9 条列举了四项公开事项:涉及公民、法人或者其他组织切身利益的信息;需要社会公众广泛知晓或者参与的信息;反映本行政机关机构设置、职能、办事程序等情况的信息;其他依照法律、法规和国家有关规定应当主动公开的信息。根据行政信息的内容不同,依职权公开的公开方式可分为两种:其一是行政机关必须将行政信息公布于某一法定的、连续公开出版的刊物上,以便公众便利地了解、知悉。其二是行政机关将行政信息以其他方式公布于社会,如设立公共查阅室、资料索取点、信息公告栏、电子信息屏等场所、设施等,以便公众便捷地取得相关资讯。

依申请公开指因行政相对人提出申请,行政机关公开其指定的行政信息,以供行政相对人复印、摘抄、查阅。《政府信息公开条例》明确规定:公民、法人或者其他组织可以根据自身生产、生活、科研等特殊需要,向国务院部门、地方各级政府及县级以上地方政府部门申请获取相关政府信息。依申请公开信息有三个问题必须注意:其一是因这类行政信息数量庞大,变动频繁,相对人在请求公开的申请中应当合理地说明需要的文档,使行政机关尽快地知道该文档的所在地方,以便及时提供给申请人。其二是行政机关可以收取必要的费用。其三是行政机关拒绝相对人公开行政信息的申请,申请人可以寻求司法救济。

## 法象万千

2016 年 2 月 17 日,中共中央办公厅、国务院办公厅印发了《关于全面推进政务公开工作的意见》,部署全面推进政务公开工作。新形势下,要切实增强做好政务公开工作的责任感和紧迫感,积极探索全面推进政务公开的科学路径,既要营造法治化、常态化的政务公开环境,还要构建一体化、协同化的政务公开工作机制以及建设规范化、标准化的政务公开体系,特别是要结合现代信息技术和传播手段,以群众查阅资料,运用知识的方式转换为契机,打造智能化、便民化的政务公开平台。

## 二、不公开为特殊例外

《政府信息公开条例》第 8 条确定了我国政府信息公开例外规则的设计宗旨,即在危及国家安全、公共安全、经济安全和社会稳定的情况之下,政府信息不予公开。同时《政府信息公开条例》第 14 条第 4 款具体规定了政府不予公开的范围,即涉及国家秘密、商业秘密、个人隐私的政府信息不予公开。对于何为国家秘密,依照《中华人民共和国保守国家秘密法》是指关系到国家的安全和利益,依照法定程序确定,在一定时间只限一定范围的人员知悉的事项。而商业秘密是指不为公众所知悉,能为权利人带来经济利益,具有实用性并经权利人采取保密措施的技术信息和经营信息。隐私则是一种与公共利益、群体利益无关的,当事人不愿令他人知道或他人不便知道的个人信息。不过值得注意的是,对于商业秘密、个人隐私,经权利人同意公开或者行政机关认为不公开可能对公共利益造成重大影响的情况下,不受例外规则限制,可以予以公开。

为了确保行政机关落实行政公开,我国法律还赋予了行政相对人救济的权利。公民、法人或者其他组织认为行政机关没有依法履行公开义务的,可以依据《政府信息公开条例》第 33 条规定,向上级行政机关、监察机关或者政府信息公开工作主管部门举报。行政机关不履行政府信息公开义务的,可根据《政府信息公开条例》第 35 条规定,由监察机关、上一级行政机关责令改正;情节严重的,直接负责的主管人员和其他直接责任人员依法给予处分;构成犯罪的,依法追究刑事责任。

### 法治天下

2016 年 3 月 31 日,北京市第四中级人民法院公开发布《2015 年行政案件司法审查年度报告》(以下简称《报告》)。《报告》披露,政府信息公开案件占北京四中院 2016 年全年登记立案数的 28%,是一审行政案集中的重点领域之一。通过司法审查发现,政府信息公开存在三方面问题:首先,有的行政机关决定不予公开申请信息时,未履行法定告知义务,或者理由说明不充分或欠缺。其次,信息公开存在形式化、表面化的倾向,开辟接收申请人政府信息公开的渠道后未投入充足的人力和时间对该渠道进行管理,未能保障申请人通过该途径获取政府信息的及时性。最后,政府信息公开工作中对申请表的审查不够细致,信息公开答复遗漏应当处理的申请事项,未全面对应原告的申请事项。

# 第三节　合法性审查原则

## 法的门前

　　1990 年 10 月 1 日正式实施的《中华人民共和国行政诉讼法》正式开启了一个"民可以告官"的新时代。而在这部法律出台实施之前,在浙江省的苍南县,有一个普通的农民就已经首开先河,敢为天下先,状告了当地的县政府。这位首开先河的农民叫包郑照,官司发生在 1988 年。这场轰动全国的官司在当年颇有一些史无前例的特殊性。比如,一是官司开庭的地点不是在当地的法院,而是在苍南县电影院;二是法院发放的 1000 多张旁听证供不应求,精明的温州人甚至做起了生意,把每张旁听证的价格炒到了 100 元;三是开庭时间很长,从早晨一直持续到晚上 10 点,不会说普通话的包郑照带着 4 个子女一直坐在原告席上。当天的庭审结束后,法院并没有当庭宣判结果,而作为被告的当时的苍南县县长黄德余走到原告席跟前,向包郑照一家伸出了双手。这一瞬间被当时的媒体用镜头记录了下来,成为载入史册的一幕,当时的人们甚至用"电光火石的瞬间"来形容这个握手。

　　**请思考:**行政诉讼制度建立的意义?

### 一、行政复议:合法性审查为主,合理性审查为辅

　　行政复议是指公民、法人或其他组织认为具体行政行为侵犯其合法权益,向行政复议机关提出复议申请,行政复议机关对其进行审查并作出复议决定的行政行为。其制度设计原理是行政复议机关按照行政相对人的申请,对自己的下属机关的行政行为进行审查和裁决,即行政系统内部的审查与裁决,整个审

查和裁决过程并没有外部系统(包括立法、司法乃至社会系统)的干预、影响。从本质上看,其实是行政权内部进行自我监督、自我控制、自我约束,属于"自律"的范畴。对相对人来说,这是一种行政救济的手段。

由于行政复议是行政机关内部上级对下级的监督制度,是高层级的行政权对低层级行政权的监督。故监督是全面的,不仅限于对行政行为合法性的审查,还包括对行政行为合理性的审查,甚至还可以审查作为行政行为依据的规章以下的行政规范性文件。

**法的精义**

没有救济的权利不是权利(A right without remedy is not right)。

——法律谚语

当前,行政行为合理性问题主要表现在行政行为的实施目的、认定事实、履行程序、法律适用等方面。其一,行政行为实施目的的正当性。是指行政行为所追求的目的应符合立法本意,不能偏离法律法规的价值取向。其二,事实认定的合理性。即事实认定应依据充分的法律事实,考虑相关因素,排除不相关因素。如缺乏可定案证据和定性不合理。其三,行政程序的合理性。主要表现为不合理的期限和迟延。不合理期限,是指在约束相对人的规定中,为相对人设定了苛刻的期限;不合理迟延,是指在法律对某种行政行为作出没有规定明确期限,而行政机关明显超出合理期限,无正当理由拖延不决。其四,适用法律依据的合理性。主要体现在法律的不合理选择和法律规定的不合理解释。

## 二、行政诉讼:法院独立公正审查行政行为的合法性

行政诉讼是指法人或其他组织认为行政主体的具体行政行为侵犯其合法权益时,依法向法院起诉,法院依法受理,审查并作出裁判的活动。对于行政诉讼制度,其制度设计原理是引进司法系统,通过司法机关对行政行为进行审查与判断。因此,行政诉讼是独立于行政系统的法院的司法活动。在这一过程中,行政权、行政行为受到了司法系统的监督、控制,属于"他律"的范畴。对行政相对人来说这是一种诉讼救济的手段。

## 法象万千

　　十二届全国人大常委会第十一次会议 2014 年 11 月 1 日表决通过了修改《中华人民共和国行政诉讼法》(以下简称《行政诉讼法》)的决定。这是《行政诉讼法》自 1989 年制定后作出的首次修改。《行政诉讼法》是一部"民告官"的法律,自实施以来发挥了积极作用。但随着公民权利意识、法律意识的增强,行政诉讼案件逐渐增多。一些行政机关千方百计不当被告,导致很多应当通过诉讼解决的纠纷进入了信访渠道,一些地方甚至出现了"信访不信法"的情况。统计显示,近年来全国法院年均受理行政案件仅有十几万件,占全部案件总量的比例很低。为此,修改后的《行政诉讼法》进一步拓宽了"民告官"的法律渠道,完善了依法维权和化解行政纠纷的机制。同时,通过对现行行诉法起诉、审理、判决、执行等机制的改进和完善,扩大了可诉行政行为的范围,强化了对行政机关依法行政的监督。

　　行政复议和行政诉讼都是公民通过法律手段,依法保护自身利益的制度化参与路径。《行政诉讼法》第 44 条规定:"对属于人民法院受案范围的行政案件,公民、法人或者其他组织可以先向行政机关申请复议,对复议决定不服的,再向人民法院提起诉讼;也可以直接向人民法院提起诉讼。法律、法规规定应当先向行政机关申请复议,对复议决定不服再向人民法院提起诉讼的,依照法律、法规的规定。"就行政复议和行政诉讼关系而言,属于可以自由选择范畴。但也存在某些例外。主要包括:一是复议前置。即当事人对行政行为或行政决定不服,应当先申请行政复议,对复议决定仍不服的可以提起行政诉讼。二是复议选择终局。即当事人可以选择复议或者诉讼,但一旦选择复议,复议即为终局。三是复议后选择终局。即当事人对具体行政行为申请复议,对复议决定不服,可以选择诉讼也可选择再次复议,一旦选择复议,复议即为终局。四是复议终局。即当事人对具体行政行为不服可以申请复议,且复议决定为最终决定。

　　我国《行政诉讼法》第 6 条规定:"人民法院审理行政案件,对行政行为是否合法进行审查"。此即为合法性审查原则。合法性审查原则首先明确了人民法院在行政审判中的权限范围,划清了司法权与行政权的作用领域。法院的司法权不得代行行政机关的行政权,人民法院必须在法律规定的范围内行使行政审判权,对行政机关的法定职权予以尊重。第二,合法性审查原则确认了公民、法人和其他组织因行政机关的行政行为违法而受损害时,有依法获得司法救济的权利。

对于行政行为的合法性主要从以下几个方面进行审查。第一,对行政主体是否适格的审查。行政主体是按照宪法和组织法的规定建立的或者根据法律、法规的授权能以自己的名义实施国家行政管理职能并能承受一定法律后果的国家行政机关和社会组织,行政主体适格是行政行为合法性的首要条件。第二,对是否超越职权的审查。这就要求:首先,行政主体必须是在自己的事务管辖权、地域管辖权和级别管辖权的范围内作出行政行为。其次,行政行为的实施没有滥用职权的情形。第三,对行政内容的审查。行政内容合法,是指行政主体按照法律的具体规范实施行政行为。第四,对行政程序的审查。包括行政行为的方式、步骤、顺序和时限。第五,行为形式的审查。行政行为应当以合法的形式表示自己的存在。如《行政处罚法》对处罚行为的形式作了严格规定,对不合格的行政行为,相对人可以拒绝处罚。

值得注意的是,按照合法性审查原则,法院通常只对行政行为是否构成违法进行审查并作出判决,但也不是完全排除对行政行为是否合理作出判决。根据《行政诉讼法》第70条第6款规定,对于行政行为明显不当的,人民法院可以判决撤销或者部分撤销,并可以判决被告重新作出行政行为。可见,人民法院对行政行为的合理性在特定情况下也可审查,但有严格的限制,必须是属于明显不当的行政行为。法院审查行政行为是否"明显不当",通常是判断裁量是否考虑相关因素、是否与立法目的和精神一致、是否遵守正当程序、是否符合比例要求、是否保障信赖利益、是否平等对待各方利益主体,等等。

## 法治天下

2015年11月3日,最高人民法院院长周强在十二届全国人大常委会第十七次会议上作了《关于行政审判工作情况的报告》。一直为舆论关注的"民告官"案件审判,历经25年的司法实践,史无前例地首次向全国人大报告。该报告分析了2010年以来全国行政审判工作情况。2010—2014年,各级人民法院共受理各类行政案件166万件,审结163.5万件,分别比前五年上升16.3%、15.2%。

**请思考**:行政诉讼案件不断上升的原因是什么?

 **课后思考**

1. 为什么说依法行政是行政法的基本原则？

2. 为什么行政公开要遵循"公开为原则,不公开为例外"的原则？

3. 说明行政复议和行政诉讼审查方式的差别。

 **参考文献**

1. 杨伟东:《行政裁量问题探讨》,载《行政法论丛》2000 年第 3 卷,法律出版社 2000 年版。

2. 章剑生:《现代行政法基本原则之重构》,载《中国法学》2003 年第 3 期。

3. 周佑勇:《行政法基本原则的反思与重构》,载《中国法学》2003 年第 4 期。

4. 周汉华:《起草〈政府信息公开条例〉(专家建议稿)的基本考虑》,载《法学研究》2002 年第 6 期。

5. 林泰:《结构主义视域下行政复议与行政诉讼关系新论——兼论二元发展关系下行政复议制度的重构》,载《法学评论》2016 年第 2 期。

6. 胡建淼:《行政法学》,法律出版社 2010 年版。

7. 何海波:《行政诉讼法》,法律出版社 2011 年版。

# 第十四章
# 诉讼法基本原则

诉讼法是规范诉讼行为的所有法律法规的总称,在性质上属于程序法。与相应的实体法对应,诉讼法可以分为民事诉讼法、行政诉讼法和刑事诉讼法。诉讼法拥有双重目的:其一是通过诉讼活动落实实体法的规定,实现发现真实、定纷止争、惩恶扬善的法律目标;其二是规范诉讼活动,保障诉讼当事人、参与人的诉讼权利和人格尊严。

三大诉讼中的主体关系各有不同,形成了不同的诉讼原则。民事诉讼法是解决平等主体间争议的法律活动,因此强调诉讼主体地位平等,这种平等既有形式上的平等,也有实质上的平等;刑事诉讼法是解决国家对个人惩罚的争议,为了防止公民的生命、人身自由、财产等基本权利不因刑事诉讼活动受到不合理的侵害,刑事诉讼法重点强调对诉讼参与人——尤其是犯罪嫌疑人、被告人基本权利的保障;行政诉讼法是公民起诉政府的法律活动,即俗称的"民告官"。行政诉讼中政府是处于被"指控"的被告方,但同时政府又是掌握着更多资源的强势方,因此行政诉讼既有民事诉讼中原被告双方诉讼地位平等的要求,又有类似刑事诉讼中赋予政府更多证明义务的规定。

# 第一节　无罪推定原则

在法官判决之前,一个人是不能被称为罪犯的。只要还不能断定他已经侵犯了给予他公共保护的契约,社会就不能取消对他的公共保护。

**思考:**你如何理解这句话?

## 一、无罪推定自古有之

无罪推定原则的起源可追溯至古代罗马法的"有疑,为被告人的利益"和"一切主张在未证明前推定其不成立"这两项著名原则。在英美法系和大陆法系中,无罪推定原则也有详细的历史记载。1764 年,著名的刑事法学家和犯罪学家贝卡里亚在其不朽的著作《论犯罪与刑罚》中写道:"在法官判决之前,一个人是不能被称为罪犯的。只要还不能断定他已经侵犯了给予他公共保护的契约,社会就不能取消对他的公共保护。"最早将无罪推定原则纳入立法的是法国《人权和公民权宣言》。在英国,无罪推定是伴随着对抗制度刑事审判确立而逐渐发展完善起来的。在美国,1895 年联邦最高法院通过 Coffinv. U. S. 一案确立了在刑事司法中实行无罪推定的原则。

凡受刑事控告者,在未经获得辩护上所需的一切保证的公开审判而依法证实有罪以前,有权被视为无罪。

——《世界人权宣言》第 11 条第 1 项

凡受刑事控告者,在未依法证实有罪之前,应有权被视为无罪。

——《公民权利和政治权利国际公约》第 14 条第 2 款

## 二、何为无罪推定

无罪推定实际上是一系列法律规则的总称。英美法系和大陆法系对于无罪推定基本内涵的界定是不同的,一直以来,学界对无罪推定的内涵也有争议。总体而言无罪推定的原则至少应当包含以下几个方面:

其一,举证证明责任应当由控告方承担。犯罪嫌疑人、被告人不承担证明自己无罪或有罪的责任;

其二,证明应当达到法律规定的证明标准,如果不能达到证明标准就不能确定任何人是有罪的;

其三,任何机关和个人不得在审判机构宣判被告人有罪之前,预断被告人有罪。以上无罪推定包含的基本内容又产生或者证明了一系列刑事诉讼规则。

格兰维尔·威廉姆斯指出:"当人们说面对刑事控告的被告人应当被推定无罪时,它的真实含义其实就是控方应当承担证明被告人有罪的责任。"既然无罪推定已经将证明责任分配给了控诉方,被告人自然就无须承担证明自己无罪的责任。也就是说,按照无罪推定原则,被告人既不需要证明自己有罪,也不需要证明自己无罪。因此,不自证其罪是无罪推定的基本内涵。而享有沉默权就是无罪推定的应有之义。被告人享有沉默权意味着被告人保持沉默的行为,不能推论为其有罪的证明。

此外,对于无罪推定的内涵有的学者主张应当包含人权保障的含义。即主张无罪推定是对犯罪嫌疑人、被告人的一种程序保障。每个人在未经法庭判决有罪之前在法律上都是无辜的,因此不能被当作犯罪人来描述和对待。并且无罪推定适用于刑事诉讼的所有阶段,这也就要求在侦查、起诉、审判的判决之前都应当作为无辜的人保护其权利。并且英美法系还发展出了一套规则以保护犯罪嫌疑人、被告人的权利:反对自我归罪的特权、讯问时的律师在场权、获得律师有效帮助的权利、与不利于己的证人当庭对质的权利、申请法庭强制传唤有利于己的证人出庭作证的权利等。

## 三、无罪推定在中国

**法象万千**

2012 年修改《中华人民共和国刑事诉讼法》(以下简称《刑事诉讼法》)时,

吸收了一些无罪推定的思想,但是在法律条文中并没有直接表述为"无罪推定"。该法第 12 条明确规定:"未经人民法院依法判决,对任何人都不得确定有罪。"许多学者主张这就是无罪推定,但是该条文主要规制的是法院的审判权,而不是规定了一项被告人的权利,严格意义上而言,不能称之为无罪推定。

我国 1996 年《刑事诉讼法》修改中增加了不少有利于确定无罪推定的因素。

(1)首次在法律上将犯罪嫌疑人与被告人进行区分。要求在不同的阶段有不同的称谓。尽管只是在称谓上进行了区分,但是剔除了过去长期以来使用的主观色彩很强烈的"犯人""罪犯"等词语,有利于保护被告人的权利。

(2)在审查起诉和审判中确立了疑罪从无的原则。根据 1996 年《刑事诉讼法》第 162 条规定,证据不足,不能认定被告人有罪的,应当作出证据不足、指控的犯罪不能成立的无罪判决。

(3)取消了检察机关的免予起诉制度。所谓的免予起诉实质上是审判之前检察机关对嫌疑人定罪却不起诉,这种情况之下,检察机关享受审判权。该制度的取消意味着法院统一行使定罪权,更接近于无罪推定的要求。

推行完全意义上的无罪推定,我国仍存在很多问题和障碍。

第一,犯罪嫌疑人和被告人不享有沉默权,在面对讯问时必须如实回答。根据我国《刑事诉讼法》第 120 条规定,犯罪嫌疑人对侦查人员的提问,应当如实回答。这与无罪推定的要求是相悖的。

第二,侦查阶段,犯罪嫌疑人在司法实践中普遍不能获得律师帮助,尤其是在讯问时律师没有在场的权利,且律师没有收集证据的权利,从而无法真正在侦查阶段行使应当享有的辩护权。

第三,羁押率过高一直以来是司法实践中一个问题,审前挤压程序不完全司法化是实行无罪推定的一大障碍。

第四,三级管理相互配合、相互制约是我国《刑事诉讼法》的基本原则。长期以来,侦查机关、控诉机关、审判机关只讲配合不讲制约的弊端和检察机关、公安机关和审判机关之间的一些非程序性往来,有时候会架空《刑事诉讼法》规定的分权与制衡机制。

**法治天下**

2006 年 7 月 27 日晚,澳前镇的丁××家与其房东陈××家两家人在一起吃过晚饭后,两家共6人产生中毒反应而被送往医院。丁××10岁的大儿子和8岁的女儿经抢救无效死亡。警方经侦查从死者体内检出氟乙酸盐成分,遂认定死者系氟乙酸盐鼠药中毒死亡。案发12天后,警方将投毒嫌疑人锁定为两家的邻居念××。警方认为念××的作案动机是丁××曾从念××处抢走了一个买烟的顾客。本案遂被列为福建省级重大案件。随后,法院对念××判处死刑。

在念××被判处死刑后的8年间,念××持续上诉,最高人民法院先后4次以证据不足为由驳回对念××的死刑判决,发回重审。福建省高级人民法院也先后4次作出死刑判决。直到2014年8月22日,经过再次重审,福建省高级人民法院终审判决念××无罪。

# 第二节　证据裁判原则及基本证据制度

**法治门前**

"打官司就是打证据",这是一句大家耳熟能详的谚语。在我们日常生活中遇到纠纷或涉及诉讼,证据是我们赖以胜诉的基础。只有收集好、保存好、运用好证据,我们才能在诉讼中立于不败之地。

**思考:**如何理解证据裁判在诉讼中的重要性?

## 一、裁判依据的历史演变

现代意义上的证据裁判原则是随着近代资本主义的发展,特别是近代启蒙运动中理性主义的兴起而逐渐确立的。在现代社会,司法权力的威信不仅要有授权的正当性,权力运用过程的正当性也日益得到重视,证据与裁判在诉讼中的结合构成了现代权力正当性的基础。但证据裁判本身并非现代社会的产物,自从人类社会有解决纠纷的各种手段开始,证据在解决纠纷中都起到了举足轻重的作用,无论是神明裁判还是口供裁判,都是依据相关证据进行的裁判方式。如神明裁判中的"法庭不是为查明案件事实设立的机构,而是为获得'神灵指示'设置的场所",但这种神明指示在当时就是权威证据。口供裁判及其所属的法定证据制度,本身也都体现了依证据定案之要求和对司法官裁量心证的制约。从这个意义上说,证据裁判原则并非司法近代化的产物,但不可否认,证据裁判原则是在近代资产阶级革命所带来的民主、法治大潮中愈成体系、愈加成熟的。

**法的精义**

认定事实应当根据证据。

——《日本刑事诉讼法》

对证据调查的结果由法庭根据在审理全过程中建立起来的内心确信而决定。

——《德国刑事诉讼法》

除法律另有规定外,罪行可通过各种证据予以确定。法官根据其内心确信判决案件。法官只能以提交审理,并经双方辩论的证据为依据作出判决;法官不得以在法庭辩论中未涉及的事实为裁判依据。

——《法国刑事诉讼法》

英美法系国家的法律理论中,没有关于证据裁判原则的明确说法。但证据裁判原则同样在这些国家得到贯彻。由于陪审制长期在刑事诉讼活动中实施,英美法系国家有关证据能力的规则非常发达,力图在审前程序中尽量排除与待证事实无关,或可能造成诉讼拖延、审判不公的各种证据,以便于作为非职业法官的陪审团能连续及时地评价证据、判定事实。不仅如此,对抗制下的英美法系法官处于消极、中立的地位,案件的对立双方主导着案件的诉讼进程,他们利用以交叉询问为代表的各种事实发现机制来对证据进行审查,确保证据经得起检验。而对证据资格的限制和对证据证明力的审查构成了证据裁判原则的两大基本内容。

二、何为证据裁判原则

所谓证据裁判,即是指认定案件事实应当依据证据,没有证据不得认定事实,没有充分证据,亦不得认定事实。它包含着两层意思:第一,对事实的认定应当有客观的依据即证据,而不能仅凭臆想和推测。第二,没有证据不能认定事实。没有证据包括证据不充分的情形,特别是在实行疑罪从无的刑事诉讼中。证据不充分,就不能认定案件事实,不能降格指控、降格定罪,更不能留有余地。

证据裁判原则是所有其他证据原则和证据规则的基础,也是整个证据制度的核心,其他证据原则和规则有赖于证据裁判原则的实施。证据裁判原则体现了现代的民主、科学和公正等诸多价值,具有重要的意义。其一,证据裁判原则的建立是对神明裁判和口供裁判的否定,体现了刑事诉讼的进步。其二,证据裁判原则是实现个案公正和司法公正的基石。只有在当代意义上的证据裁判原则下,个案的公正才能得以实现,进而为实现司法公正提供可能。其三,证据裁判原则是无罪推定原则的基本要求,是当代证明责任分配理念的必要内容。以刑事诉讼为例,在现代文明的社会状态下,任何一个人都应当被视为无罪之人。控诉机关要指控其犯罪,需要自行提供证据予以证明,并且需要达到一定的证明标准。辩方无须提供相应证据证明自己无罪。其四,证据裁判原则是自由心证原则的合理内核。现代的自由心证并不是完全的自由心证,法官的自由心证要受到多方面的限制,包括对证据能力的限制,对证据调查方式的要求和部分证明力规则的限制,等等。

我国三大诉讼法中都有证据裁判原则的相关规定,如《刑事诉讼法》第 55 条规定:"对一切案件的判处都要重证据,重调查研究,不轻信口供。只有被告人供述,没有其他证据的,不能认定被告人有罪和处以刑罚;没有被告人供述,证据确实、充分的,可以认定被告人有罪和处以刑罚。证据确实、充分,应当符合以下条件:(一)定罪量刑的事实都有证据证明;(二)据以定案的证据均经法定程序查证属实;(三)综合全案证据,对所认定事实已排除合理怀疑。"《中华人民共和国民事诉讼法》(以下简称《民事诉讼法》)第 63 条第 2 款规定:"证据必须查证属实,才能作为认定事实的根据。"根据第 64 条规定,当事人对自己提出的主张,有责任提供证据,并且法院应当按照法定程序,全面地、客观地审查核实证据。

总体上,我国三大诉讼法中基本确定了证据裁判的总原则,在相应的内容上也有所规定,这些规定主要可概括分为以下几种基本的证据规则。

## 三、重要的证据规则

**法象万千**

在证据法的体系中,传闻证据规则、非法证据排除规则和补强证据规则是最为重要的三大规则。

### （一）传闻证据规则

传闻是指作证人在庭审活动之外所作出的、用以证明案件事实的陈述。传闻证据规则是英美法系国家的一项重要证据规则。所谓传闻证据，一般指以下两种证据材料：一是证人于庭审以外对直接感知的案件事实亲笔所写的陈述书及他人制作并经本人认可的陈述笔录；二是证人于庭审之上就他人所感知的事实向法庭所作的转述。按照传闻证据规则，如果某人的证言属于传闻证据，那么就应当排除，除非它属于法律规定的例外情形。确立传闻证据规则的理由主要是因为传闻证据在诉讼中的使用剥夺了诉讼双方包括被告人对原始人证的询问和反询问的权利，同时也违反了刑事诉讼的直接审理原则，不利于法官获得正确的心证。

《刑事诉讼法》对于传闻证据规则没有作出明确、具体的规定，但相关法条也吸纳了这一证据规则的精神——《刑事诉讼法》第192条规定："公诉人、当事人或者辩护人、诉讼代理人对证人证言有异议，且该证人证言对案件定罪量刑有重大影响，人民法院认为证人有必要出庭作证的，证人应当出庭作证。人民警察就其执行职务时目击的犯罪情况作为证人出庭作证，适用前款规定。公诉人、当事人或者辩护人、诉讼代理人对鉴定意见有异议，人民法院认为鉴定人有必要出庭的，鉴定人应当出庭作证。经人民法院通知，鉴定人拒不出庭作证的，鉴定意见不得作为定案的根据。"

### （二）非法证据排除规则

非法证据，严格地讲应称作"非法证据材料"，其概念有广义和狭义之分。从广义上讲，它是证据合法性的一种对称，指不符合法律规定的证据内容、证据形式、收集或提供证据的人员及程序、方法、手段的证据材料。它包括四种情形，即证据内容不合法、证据表现形式不合法、收集或提供证据的人员不合法和收集提供证据的程序、方法、手段不合法，只要具有这四种情形之一的就是非法证据。从狭义上讲，非法证据是违反法律规定的权限、程序或以其他不正当方法获得的证据。对于非法证据排除规则中的非法证据，学界的观点比较一致，应作狭义上的非法证据解释。

我国《刑事诉讼法》及司法解释对非法证据排除规则予以明确规定。《刑事诉讼法》第56条第1款规定："采用刑讯逼供等非法方法收集的犯罪嫌疑人、被告人供述和采用暴力、威胁等非法方法收集的证人证言、被害人陈述，应当予以排除。收集物证、书证不符合法定程序，可能严重影响司法公正的，应当予以补正或者作出合理解释；不能补正或者作出合理解释的，对该证据应当予以排除。"《最高人民法院关于适用〈中华人民共和国刑事诉讼法〉的解释》（以下简称《最高院刑诉解释》）第 95 条第 1 款规定："使用肉刑或者变相肉刑，或者采用其他使被告人在肉体上或者精神上遭受剧烈疼痛或者痛苦的方法，迫使被告人违背意愿供述的，应当认定为刑事诉讼法第 56 条规定的'刑讯逼供等非法方法'。"

### 法象万千

《刑事诉讼法》第 55 条中规定："……只有被告人供述，没有其他证据的，不能认定被告人有罪和处以刑罚；没有被告人供述，证据确实、充分的，可以认定被告人有罪和处以刑罚。……"《最高院刑诉解释》第 106 条规定："根据被告人的供述、指认提取到了隐蔽性很强的物证、书证，且被告人的供述与其他证明犯罪事实发生的证据相互印证，并排除串供、逼供、诱供等可能性的，可以认定被告人有罪。"

### （三）补强证据规则

补强证据规则形成于 18 世纪后半叶的英国，主要适用于被告人的自白，其目的在于保障被告人的基本权利。早期，由英国判例法所形成的证据补强规则并不十分明晰，适用范围也不确定。法国大革命后，欧洲社会的人权意识普遍高涨，反对刑讯逼供已成为资产阶级刑事立法革命的主导动力。经过近一个世纪的发展，特别是在判例的积极推动下，证据补强在近代英美证据法中已经成为一项重要的证据规则，其适用范围也已经超出了被告人自白。

### 法治天下

《中共中央关于全面推进依法治国若干重大问题的决定》规定："全面贯彻证据裁判规则，严格依法收集、固定、保存、审查、运用证据，完善证人、鉴定人出庭制度，保证庭审在查明事实、认定证据、保护诉权、公正裁判中发挥决定性作用。"

## 第三节　诉讼权利平等原则

### 法的门前

诉讼权利平等原则，是指当事人在民事诉讼中平等地享有和行使诉讼权利。我国《宪法》第33条中明确规定,中华人民共和国公民在法律面前一律平等。以此为基础,我国《民事诉讼法》第8条规定:"民事诉讼当事人有平等的诉讼权利。人民法院审理民事案件,应当保障和便利当事人行使诉讼权利,对当事人在适用法律上一律平等。"可见,诉讼权利平等原则是宪法规定的平等原则在民事诉讼领域的贯彻和落实,体现了民事诉讼平等对抗的结构特点,因而这一原则是民事诉讼法原则体系中的首要原则。

　　**思考**:当事人的诉讼平等原则是如何体现的?

## 一、当事人享有平等的诉讼权利

　　在民事诉讼中,不论原告、被告还是第三人,也不论当事人的国籍、民族、性别、职业,社会出身、政治背景、宗教信仰、文化程度、经济状况等的差异,均享有平等的诉讼权利。这种平等体现在两个方面:一是双方当事人享有的诉讼权利是相同的。如双方当事人都有委托代理、申请回避、收集提供证据、请求调解、进行辩论、提起上诉、申请执行等权利;二是双方当事人享有的诉讼权利是对等的。如原告有提起诉讼的权利,被告有提出反驳和反诉的权利;原告有选择管辖法院的权利,被告有提起管辖权异议的权利。当事人在诉讼中所处的具体地位不同造成了这种权利的差异性和对等性。因此,双方当事人诉讼权利平等并不意味着他们的诉讼权利在任何情况下都是完全相同的。

　　当事人享有平等的诉讼权利,是民事诉讼程序内在价值目标的基本要求。诉讼程序以追求公正为永恒目标,程序公正渗透于诉讼制度的每一个环节。为保障程序公正,就必须赋予双方当事人平等的诉讼权利。

　　诉讼权利和诉讼义务相互对应,当事人双方平等地享有诉讼权利的同时也意味着他们必须承担平等的诉讼义务。实际上,在多数情况下,当事人一方需承担的诉讼义务是为了实现对方的诉讼权利,即一方权利之满足以另一方义务之履行为必要条件。此外,由于双方当事人在诉讼中担负的角色不同,在某些情况下,其所承担的诉讼义务也不尽相同,不履行义务的后果也有所差异。比如,民事诉讼中原告不出庭时,可按撤诉处理;被告经传唤拒不出庭时,可以缺席审判。

## 二、法院对当事人的诉讼权利予以平等对待

当事人双方诉讼权利平等,还仅是书面的规定,能否成为现实,有赖于人民法院在诉讼中是否尽到了自己的责任。在民事诉讼中,人民法院代表国家行使司法审判权,法院的中立以及当事人的地位平等与手段对等,是诉讼结构的基本特征。在庭审活动中,法庭应当对原、被告以及其他诉讼当事人一视同仁、平等对待,不因其社会出身、地位、实力和影响等因素而予以偏袒或歧视。平等对待体现在两个方面:法庭给予诉讼各方以平等参与的机会、便利和手段,使各方受到公平的待遇,任何一方不得滥用自己的诉讼权利,妨碍对方诉讼权利的行使和诉讼的进行;同时,对各方的主张、意见和证据予以同等的尊重和关注,任何当事人的合法权利都应受到保护,任何当事人的违法行为都应受到制裁。一旦法官背离平等对待原则,在程序上就会出现偏斜和不公正;在实体上就会在认定事实和适用法律上形成偏见,导致错误裁判。

**法象万千**

《民事诉讼法》第 5 条规定:"外国人、无国籍人、外国企业和组织在人民法院起诉、应诉,同中华人民共和国公民、法人和其他组织有同等的诉讼权利义务。外国法院对中华人民共和国公民、法人和其他组织的民事诉讼权利加以限制的,中华人民共和国人民法院对该国公民、企业和组织的民事诉讼权利,实行对等原则。"

诉讼权利平等原则作为民事诉讼中重要的基本原则之一,适用于各种类型的民事诉讼案件,贯穿于民事诉讼各阶段。然而,当事人民事诉讼权利平等并不是绝对的。在涉外民事诉讼中,外国当事人享受与中国当事人同等的诉讼权利和诉讼义务,不能因其是外国人或外国企业而受歧视或者给予特殊照顾;但是,当外国法院对中国当事人的民事诉讼权利加以限制时,我国人民法院对该国当事人的民事诉讼权利也施加对等的限制。这种对等的目的,一方面是国家主权原则的必然要求;另一方面,通过适当的对等措施,可以扫除涉外民事诉讼中适用同等原则的人为障碍,进而维护我国当事人在国外进行民事诉讼时的合法权益。

# 第四节　诉讼诚信原则

**法治门前**

在一起借贷纠纷中,被告张×在第一次庭审时承认借了原告李×10万元。但在第二次庭审时,张×声称他写给李×的借条是在被逼迫下进行的,不承认借款。法官以"禁反言"的规则对张×的第二次陈述不予采信。

**思考:**"禁反言"规则体现了民事诉讼中的什么原则?

## 一、诉讼诚信原则

《民事诉讼法》第13条第1款规定了民事诉讼应当遵循诚实信用原则,诉讼诚信原则是指诉讼主体在进行民事诉讼时,应当诚实善意,遵守信用,不得假借诉讼行为恶意侵犯他人合法权益,干扰诉讼活动的正常进行。民事诉讼发展初期注重讲究民事主体在法律规定的范围内自由处分自己的民事权利和诉讼权利,社会经济的发展增强了民事诉讼的社会性,它不仅需要解决当事人之间的权利义务问题,更需要制约当事人的恶意诉讼行为,协调社会关系。为了保障诉讼互动的正常进行,充分实现民事诉讼关于真实、公正、高效解决纠纷的价值追求,诚实信用原则融入了公法领域,当事人和人民法院实施诉讼行为都应当遵守法律规定,不得滥用、逃避法律。在追求现代文明司法的民事诉讼活动中,强调诉讼诚信原则不但具有突出的理论意义,还具有深刻的实践意义。诉讼诚信原则能够有效克服法律条文的局限性,赋予法官合理裁断的权力,指引诉讼当事人合理行使诉讼权利,互相尊重对方当事人合法权益,保障民事诉讼活动的正常进行,提高司法效率,节约司法资源,实现司法公平正义的目标价值。

**法的精义**

人而无信,不知其可也,大车无輗,小车无軏,其何以行之哉。

——孔子:《论语·为政》

## 二、诉讼诚信原则的体现

### (一)当事人实施诉讼行为应当遵守诉讼诚信原则

首先,当事人不得故意造成不正当诉讼状态,以达到实现自我利益或侵犯他人合法权益的目的。它包括隐匿、毁损、编造证据或者回避不利于己方的条文等情形,比如,涉及多个地方管辖的网络侵权案件,当事人不得编造虚假的管辖原因事实从而获得对自己有利的管辖;又如,在债权债务案件中,一方当事人事前故意取得几乎没有价值的债权,在诉讼中主张抵销另一个有真实价值的债权,严重侵犯了债权所有人的合法权益。

其次,当事人负有真实陈述的义务。真实陈述义务要求当事人应当完整和真实地陈述案件事实,可以不陈述仅是其主观认为的事实,但不得隐瞒案件事实的具体情况,禁止虚假陈述影响法院的正确判断。真实陈述义务是诉讼诚信原则的主要内容,主要功能是为了避免妨碍法官形成正确的事实认识,并不限制当事人为了己方利益所进行的正常诉讼攻击和防御。

再次,当事人应及时主张诉讼权利,不得故意拖延诉讼进程。为了法律的安全性和稳定性,当事人不得借行使诉讼权利的形式来达到非法目的,侵害对方当事人利益、公共利益和国家利益,人民法院应当及时作出裁决。根据《民事诉讼法》规定,当事人对自己提出的主张应当及时提供证据,当事人逾期提供证据的,人民法院应当责令其说明理由;拒不说明理由或者理由不成立的,人民法院根据不同情形可以不予采纳该证据,或者采纳该证据但予以训诫、罚款。

复次,当事人不得实施与先前行为相矛盾的诉讼行为。禁止当事人的反悔和矛盾行为重在保障对方当事人的合法权益,在发生法律争议后,如果当事人提出的诉讼请求与先前行为的实际情况相矛盾,不符合既存的法律关系或权利状态,人民法院应以违反诉讼诚信原则驳回起诉。

最后,当事人应当正当行使诉讼权利,不得滥用。要求正当行使诉讼权利是为了实现实体权利的最终目的,如果当事人滥用诉讼权利,不但会拖延诉讼进程,降低司法效率,更会损害对方当事人的合法权益,导致司法资源的浪费。比如,无正当理由多次申请回避,反复提出管辖权异议等,对于当事人滥用诉讼权利的情况,法院应以无权利保护必要驳回起诉。

**法象万千**

国外大部分学者认为,诚实信用原则适用于法院,极少数学者持相反观点。日本多数学者认为,诚实信用原则既适用于当事人之间,也适用于当事人与法院之间,但是,侧重点有所不同。德国学者认为,诚实信用原则适用于民事诉讼法律关系的各个主体,包括法院。民事诉讼诚实信用原则主要具备三个机能:第一个是课以当事人以附随义务的机能;第二个是阻止滥用权利的机能;第三个是基于不可能期待对权利加以限制的机能。

### (二)人民法院在司法活动中要遵守诉讼诚信原则

民事诉讼的目的是定分止争,人民法院只有诚实守信地参与诉讼程序,树立司法公信力,人民群众才会息讼服判,社会才能和谐稳定。

首先,人民法院对待当事人应当诚实守信。法官应当遵守处分原则,不得滥用自由裁量权,审查事实和证据不得超出当事人的主张范围,在司法活动中时刻保持中立地位,出现法定回避事由的应及时主动回避,平等对待当事人,为双方提供平等的陈述、辩论机会。审判过程中,法官应当严格依照法律规定确定举证证明责任的承担,法律另有规定的除外。对于诉讼资源失衡的当事人,法官应适当地给予阐明或提示,确保不会因为经济实力或社会地位的差距产生诉讼差别,真正实现诉讼平等与公正。

其次,人民法院应当保障诉讼程序正当进行。开庭审理前,除法律规定不应公开或当事人申请不公开审理的案件,人民法院对民事案件的审理过程和判决结果应当向社会公开,防止秘密审判、司法腐败。审判活动中法官应当提供适当条件保障当事人诉讼权利的行使,严格遵照法定程序审查当事人主张,调查证据,不能形成先入为主的"刻板印象",不得偏私一方当事人,不可过分介入或干涉当事人之间的纠纷。裁判说理应当充分说明事实认定和法律适用的理由,增强当事人和社会对法院裁判的认可度。

最后,人民法院不得侵犯当事人诉讼权利和实体权利。各级人民法院要遵守级别管辖和地域管辖的规定,不得相互推诿或争夺管辖权,拖延诉讼。人民法院不得为了避免审理群体性案件或者多收案件受理费,将适用普通共同诉讼或代表人诉讼的案件分别立案和审理。法院调解要建立在当事人自愿的基础上,不得依职权强制调解,要在查清事实、分清是非的基础上解决纠纷。

**法治天下**

2012 年 8 月 31 日第十一届全国人民代表大会常务委员会第二十八次会议通过《关于修改〈中华人民共和国民事诉讼法〉的决定》,确立了民事诉讼法的诚实信用原则。修改后的《民事诉讼法》第 13 条规定:"民事诉讼应当遵循诚实信用原则。"

**课后思考**

1. 如何理解无罪推定原则和不枉不纵的关系?

2. 贯彻证据裁判原则有哪些要求?

3. 诉讼平等原则对实现司法公正有何意义?

**参考文献**

1. 宋英辉:《刑事诉讼原理(第三版)》,法律出版社 2014 年版。

2. 孙长永:《探索正当程序——比较刑事诉讼法专论》,中国法制出版社 2005 年版。

3. 张建伟:《刑事司法体制原理》,中国人民公安大学出版社 2002 年版。

4. 张卫平:《诉讼架构与程式——民事诉讼的法理分析》,清华大学出版社 2000 年版。

5. [日]谷口安平著:《程序的正义与诉讼》,王亚新、刘荣军译,中国政法大学出版社 1996 年版。

# 第十五章
# 公民参与民主选举

《中华人民共和国宪法》中对于公民参与有明确规定,人民依照法律规定,通过各种途径和形式管理国家事务,管理经济和文化事业,管理社会事务。我国宪法规定的公民参与是一种广泛的参与,包括公民政治参与、公共行政中的公民参与以及公民社会参与,涵盖了社会主义物质文明、政治文明和精神文明建设的各方面。这其中参与国家的政治生活最主要的就是公民参与民主选举。

为了保障公民参与民主选举,我国《选举法》在选举经费、选民知情权、选民选择权等方面确立了一系列的制度,同时对于破坏选举的行为建立了惩治制度。以此同时,公民政治参与最重要方式的民主选举中也必须依据法律有序地展开。

# 第一节　民主选举中的公民参与

党的十九大报告指出："要改进党的领导方式和执政方式,保证党领导人民有效治理国家;扩大人民有序政治参与,保证人民依法实行民主选举、民主协商、民主决策、民主管理、民主监督;维护国家法制统一、尊严、权威,加强人权法治保障,保证人民依法享有广泛权利和自由。巩固基层政权,完善基层民主制度,保障人民知情权、参与权、表达权、监督权。"

**请思考:**我国保障公民行使民主权利的制度有哪些?

## 一、基本方式

民主选举或称为代议制民主,它是在法律的规定之下由人民通过手中的选票选举官员或代表,授权其代表自己的利益而行使权力的民主。

我国公民参与民主选举有选举人大代表或成为人大代表两种形式。人大代表是各级人民代表大会代表的简称。我国的民主选举是将直接选举与间接选举两者相结合。直接选举是群众直接通过投票选出自己心中的代表来行使国家权力,而间接选举由下一级经过选出的代表来选举上一级的代表行使国家权力。具体而言,我国以县级为界限,县级以下是直接选举,而县级以上实行间接选举。

县级(包括县、自治县、不设区的市和市辖区)和乡级(包括乡、民族乡和镇)两级人大代表,采取直接选举的办法产生。具体做法是将县和乡两级行政区域划分为若干选区,由选区的选民直接投票选举产生县、乡两级人大代表。由于行使选举权利的主体是广大选民,因而把这种由选民直接投票选举代表的方式,通俗地称为"直接选举"。全国人大代表,省级(包括省、自治区、直辖市)人大代表,设区的市和自治州人大代表采用间接选举的办法产生。具体办法是由下级人民代表大会开会选举上级人大代表。这种选举方式,由于行使选举权利的是人大代表,选出的代表对应于选民,已经间隔了一层或几层,因而这种由人民代表大会选举上级人大代表的方式,通俗地称为"间接选举"。

从我国规定来看,我国直接选举有普遍性和平等性等特征。普遍性是指选举权和被选举权的享有群体广泛。《选举法》第5条第1款规定:中华人民共和国年满十八周岁的公民,不分民族、种族、性别、职业、家庭出身、宗教信仰、教育程度、财产状况和居住期限,都有选举权和被选举权。平等性是指每个选民都在平等的基础上参加选举,不允许任何选民有任何特权,也不允许任何选民受到任何歧视。每一个选民在一次选举中只有一个投票权。

**法的精义**

民主是一种社会管理体制,在该体制中社会成员大体上能直接或间接地参与。

——[美]柯恩

根据我国现行《宪法》第34条规定,选民依法享有选举权利,在制度上包括了选举权和被选举权两种权利。这种被选举权在实际制度中表现为对选民的"被提名权"的保障。根据《选举法》第29条第2款的规定,各政党、各人民团体,可以联合或者单独推荐代表候选人。选民或者代表,十人以上联名,也可以推荐代表候选人。依上述条款的规定,如果一个公民想当选县乡两级的人大代表,有两种制度途径,一是通过政党、人民团体的联合或单独提名;二是通过十人以上的选民提名。当然提名只是表示获得成为候选人的机会,能否真正成为"正式候选人",还需要选举机构根据代表候选人的提名情况,在综合各个方面的因素基础上来最终加以认定。

二、意义

公民参政的最主要方式。作为我国公民政治参与较为集中和有效的根本政治制度,人民代表大会制度是我国公民政治参与水平和效果的直接体现。而在人民代表大会制度中,公民政治参与最主要地体现在选举这一环节中。选举可以说是"有序的政治参与"的最基本形式,也是最佳形式。

**法象万千**

　　坚持人民主体地位,推进人民代表大会制度理论和实践创新,发挥人民代表大会制度的根本政治制度作用。完善中国特色社会主义法律体系,健全立法起草、论证、协调、审议机制,提高立法质量,防止地方保护和部门利益法制化。健全"一府两院"由人大产生、对人大负责、受人大监督制度。健全人大讨论、决定重大事项制度,各级政府重大决策出台前向本级人大报告。加强人大预算决算审查监督、国有资产监督职能。落实税收法定原则。加强人大常委会同人大代表的联系,充分发挥代表作用。通过建立健全代表联络机构、网络平台等形式密切代表同人民群众联系。

——《中共中央关于全面深化改革若干重大问题的决定》

　　人民当家作主的具体体现。人民代表大会制度作为我国的根本政治制度,是建立在民主选举的基础之上。根据我国宪法规定,县乡两级人大代表由选民直接选举产生,在县乡直接选举的基础上,再通过人民代表大会逐级间接选举产生市级、省级和全国人大代表。人民通过民主选举产生人大代表,组成人民代表大会,再由人民代表大会选举产生其他国家政权机关。换言之,人民通过选举人大代表,组成代议机关,即全国人民代表大会和地方各级人民代表大会,由代议机关接受人民的委托,按照人民的意愿来管理国家。选举人大代表的过程,就是广大人民群众把属于自己的国家权力委托给自己信任的人的过程,是人民行使国家权力,当家作主的重要标志和具体体现。

　　培养公民意识,树立民主精神,增强法治观念。人大代表选举的过程,是公民政治生活的一次重要实践,是民主法治理念的一次教育,对于培养广大人民群众的国家、政权观念,树立全民的民主精神,增强公民按规则行事的法治意识具有重要的意义。

**法治天下**

　　自 2016 年开始,全国县乡两级人大将陆续换届。全国将有 9 亿多选民参加这次县乡人大换届选举,直接选举产生 250 多万名县乡两级人大代表,并在此基础上依法产生新一届县乡两级国家机关领导人员。选举工作涉及全国 2850 多个县(市、区)、32000 多个乡镇,是中国人民政治生活中的一件大事。

　　**请思考**:我国民主选举的特点是什么?

# 第二节　公民参与选举的法律保障与限制

**法的门前**

　　1953 年 2 月 11 日,中央人民政府委员会第二十二次会议通过《中华人民共和国全国人民代表大会和地方各级人民代表大会选举法》。3 月 1 日,新中国首部选举法公布实施,开启了我国人民民主选举制度的新时代。1979 年 7 月 1 日,五届全国人大二次会议通过的选举法规定,各级人大代表一律由选举产生。从 1979 年下半年起,在试点基础上,我国开展了全国范围的县级人大代表直接选举工作。根据这一法律,此后的选举工作普遍采取差额选举等民主选举方式,受到广大人民群众热烈拥护。此后,全国人大及其常委会于 1982 年、1986 年、1995 年、2004 年、2010 年和 2015 年先后 6 次对选举法进行了重要修改,逐步形成了一套适合我国国情、具有鲜明中国特色的选举制度。2010 年 3 月,十一届全国人大三次会议通过的关于修改选举法的决定,明确城乡按相同人口比例选举人大代表。从 8:1、4:1 再到 1:1,农村和城市全国人大代表所代表人口数比例的变化,反映出我国城乡经济社会的发展变迁,成为我国推进社会主义民主政治的生动写照。

　　**请思考:**我国选举法历次变革的历程?

　　一、选举经费的保障

　　我国《选举法》规定:全国人大和地方各级人大的选举经费,列入财政预算,由国库开支。这一规定从法律上保证了我国公民依法参选,实现选举权利所必需的经费来源由国家提供保障,不至于因经济方面的原因而影响选民和代表的参选参政。

　　二、选民知情权的保障

　　在直接选举中,享有充分的知情权,是保证选民自由行使选举权的一个重要前提。为了避免由于不了解代表候选人而盲目投票,《选举法》对代表候选人如实提供个人情况、对代表候选人的介绍和组织代表候选人与选民见面等方而提出要求,以利于选民充分了解代表候选人的有关情况。

**法的精义**

一个社会如果希望民主成功,必须负责提供并发布普遍参与管理所需要的信息。

——[美]柯恩

代表候选人如实提供个人情况。《选举法》规定,接受推荐的代表候选人,应当向选举委员会如实提供个人身份、简历等基本情况。选民有权了解被推荐者的这些情况,以便选举时充分考虑。如果代表候选人提供的基本情况有不实内容的,选举委员会作为负责主持选举的机构,应当向选民通报有关情况,以保证选民根据真实的信息作出判断。

对代表候选人的介绍。在直接选举中,有的选区包含多个不同的单位和社区,被推荐出的代表候选人的情况不一定为所有选民了解。因此,对代表候选人的基本情况进行介绍就非常必要。介绍代表候选人大致有三个程序。一是在推荐过程中,推荐代表候选人的政党、人民团体或者选民应向选举委员会介绍代表候选人的情况。二是在代表候选人确认后,选举委员会应向选民介绍代表候选人的情况。三是推荐代表候选人的政党、人民团体和选民可以在选民小组会议上介绍所推荐的代表候选人的情况。对代表候选人的介绍应当全面、客观、公正,让选民了解代表候选人的真实情况。同时,在选举日必须停止代表候选人的介绍,以免干扰选举的正常进行。

组织正式代表候选人与选民见面。组织正式代表候选人与选民见面,由代表候选人介绍本人情况,回答选民的问题,使选民对代表候选人能有更深入的了解,以便在投票时作出符合自己心愿的选择。

## 三、选民选择权的保障

实现民主公正选举,是保证选民自由行使选举权利,自由表达自己意愿的最基本的要求。《选举法》对保障选民投票权作出了相关规定。

无记名投票原则的确定。无记名投票原则(又称为秘密选举原则),指投票人在投票选举时,在选票上不注明自己的姓名,由自己亲自填写,并由自己亲自投进票箱的一种投票方式。采用无记名投票方式,投票人不受外界的干扰,有利于投票人按照自己的意愿进行投票,使选举的结果更加真实。根据我国《选举法》的规定,全国和地方各级人民代表大会代表的选举,一律采用无记名投票的方法。

设立秘密写票处。《选举法》明确规定,选举时应当设有秘密写票处。这有利于保证选民填写选票时不受外界干扰,是对选民自由表达意愿的重要保障。

投票选择权的保障。根据《选举法》的规定,选民在填写选票时可以作出四种选择:对代表候选人可以投赞成票,但赞成的人数不能超过应选代表的名额,否则无效。可以投反对票,对选票上所列候选人可以部分反对,也可以全部反对。可以投弃权票,对选票上所列候选人可以部分弃权,也可以全部弃权。可以另选他人,但不得超过应选代表名额。

投票结果和当选。投票结束后,须对选票进行统计和核对,这是保障选举真实公正的必要环节。在计算选票时,如果从票箱中取出的选票多于发出的选票,选举结果无效。若从票箱中取出的选票少于或等于发出的选票总数,则选举有效。每一选票所选人数,多于应选代表人数的作废,等于或者少于应选代表人数的有效。在直接选举中,选区全体选民的过半数参加投票,选举有效代表候选人获得参加投票的选民过半数的选票时,始得当选。还有两种特殊情况:一是获得过半数选票的代表候选人的人数超过应选代表名额时,以得选票多的当选。二是获得过半数选票的当选代表人数少于应选代表的名额时,不足的名额需要另行选举。

## 四、对破坏选举行为的惩治

为了保证选民各项权利的有效行使,必须严格维护选举的秩序和严肃性,防止和制裁一切破坏选举的违法犯罪行为。《选举法》规定了对破坏选举的行为予以惩治,明确了相关的行政责任和刑事责任。

**法象万千**

2017 年 3 月 28 日至 30 日,沈阳、鞍山、抚顺等 15 个基层法院分别对辽宁 41 名涉拉票贿选人员作出一审宣判。审理法院综合考虑各案被告人的犯罪事实、犯罪情节以及悔罪表现等因素,对营口港务集团有限公司原董事长高宝玉等 41 名被告人分别以破坏选举罪、贪污罪、受贿罪、行贿罪判处有期徒刑等刑罚。经审理查明,高宝玉等 41 名被告人在辽宁省第十二届人民代表大会第一次会议召开前和会议期间,为当选全国人大代表,以贿赂的方式给出席会议的多名省人大代表送钱送物。2016 年 9 月 13 日,第十二届全国人民代表大会常务委员会发布公告,确定上述被告人全国人民代表大会代表当选无效。审理法院认为,高宝玉等 41 名被告人在选举全国人大代表时,以贿赂的手段妨害代表自由行使选举权,情节严重,构成破坏选举罪,其中,高宝玉等 9 名被告人还涉及贪污、受贿、行贿犯罪,应予依法惩处。

---

《选举法》明确规定,主持选举的机构发现有破坏选举的行为或者受到对破坏选举行为的举报,应当及时依法调查处理;需要追究法律责任的,及时移交有关机关依法予以处理。对调查认定的主体以及处理的程序作出规定,为维护正常的选举秩序提供了法律保障。

《选举法》对破坏选举的行为作了分类,归纳起来大致有直接和间接破坏选举两大类。其一,直接破坏选举的行为。以金钱或者其他财物贿赂选民或者代表,妨害选民和代表自由行使选举权和被选举权的;以暴力、威胁、欺骗或者其他非法手段妨害选民和代表自由行使选举权和被选举权的;伪造选举文件、虚报选举票数或者有其他违法行为的。其二,间接破坏选举的行为。即对于控告、检举选举中违法行为的人,或者对于提出要求罢免代表的人进行压制、报复的。一旦存在上述破坏选举的行为,对尚不构成犯罪,但违反《治安管理处罚法》的,依法给予治安管理处罚。对构成犯罪的,依法追究刑事责任。对于国家工作人员有破坏选举行为的,除依法给予治安管理处罚或者刑事处罚外,还应依法给予行政处分。对以违法行为当选的,其当选无效。

## 五、对人大代表的监督和罢免

我国《选举法》以专章规定了对代表的监督、罢免和补选的措施。《选举法》规定,罢免直接选举所产生的代表,须经原选区过半数的选民通过;罢免间接选举产生的代表,须经原选举单位过半数的代表通过,在代表大会闭会期间,须经各该级人大常委会组成人员的过半数通过。被罢免的代表可以出席上述会议或者提出书面申诉意见。罢免决议须报上一级人大常委会备案。同时,《选举法》规定,人民代表因故在任期内出缺,由原选区或原选举单位补选。全国人大代表,省、自治区、直辖市、设区的市、自治州的人大代表,均可向选举他的人大常委会提出辞职。

**法治天下**

全国人大常委会 2018 年监督工作计划对外公布。按照计划,2018 年全国人大常委会计划听取审议 24 个监督方面的报告,包括专项工作报告 11 个、计划预算监督报告 6 个、执法检查报告 6 个、专题调研报告 1 个。此外,结合其中 4 个报告开展 3 次专题询问,另有 4 个专题调研报告视情况提交审议。根据议题建议汇总统计情况显示,2017 年的监督议题建议汇总统计情况显示,全国人大共收集到议题建议 84 项,合并同类项后实为 75 项。其中,听取和审议专项工作报告的议题建议 44 项,执法检查的议题建议 19 项,专题询问的议题建议 11 项,专题调研的议题建议 10 项。

**请思考:**我国人大代表在其中的作用?

# 第三节　公民参与选举的正当途径与合理方式

**法的门前**

2016 年 7 月底,北京市区、乡镇两级人大换届选举工作全面展开,历时五个多月后,顺利完成换届选举工作,并在 2016 年 12 月底前,各区、乡镇召开了新一届人民代表大会第一次会议。据悉,全市共登记选民 917.5 万人,其中 885 万人参加了投票,参选率为 96.5%。其间,全市选举区人大代表的选区共划分选民小组 12.3 万余个,推荐出 9024 名区人大代表候选人,是应选名额的 2.06 倍;选举乡镇人大代表的选区共划分选民小组 3.5 万余个,推荐出 16066 名乡镇人大代表候选人,是应选名额的 1.62 倍。据统计,本次共选举出新一届区人大代表 4371 名、乡镇人大代表 9943 名。市人大常委会人事室介绍,4371 名区人大代表中,中共党员代表 3026 人,占比 69.2%,比上一届降低 1.8%;妇女代表 1634 人,占 37.4%,比上一届提高 3.2%;领导干部代表 681 人,占 15.6%,比上一届降低 5.7%。

**请思考:**我国人大代表是如何选举产生的?

## 一、正当途径：依法而行

**法的精义**

　　服从法律：无论是我或任何人都不能摆脱法律的光荣的束缚。

——［法］卢梭

　　选举的组织。根据有关法律的规定，我国主持选举工作的组织有两种：一是在实行直接选举的地方，设立选举委员会主持本级人大代表的选举；二是在实行间接选举的地方，如全国人大，省、自治区、直辖市的人大，设区的市和自治州的人大，由人大常委会主持本级人大代表的选举工作。

　　划分选区和选民登记。选区是指以一定数量的人口为基础进行直接选举、产生人大代表的区域，也是人大代表联系选民开展活动的基本单位。在我国直接选举的地方，即在不设区的市、市辖区、县、自治县、乡、民族乡、镇，其人大代表的名额分配到各个选区，由选民按选区直接投票选举。在划分选区过程中，必须遵循从具体情况出发，便于选民行使权利，便于代表联系选民和接受选民监督的原则。因此，现行选举法规定，选区可以按居住状况划分，也可以按生产单位、事业单位、工作单位划分。选民登记是对选民资格的法律认可，是关系到公民是否有选举权和被选举权以及是否能行使选举权的重大问题。根据我国《选举法》的规定，凡年满18周岁没有被剥夺政治权利的我国公民都应列入选民名单。

　　代表候选人的提出。代表候选人的提出是民主选举的基础环节，是能否充分发扬民主、选好人民代表的关键。根据我国《选举法》规定，全国和地方各级人民代表大会代表的候选人，按照选区或者选举单位提名产生。而且《选举法》规定，选民或者代表10人以上联名可以推荐代表候选人，各政党、各人民团体，可以联合或者单独推荐代表候选人。具体说来包括两个层次：一是在实行直接选举的单位，代表候选人由选区的选民和各政党、各人民团体提名推荐。选举委员会汇总后，在选举日的15天以前公布，并在该选区的各选民小组反复酝酿、讨论、协商，根据多数选民的意见，确定正式代表候选人名单，在选举日的5天以前公布。二是在实行间接选举的单位，则由各政党、各人民团体和代表提名推荐代表候选人。县以上地方各级人民代表大会在选举上一级人民代表大会代表时,由各级人民代表大会主席团把各政党、各人民团体和代表提出的代表候选人名单提交全体代表反复酝酿、讨论、协调,并根据多数代表的意见,确定正式代表候选人名单。同时,《选举法》规定,各级人民代表大会代表的选举,均实行差额选举。差额选举是指候选人的人数多于应选人数的选举。

投票选举。投票是选民或代表行使选举权的最后环节。《选举法》规定,在实行直接选举的地方,由选举委员会主持投票选举工作,并可通过召开选举大会,设立投票和流动票箱的方式进行投票。县以上地方各级人民代表大会在选举上一级人民代表大会代表时,由该级人民代表大会主席团主持。选举投票结束后,要对选票进行统计和核对。

统一计票宣布选举结果。投票结束后,选民推选出来的监票、计票人员应当立即密封票箱,送选区或者选举大会计票处集中清点选票,并将投票人数和收回的选票数加以核对,作出记录,经监票人、计票人签字后由选区或者选举大会统一计票。计票结束后,由监票人、计票人填好选举结果报告单。选举结果由区选举委员会依法确定是否有效,并予以宣布。当选代表名单由区选举委员会予以公布。

**法象万千**

---

党的十九大报告在论述"健全人民当家作主制度体系,发展社会主义民主政治"时,提出要"要长期坚持、不断发展我国社会主义民主政治,积极稳妥推进政治体制改革,推进社会主义民主政治制度化、规范化、程序化,保证人民依法通过各种途径和形式管理国家事务,管理经济文化事业,管理社会事务,巩固和发展生动活泼、安定团结的政治局面。"

——习近平在庆祝全国人民代表大会成立 60 周年大会上的讲话(2014 年 9 月 5 日)

---

二、合理方式:循规有序

党的十九大报告在论述"健全人民当家作主制度体系,发展社会主义民主政治"时,提出要"要长期坚持、不断发展我国社会主义民主政治,积极稳妥推进政治体制改革,推进社会主义民主政治制度化、规范化、程序化,保证人民依法通过各种途径和形式管理国家事务,管理经济文化事业,管理社会事务,巩固和发展生动活泼、安定团结的政治局面。"作为公民政治参与最重要方式的民主选举也必须依据这一原则有序地开展与进行。要做到有序参与,就必须依法而行。依法是有序的前提与条件,有序是依法的表现与结果,两者相互依赖,不可分割。如果违反与超越法律的规定,则必然导致选举的无序与混乱,从而影响公民充分有效地行使法律赋予的民主权利。因此,公民在参加选举时严格依照宪法与选举法的规定,行使权利、履行义务,无论是选举人还是被选举人,都应在法律规定的框架与程序内开展活动。公民一定要认识到维护自身利益必须合法表达,即使诉求合理合法,表达方式不合法仍属违法,也要承担法律责任。

**法治天下**

国家卫计委流动人口司发布的《中国流动人口发展报告 2013》显示:在民主选举和民主管理层面的政治参与中,仅有 1.9% 的流动人口参加过流入地的社区选举活动。如何保证流动人口行使宪法赋予他们的政治权利,已经成为各地各级政府不得不面对的重大课题。

**请思考**:如何保障流动人员的选举权利?

**课后思考**

1. 为什么说选举人大代表是公民参与政治生活最基本的方式?

2. 谈一谈我国对于公民选举权的保障。

3. 谈一谈公民参与的正当途径与合理方式。

**参考文献**

1. 蒋劲松:《被选举权、竞选正当性与竞选权》,载《法学》2010 年第 2 期。

2. 马岭:《选举权的性质解析》,载《法商研究》2008 年第 2 期。

3. 莫纪宏:《切实保障选民的"被提名权"》,载《浙江人大》2011 年第 7 期。

4. 易赛键:《县乡人大换届选举意义非凡》,载《人民政坛》2016 年第 6 期。

5. 蔡定剑:《中国人民代表大会制度(第四版)》,法律出版社 2003 年版。

6. 许安标、武增主编:《中华人民共和国全国人民代表大会和地方各级人民代表大会选举法解读》,中国法制出版社 2010 年版。

# 第十六章
# 公民参与公共决策

法治政府是法治中国建设的重要内容,公共决策是政府运作的核心环节,涵括立法、行政和司法等国家决策领域,因此,公共决策的法治化是法治政府建设的题中之义。公共决策的法治化目的在于保障公共决策的民主化和科学化,只有通过法治方式,才能在制度上落实民主决策、科学决策,避免公共决策的恣意。公共决策的民主化、科学化和法治化是三位一体的,没有公共决策的民主化和科学化,公共决策的法治化也是难以实现的。只有实现三者的良性循环,才能推进法治政府建设,最终实现建设法治中国的奋斗目标。

公民参与是推动公共决策民主化、科学化和法治化的重要动力和机制。首先,公共决策是对利益的分配,利益是公民参与公共决策的重要动机,无论出于个人利益、集体利益还是公共利益;其次,公共决策的民主化、科学化和法治化是保障利益公正分配的制度前提,这三者是避免恣意决策带来不公正结果的重要机制和路径;最后,公民参与是一套重要的信息反馈机制,它有助于公共决策的民主化、科学化和法治化之间的良性互动,从而提升公共决策的质量。

无论立法决策、行政决策还是司法过程,公民参与公共决策都是人民当家作主,参与国家事务管理的生动体现。因此,发扬社会主义民主,建设社会主义法治国家,离不开公民参与。公民参与是中国法治实践的根本动力,只有充分保障公民参与的权利,公民参与公共决策才能真正推动我国社会主义民主法治的发展和进步。

# 第一节　公民参与立法决策

## 法的门前

2017 年 3 月 14 日,第十二届全国人民代表大会第五次会议主席团第三次会议通过《关于第十二届全国人民代表大会第五次会议代表提出议案处理意见的报告》(以下简称《报告》)。《报告》认为:"依法提出议案,是人大代表反映民情民意,参与行使国家权力的重要途径。大会前,代表们积极参加履职活动,深入基层,深入群众,依法履职尽责,通过多种方式调查研究;会议期间认真酝酿讨论议案文本,努力提高议案质量。代表提出的议案中,通过专题调研、视察或者座谈走访等方式形成的议案有 350 件,占议案总数的 68.09%。在提出的法律案中,附有法律草案文本的有 209 件,占法律案总数的 42.48%。"

**请思考**:为什么人大代表依法提出议案,是参与行使国家权力的重要途径?

## 一、公民参与立法提案

立法要体现人民的意志,发扬社会主义民主,就需要充分保障人民通过各种途径参与立法活动。为了保障立法的民主性,不仅在政治制度上需要通过民主选举产生立法机关,而且还需要在立法制度上保障公民的参与权。立法的民主化,首先体现为立法提案制度的民主化,所以,公民参与立法提案是实现立法民主化的首要环节。立法提案的公民参与范围和实际程度是衡量一个国家立法民主化进程的关键指标。

## 法的精义

文明社会的成员,如果为了制定法律的目的而联合起来,并且因此构成一个国家,就称为这个国家的公民。

——［德］康德:《法的形而上学原理——权利的科学》

立法提案是启动立法议程的第一步。所谓立法提案是指法定的机构或人员向有权立法的机关提出制定、修改、解释或废止某一法律、法规等规范性文件的动议或议案。在现代社会,立法活动不是任意发起,而是由具有立法提案权的主体依法向立法机关提出相关的动议或者议案才能启动。

在我国,《宪法》规定国家立法权由全国人民代表大会及其常务委员会行使。因此,根据《中华人民共和国立法法》(以下简称《立法法》)的规定,立法提案权主体分为两个层次,一是向全国人民代表大会提出法律议案的主体,包括全国人民代表大会主席团、全国人民代表大会常务委员会、国务院、中央军事委员会、最高人民法院、最高人民检察院、全国人民代表大会各专门委员会和一个代表团或者三十名以上的代表联名;二是向全国人民代表大会常务委员会提出法律议案的主体,包括委员长会议、国务院、中央军事委员会、最高人民法院、最高人民检察院、全国人民代表大会各专门委员会和常务委员会组成人员十人以上联名。

上述提案权主体,除了常务委员会组成人员十人以上联名、代表团和代表联名之外,都是机构性的提案人。在公民参与方面,代表团或代表联名的立法提案要比机构性的立法提案更能反映公民参与立法的能动性和直接性,因为人大代表本身就是以公民身份参与国家立法决策。

从立法程序和权限上看,公民参与立法提案需要依法进行:第一,人大代表提出的议案,应当属于全国人民代表大会及其常务委员会法定职权范围内的法律案,即提出修改宪法和制定、修改、解释、废止法律的议案;第二,提案人可以向哪个立法机关提出法律案,《立法法》都有明文规定,所以,人大代表只能向自己能够提出法案的机关提出法案;第三,提出议案要达到法定人数,在我国,全国人大代表满 30 人可以向全国人大提出法律案,全国人大常委会组成人员满 10 人可以向常委会提出法律案;第四,提出议案要符合法定的形式,根据《立法法》的规定:提出法律案,应当同时提出法律草案文本及其说明,并提供必要的参阅资料。修改法律的,还应当提交修改前后的对照文本。法律草案的说明应当包括制定或者修改法律的必要性、可行性和主要内容;第五,提出议案要符合法定的方式,根据《立法法》的规定:其一,向全国人大提出法律案,在全国人大开会期间,可以通过大会主席团向大会提出,在全国人大闭会期间,可以先向常委会提出,经常委会会议按照有关程序审议后,决定提请全国人大审议;其二,向全国人大常委会提出的法律案,须通过委员长会议。总之,人大代表依法提出议案,是保证议案获得立法机关受理的前提。

立法决策是人民当家作主,参与行使国家权力的重要途径。公民参与立法提案,一方面体现了公民有序参与社会主义民主政治,在立法领域落实人民主权的宪法原则;另一方面让立法机关充分吸收人民群众的意见和诉求,提升了民主立法的质量,使得立法能够真正体现人民的利益。

### 二、公民参与立法听证

所谓立法听证,是指这样一种立法程序:立法者通过组织社会公众、专家、利益团体或者与听证事项有利害关系的当事人,就立法听证事项进行公开的论辩和讨论,由此形成可以作为立法参考的理由和意见。

在立法过程中,举行听证是一项重要的立法程序。首先,立法听证是立法者获得相关立法信息的重要途径。通过听证参加人对立法听证事项的论辩,立法者可以对立法的矛盾和利益冲突有充分的了解,从而作出正确的选择;其次,立法听证可以拓宽公民的政治参与渠道,提高立法的民主化程度。因为通过公民直接参与立法听证,可以促进代议制民主与参与式民主的结合,弥补代议制民主不能充分反映民意的不足;再次,立法听证提高公众对立法的认同,有利于法律的实施和遵守。立法听证充分保障不同利益主体之间平等对话,使得不同的利益得到兼顾,加上专家参与和科学论证,还有大众媒体的新闻报道,使得立法的利弊能够被公众所了解,这一方面保证了立法的科学性,同时也增强了公众对立法的认同感,从而有利于法律制定之后的实施和遵守;复次,听证对立法权的运作形成有效的制约,避免立法权的恣意行使。由于公众直接参与和新闻媒体的报道,立法听证使得立法权运作被置于一种公开状态,公众可以对其进行监督;最后,立法听证是一个训练公众民主法治意识的过程。公民参与立法听证的过程,不仅是一个公民学习和了解法律的过程,同时也是一个公民有序参与民主政治的过程。总之,由于立法听证可以促进立法的民主化和科学化,实现公正立法,所以,它对于立法过程而言,具有重要的制度价值。

2000年3月15日第九届全国人大通过的《立法法》规定,对于列入议程的法律案,立法机关"应当听取各方面的意见。听取意见可以采取座谈会、论证会、听证会等多种形式",这标志着听证制度被正式确立为我国的立法制度。虽然《立法法》只规定了听证作为立法机关听取意见的一种形式,但是,它极大地刺激了地方立法对听证制度的建设和应用。2001 年 10 月 17 日深圳市人大通过的《深圳市人民代表大会常务委员会听证条例》是第一个由地方立法机关制定的立法听证制度,此后,全国各地人大或者政府都相继以条例、办法和规定等形式制定了本地的立法听证制度。听证制度被引入立法领域,极大激发了公民参与立法的热情,使得公民可以直接向立法者表达自己的利益诉求和意见。

### 法象万千

《立法法》第 36 条第 3 款规定:法律案有关问题存在重大意见分歧或者涉及利益关系重大调整,需要进行听证的,应当召开听证会,听取有关基层和群体代表、部门、人民团体、专家、全国人民代表大会代表和社会有关方面的意见。听证情况应当向常务委员会报告。

从制度层面来看,立法听证制度主要包括以下五个方面的内容:(1)参与立法听证的权利。听证权是一项受宪法支持的基本权利。它是一系列法律权利的概括,其中包括知情权(包括得到通知权和阅卷权)、要求回避权、质证权和辩论权、陈述权、委托代理人权、要求对提出之证据作出笔录的权利,等等。我国《宪法》不仅规定一切国家权力属于人民,人民拥有通过各种途径参与国家事务管理的权利,而且还规定拥有言论自由权利以及对国家机关和国家机关工作人员进行批评和建议的权利。这些宪法上的权利与听证权是相互支持的,因此,通过赋予公民申请立法听证的权利,将更好地促进公民参与立法实践,实现对立法权的监督。(2)立法听证的事项范围。目前法律规定的听证事项一般是涉及重大意见分歧和利益关系的重大调整事项,但这样的规定过于概括,不利于立法听证的公民参与,需要明确列举哪些事项需要或不需要进行听证,使得立法听证变成一种立法常态,防止立法者规避真正需要听证的事项。(3)立法听证的参加人遴选。立法听证的参加人需要具有广泛性和代表性,因此,遴选参加人的规则应该充分考虑与听证事项有利害关系的当事人、具备科学论证能力的专家、利益团体和相关的公众。(4)立法听证的运作规则。具体听证规则规定主要涉及听证的公告及期限、听证主持人的中立性、听证的公开论辩、听证陈述人的发言次序与时间、听证记录的公开等方面内容。(5)立法听证的结果处理。如果立法听证的结果不对立法决策产生影响,那么,立法听证的作用就没有发挥出来。因此,通常需要法律规定立法机关承担对听证结果进行处理以及对听证结果的采纳和意见反馈情况进行公开的法律责任。

### 三、公民参与立法审议

法案提出之后,立法程序就可能进入审议这个新的阶段。所谓立法审议是指立法机关对法案进行审议,决定其是否列入议事日程、是否需要修改以及是否进行表决,这是由法案变成法律的重要立法阶段。在立法过程中,立法审议是保障立法理性化、科学化和民主化的重要环节,它避免立法的随意和草率,有效促进立法质量的提高。

由于立法体制的差异,各国立法审议权的归属和程序有很大的差别。一般来讲,立法审议权的主体有三种类型:一是立法机关的全体会议;二是立法机关的专门委员会;三是立法机关的领导机构。由此,形成多种类别的立法审议程序:第一类是由立法机关的全体会议审议法案的程序;第二类是由立法机关的全体会议到专门委员会再到全体会议的审议法案程序;第三类是由立法机关的专门委员会到全体会议的审议法案程序;第四类是不同法案采取不同的审议程序,有的可能是采用由专门委员会到全体会议的审议程序,有的则可能采用由全体会议到专门委员会再到全体会议的审议程序。

在我国,有权审议向全国人大提交的法律案的主体,主要包括:人大常委会和委员长会议,人大预备会议,人大主席团和主席团会议,人大代表,由代表组成的代表团和代表团会议,人大专门委员会和委员会会议,人大开会期间的座谈会议、小组会议、小组联席会议,人大全体会议;有权审议向全国人大常委会提交的法律案的主体则主要包括:委员长会议、常委会组成人员、常委会会议和专门委员会。在审议程序上,全国人大及其常务委员会审议法案的程序,既不是由全体会议到专门委员会再到全体会议,也不是由专门委员会到全体会议,而是由其领导机构到相关会议再到全体会议审议的程序。譬如,《立法法》第15条就规定:"一个代表团或者三十名以上的代表联名,可以向全国人民代表大会提出法律案,由主席团决定是否列入会议议程,或者先交有关的专门委员会审议、提出是否列入会议议程的意见,再决定是否列入会议议程。"

公民参与立法审议的途径,一般分为直接参与和间接参与两种方式。在立法审议的过程中,通常立法机关会向公众和社会征求立法意见,由此形成相关法案的审议报告。在征求立法意见过程中,公众并非直接参与立法审议,而是作为立法机关审议法案时的信息来源。立法机关通过座谈会、论证会和听证会,甚至通过大众媒体和互联网的方式来征求公众的立法意见,通过上述方式的公众参与,公众就能够向立法者表达对相关法案的意见和诉求,从而间接参与立法审议,为立法审议提供可供参考的信息。而公民直接参与立法审议,则主要是以人大代表的身份在列席专门委员会审议、参与代表团审议和参加相关专家座谈会议等方式来发表自己的审议意见。无论直接参与还是间接参与,公民参与立法审议本身就是立法民主化的重要象征,是立法权有效运作的合法性基础,因此,公民参与是立法审议过程不可或缺的合法性供给环节。

### 法治天下

近年,从《中华人民共和国食品安全法》(以下简称《食品安全法》)到《中华人民共和国广告法》(以下简称《广告法》)的修订,从《中华人民共和国刑法修正案(九)》(以下简称《刑法修正案(九)》)到《民法总则》的征求意见,都可以看到公众对于立法的积极参与和推动。譬如,《食品安全法》(修订草案)在2014年7月1日至2014年7月31日征求意见,公众参与人数达到2468人,共收到8877条意见;《食品安全法》(修订草案二次审议稿)在2014年12月30日至2015年1月19日再次征求意见,公众参与人数达到878人,共收到2943条意见。《广告法》的修订同样进行了两次征求意见,第一次在2014年8月31日到2014年9月30日,公众参与人数达到1403人,共收到2380条意见;第二次在2014年12月30日至2015年1月19日,公众参与人数达到1726人,共收到2238条意见。《刑法修正案(九)》(草案)在2014年11月4日到2014年12月3日征求意见,公众参与人数达到15096人,共收到51362条意见;后在2015年7月6日到2015年8月5日再次征求意见,公众参与人数达到76239人,共收到110737条意见。《民法总则》进行了三次征求意见,第一次是2016年7月5日至2016年8月4日,公众参与人数达到13802人,共收到65093条意见;第二次是2016年11月18日至2016年12月17日,公众参与人数达到960人,共收到意见3038条;第三次是2016年12月27日至2017年1月26日,公众参与人数660人,共收到2096条意见。

# 第二节 公民参与行政决策

**法的门前**

2014 年 5 月 10 日上午,余杭区中泰街道一带的群众因反对中泰垃圾焚烧发电厂项目选址,发生规模性聚集。少数群众甚至封堵杭徽高速公路及 02 省道,并出现打砸车辆、围攻执法管理人员等违法情况。政府采取了断然措施:对煽动滋事者,予以坚决打击。同时,省、市的主要领导均郑重承诺:"项目没有征得群众充分理解支持的情况下一定不开工!没有履行完法定程序一定不开工!"时任杭州市常务副市长的徐立毅到现场办公。他旗帜鲜明地表示:"一定要把这个项目做成能求取最大公约数的项目,整个工程全程确保群众知情权。"

**请思考**,为什么政府的行政决策要确保公众的知情权?

## 一、公民获取行政决策信息

信息是决策的基础。任何决策都是建立在信息搜集、筛选、加工和存储的基础上。只有信息充分才可能作出合理的决策。信息缺乏会导致决策失败的风险。在行政决策领域,不仅作为决策者的政府需要信息,被行政决策所影响的公众也需要信息。信息有助于公众了解政府的行政决策对自身利益产生的影响,从而促进公众对行政公共决策的参与。

公众对政府行政决策的参与,不仅是为了维护自己的利益和权利,而且也是对政府权力最好的监督。为了有效监督政府的行政权力,公众需要知道政府行政决策的信息,否则,政府决策的暗箱操作必然产生危及公众利益的腐败。因此,政府信息公开是建立"阳光政府"和廉洁政府的前提。

**法的精义**

阳光是最好的防腐剂,路灯是最好的警察。

——[美]路易斯·D. 布兰代斯:《别人的钱:投资银行家的贪婪真相》

　　政府决策信息公开,是公众有效参与的前提。公众参与行政公共决策的动机是建立在对决策信息的了解基础上。如果公众不知晓相关的行政决策信息,他们就不可能判断这些行政公共决策是否以及在何种程度上影响到其自身利益,那么,公众也不可能形成通过参与影响决策的动机。因此,公开政府决策信息,保障公众的知情权,是公民参与行政决策的起点。

　　在我国,为了保证公众对政府信息,尤其是政府决策信息的了解,国务院在2007年1月17日制定通过了《政府信息公开条例》,从此,无论政府主动公开决策信息,还是依据公民申请公开决策信息,都需要依法进行。根据上述条例,政府主动公开的信息范围主要包括四种类型:一是涉及公民、法人和其他组织切身利益的信息;二是需要社会公众广泛知晓或参与的信息;三是反映本行政机关机构设置、职能和办事程序的信息;四是其他依照法律、法规和国家规定应当主动公开的信息。为保障公民获取这些信息,行政机关应当通过政府、政府网站、新闻发布会以及报刊、广播、电视等便于公众知晓的方式公开。此外,政府还应当在国家档案馆、公共图书馆设置政府信息查阅场所,并配备相应的设施、设备,为公民、法人或其他组织获取政府信息提供便利。

　　除了政府主动公开信息之外,公民、法人和其他组织还可以依法申请政府公开信息。对于政府信息公开的申请,应当采取书面形式,申请的内容主要包括三个方面:一是申请人的姓名或名称,联系方式;二是申请公开的政府信息的内容描述;三是申请公开的政府信息的形式要求。根据上述条例的规定,行政机关对于申请公开的政府信息,负有依法答复的责任。譬如,属于信息公开范围的,应当告知申请人获取该政府信息的方式和途径;不属于信息公开范围的,应当告知申请人并说明理由。为了保障公众的知情权,上述条例还规定了公众进行监督和获得救济的权利,譬如,申请人认为行政机关不依法履行政府信息公开义务的,可以向上级行政机关、监察机关或者政府信息公开工作主管部门举报;若申请人认为行政机关在政府信息公开工作中的具体行政行为侵犯其合法权益的,还可以依法申请行政复议或者提起行政诉讼。

　　总之,法律保障公众的知情权,一方面促进公众参与,另一方面也促进政府决策的透明化,实现政府信息公开和公众参与的良性互动,为行政公共决策的民主化和科学化奠定了基础。

## 二、公民参与行政决策听证

随着现代行政权力的扩张,代议制民主对行政决策的控制变弱,使得公众参与行政决策显得越来越必要和可能。一方面,行政公共决策面对着复杂的社会决策环境,这迫使政府需要通过公众参与获取相关的决策信息,譬如,公众对于建立核电设施的态度、专家对于核电技术风险的评估等;另一方面,行政公共决策面临着合法性供给不足的问题,如果行政决策不听取受影响的利益相关者的意见,可能引发公众抗议和抵制的问题,从而削弱行政决策的合法性基础,而公众参与有助于公众对于行政决策的认同,提高行政决策的可接受程度。

听证程序和制度是公众参与行政决策的重要环节。首先,听证程序使得行政决策的公众参与获得合法性的制度空间。如果没有听证程序,公众对政府行政决策的意见表达就会丧失重要的信息沟通渠道,那么,公众为了表达自己的利益诉求,就有可能采取非法的方式和渠道,如街头政治抗议;其次,听证程序使得行政决策的公众参与获得理性化的表达空间。相对于激进的街头政治抗议,听证程序使得公众按照既定的规则来理性表达自己的意见,不同的利益代表可以获得平等的表达机会。即便存在巨大的利益冲突和意见分歧,这些冲突和分歧都会被听证程序吸纳,从而避免公众意见的非理性表达;最后,听证程序使得行政决策的公众参与获得了制度化的反思空间。通过不同意见的理性表达和理由的论辩,可以有效促进行政决策者和公众的反思,使得双方能够认识到各自认识视野的盲点,从而提高行政决策的质量。

在我国,从价格调整、城市规划到环境影响评价,从行政处罚、行政裁决到行政立法,都可以看到听证制度被广泛应用到行政决策领域。从 1993 年深圳率先进行价格审价制度起,听证制度就开始被引入中国;1996 年颁布的《行政处罚法》规定:"当事人有权陈述和申辩。行政机关必须充分听取当事人的意见,对当事人提出的事实、理由和证据,应当进行复核。"这是听证程序第一次在中国法律制度中确立的标志;1998 年 5 月 1 日实施的价格法规定"制定关系群众切身利益的公用事业价格、公益性服务价格、自然垄断经营的商品价格等政府指导价、政府定价,应当建立听证会制度",这标志着听证制度被引入中国价格行政指导决策领域;2000 年 3 月 15 日《立法法》通过,其中规定:"行政法规在起草过程中,应当广泛听取有关机关、组织和公民的意见。听取意见可以采取座谈会、论证会、听证会等多种形式。"这标志着听证制度正式被引入行政立法决策领域;2002 年 10 月 28 日通过的环境影响评价法规定:"对环境可能造成重大影响、应当编制环境影响报告书的建设项目,建设单位应当在报批建设项目环境影响报告书前,举行论证会、听证会,或者采取其他形式,征求有关单位、专家和公众的意见。"这标志着听证制度在环境行政决策领域的确立。总之,随着听证制度在各个行政决策领域的确立,听证程序已经成为行政决策过程必不可少的一道工序,是保障行政公共决策民主化和科学化的"阿基米德点"。

### 法象万千

健全依法决策机制。把公众参与、专家论证、风险评估、合法性审查、集体讨论决定确定为重大行政决策法定程序,确保决策制度科学、程序正当、过程公开、责任明确。建立行政机关内部重大决策合法性审查机制,未经合法性审查或经审查不合法的,不得提交讨论。

——《中共中央关于全面推进依法治国若干重大问题的决定》

在我国,公民参与行政决策听证主要有三种方式:一是以利益相关者的身份参与;二是以专家的身份参与;三是以普通公众的身份参与。在行政决策听证程序中,利益相关者受到决策影响最大,因此,参与听证的动机最强烈;专家次之,因为专家主要是被行政决策者召唤,就决策事项发表科学性的见解和咨询意见;普通公众参与的动机最弱,但普通公众希望参与行政决策,恰恰反映了公众利益的公共性。因为这些普通公众之所以参与,首先是对相关决策产生兴趣,或者具备相应的信息和知识;其次是愿意为公共利益发表意见。虽然参与动机不一样,但是,这些公民对行政决策听证的参与,可以有效制约行政决策权力的运作,促进政府行政决策的民主化、科学化和法治化。


### 三、公民纠正行政决策途径

人类决策具有试错的性质,这意味着对任何决策都需要事后评估,一旦发现决策不当,必然需要检讨原先的决策,从而纠正不当决策以避免更糟糕的后果。个人决策容易自我调整,但面对他人的决策,尤其是集体决策,如果没有相应的决策纠偏机制,个体的利益和权利就很容易遭到集体决策的侵害。这种情况在政府行政决策领域更容易招致公众的抗议和反对,因此,如果没有相应的法律救济渠道,那么,可能会引发严重的纠纷矛盾,从而危及整个社会公共秩序与安宁。

在我国,公民面对政府不当的行政决策,可以从三个方面寻求救济,具体而言如下:

一是通过行政复议的方式。所谓行政复议,是指公民、法人或其他组织认为行政机关的具体行政行为侵害其合法权益,依法向行政复议机关提出复核该具体行政行为的申请,行政复议机关依照法定程序对该具体行政行为的合法性和适当性进行审查,并作出行政复议决定的一种法律制度。行政复议是行政机关自身的纠偏机制,它一方面增强行政机关对自身决策进行反思的能力,另一方面降低了公众寻求救济的成本,因为这种法律救济利用了行政机关内部监督机制,省去了外部监督带来的各种制度成本(如诉讼成本),所以,它是公民、法人或其他组织纠正不当行政决策的重要途径。

二是通过行政诉讼的方式。所谓行政诉讼,是指公民、法人或其他组织认为行政机关及其工作人员的行政行为侵害其合法权益,依法向人民法院起诉,人民法院依照法定程序对该行政行为的合法性进行审查并作出裁判的诉讼制度。对于行政机关而言,行政诉讼是一种外部的法律监督,而对于公民、法人或其他组织而言,则是一种法律救济。当行政复议不能有效纠正不当行政决策,行政诉讼就是保障公民权利的最后一道防线(除非法律规定行政复议决定是最终裁决)。在纠正不当的行政决策上,行政复议与行政诉讼两种救济方式并不完全是一种程序上的先后关系,公民、法人或其他组织有权利根据自身情况来选择救济途径。不过,二者只能择其一,如果选择了行政诉讼,就不能再申请行政复议,同样,如果行政复议机关已经依法受理,或者法律、法规规定应当先向行政复议机关申请行政复议,对行政复议决定不服再向人民法院提起行政诉讼的,在法定行政复议期限内不得向人民法院提起行政诉讼。

三是通过信访申诉的方式。公众纠正不当的行政决策途径,除了上述的行政复议和行政诉讼之外,还可以采取信访申诉的途径。所谓信访申诉,是指公民、法人或者其他组织采用书信、电子邮件、传真、电话、走访等形式,向各级人民政府、县级以上人民政府工作部门反映情况,提出建议、意见或者投诉请求,依法由有关行政机关处理的活动。相对于行政复议和行政诉讼,信访申诉并非是一种法律救济途径,而是一种公民表达其利益和诉求的方式。由于信访申诉对行政机关构成了一种外部的舆论压力和内部的考核压力,依法上访已经成为公众影响行政决策的一种重要方式。

无论行政复议、行政诉讼还是信访申诉,公民通过上述途径纠正不当行政决策都需要依法进行。国家为保障公众利益表达和请求救济的权利,已经颁布了行政复议法、行政诉讼法和信访条例,因此,公民需要按照相关法律规定的程序主张权利,只有这样,才能有效依法监督行政公共决策,促进政府的依法行政,实现法治政府。

**法治天下**

近年来,中国城市邻避运动成为了一个突出的公共治理难题。一些邻避冲突事件表明了依法保障公众参与行政决策的重要性,正是由于公众参与的缺位,导致公民财产权、人身权、知情权、言论自由权等得不到保障,才引起公众对政府不当的行政决策之抵制和抗议。因此,只有依法充分保障公民参与,才可能避免不当的行政决策引发的矛盾纠纷,真正解决社会治理的难题。

# 第三节　公民参与司法过程

## 一、陪审制度与司法民主

**法的门前**

1991 年 3 月 3 日,美国洛杉矶市发生了一起 4 名白人警察殴打黑人青年罗德尼·金的事件。事件的部分过程被周围的一位居民霍利得拍摄了下来。在警察局表示对他这段视频毫无兴趣之后,霍利得将视频送到了洛杉矶当地电视台 KTLA。KTLA 电视台为了博取眼球,将长度为 81 秒的原始录像剪辑成 68 秒的电视画面,原始录像中罗德尼拘捕的关键画面被删掉了,而这段被删减的画面对案件的走向起到了关键的作用。陪审团最终判决 4 名警察无罪。

**思考**:在这起案件中陪审团的裁决是否体现了"民意"?

陪审制度向来被视为一种促进司法民主化的制度安排。有学者认为,陪审制度的价值基础主要有四点:民主价值、自由价值、公正价值和理性价值。参与被认为是陪审制度体现民主价值最重要的因素。但是我们从上文提到的案例中可以看出,陪审团的裁决是"违背民意"的。一个原本看上去在审判中应该"代表民意"的机构却常常在民众十分关注的案件中违背"民意",值得我们深思。

## 法律精义

完善人民陪审员制度,保障公民陪审权利,扩大参审范围,完善随机抽选方式,提高人民陪审制度公信度。逐步实行人民陪审员不再审理法律适用问题,只参与审理事实认定问题。

——《中共中央关于全面推进依法治国若干重大问题的决定》

## 二、陪审制度的价值在于司法公正

我国的人民陪审员制度的真正价值在于实现司法公正,具体而言主要表现在以下几个方面:

首先,陪审制度有利于在审判中引入社会认同的价值。陪审制度对于司法公正影响的另一大功能是在审判中引入了社会认同的价值。陪审员是民众的代表,他们的理性判断基本可以代表社会认可的价值。司法是一个专业性非常强的工作,但同时司法也是一个与社会生活密切相关的活动。当情理与法律发生冲突的时候,究竟选择情理还是选择维护法律往往是个两难选择,比如,前几年闹得沸沸扬扬的许霆案就是一个很好的例子。陪审员的介入可以提高判决中的非法律价值因素考虑的比重,避免法律机械主义的弊端,增加裁判的正当性及合理性。

## 法象万千

在著名陪审电影《十二怒汉》中,一位陪审员从另一名戴眼镜的陪审员鼻子上的压痕回忆起那名女性证人的鼻子上也有同样的压痕,这说明证人平时应该戴眼镜,进而推论出证人是近视眼,她是否能在不戴眼镜的情况下看清对面公寓发生的事情令人怀疑。这位陪审员提起这个细节后,所有人都想了起来,这也成为压垮那些坚持有罪判决陪审员的最后一根"稻草"。

其次,陪审员的决定更容易克服偏见与偏向。所有的司法制度都在追求裁判者的中立,但是没有人能够脱离偏见的困扰,尤其是当一个人的偏见成为其思维模式的一部分时,这种偏见对于中立的损害更为可怕。职业法官实际上是一个很容易形成偏见的人群,他们在日常工作中常常会接触到具备某一特征的人群触犯某一特定的法律,日积月累这种司空见惯就会成为他们的偏见,以至于他们会将这种偏见定义为一种"直觉",被包裹上"理性"的外衣。而在陪审员中间,陪审员个体对某一族群的偏见可能比个体法官来得更为严重,但由于陪审员大多来自不同的群体或阶层,他们之间相互纠正偏见的可能性会更大,也会让陪审员整体的认识相对更客观、更中立。

最后,陪审员的多元化经验更有助于事实发现。相对于法律知识的缺乏,陪审员在其他方面的经验肯定比法官充分。事实认定不是个纯粹的法律问题,甚至很多时候根本不是法律问题,多元化的社会知识与生活经验对于揭示案件细节大有裨益,而由职业法官组成的审判组织在这一方面显然是没有优势的。

**课后思考**

1. 为什么立法决策需要公民参与?

2. 为什么行政决策需要公民参与?

3. 陪审制度如何保证公民参与司法?

**参考文献**

1. 周旺生:《立法学教程》,北京大学出版社 2006 年版。

2. 姜明安主编:《行政法与行政诉讼法(第三版)》,高等教育出版社 2007 年版。

3. 李林:《立法听证制度的理论与实践》,载《中外法学》1991 年第 5 期。

4. 蔡定剑:《立法听证的现状及改进意见》,载《法制日报》2005 年 4 月 28 日。

5. 季金华:《宪政视角下的听证权初探》,载《法学论坛》2005 年第 6 期。

6. 杨雪冬:《制度移植与本土实践:以立法听证为个案的研究》,载《华中师范大学学报(人文社会科学版)》2005 年第 6 期。

第十七章

# 公民参与社会治理

法治社会是法治中国建设的根基。依法治国,是建设法治国家;依法行政,是建设法治政府;依法办事,是建设法治社会。法治国家、法治政府和法治社会是一体化建设的过程,同时,法治社会对于推动法治国家和法治政府建设具有重要的动力意义。因为在国家与社会的互动过程中,尤其是在公民与政府互动的过程中,公民的法治意识和社会的法治追求,是推动法治国家和法治政府建设的动力引擎,牵引着法治中国建设的方向。

公民参与是推动社会治理法治化的重要动力。公民参与社会治理,一方面可以彰显出当代中国社会治理过程的法治化需求,尤其是公民权利的法律保障需求;另一方面可以促进公民品格发育,训练公民参与公共领域,提升公民依法办事的法治观念,使得公民依法参与社会治理。

社会组织、社区和网络社会是中国公共领域的三个重要支柱。公共领域是推动中国法治社会建设的决定性力量。首先,公共领域为社会治理提供合法性支持;其次,公共领域还能发挥对社会治理的民主监督功能;最后,公共领域能够传播法治观念和公共精神,促进社会治理的法治化。因此,公民参与社会组织、公民参与社区治理和公民参与网络社会是推动法治社会建设的重要机制和路径。

# 第一节　公民参与社会组织

**法的门前**

2014 年 10 月 23 日,中国共产党第十八届中央委员会第四次全体会议审议通过《中共中央关于全面推进依法治国若干重大问题的决定》。该决定认为:"发挥人民团体和社会组织在法治社会建设中的积极作用。建立健全社会组织参与社会事务、维护公共利益、救助困难群众、帮教特殊人群、预防违法犯罪的机制和制度化渠道。支持行业协会商会类社会组织发挥行业自律和专业服务功能。发挥社会组织对其成员的行为导引、规则约束、权益维护作用。加强在华境外非政府组织管理,引导和监督其依法开展活动。"

**请思考:**为什么要发挥社会组织在法治社会建设中的积极作用?

## 一、公民参与慈善公益组织

中国人有乐善好施的传统,正所谓"达则兼济天下"。在古代社会,富裕人家行善积德,襄助举办各种慈善机构,如育婴堂、慈幼局、居养安济院、广仁堂等,对社会底层民众扶危济困。近代社会以来,西方教会式的慈善活动不断涌入中国,慈善事业的发展除了扶危济困之外,还延伸到教育、科学、文化、卫生等社会福利和社会发展领域。随着经济发展,在现代社会,慈善已经不仅仅是对底层社会人士的救助,而是发展社会福利,增进社会成员的福祉,所以,慈善事业不仅仅是富裕人士的"专利",而变成了一种大众的公益事业。

公益慈善既然是一种大众的事业,那么,如何组织大众参与慈善活动就成为了必须解决的社会组织问题。慈善公益组织的兴起自然就是社会解决这个问题的方法。现代慈善公益组织自然是从宗教慈善组织发展出来,譬如,红十字会、红新月会都蕴含着深厚宗教文化理念。不过,现代慈善公益组织在世俗化的潮流下已经发展出新的特征,譬如,专业化、非营利性、非政府组织等。自1994 年中华慈善总会设立以来,中国慈善事业蓬勃发展,除了中国红十字会、中国宋庆龄基金会、中国残疾人福利基金会、中国青少年基金会等政府扶持的慈善公益组织外,还有很多民间慈善公益组织,譬如,李连杰的壹基金、李亚鹏和王菲的嫣然天使基金等。

从法律角度,所谓慈善公益组织是指依法成立的,以面向社会开展慈善活动为宗旨的非营利性组织。它的法律形态包括基金会、民办非企业组织、社会团体等。在现代社会,慈善公益组织发挥着很大的社会作用,从扶危济困到促进科学、教育、文化、体育、卫生等事业,甚至包括改善生态和保护环境。在很多社会问题上,慈善公益组织可以说是对政府和企业机制失灵的补救。通过募捐捐赠或者通过志愿者提供服务等方式,慈善公益组织可以从事一些政府或企业可能不愿意做的事情。大量慈善公益组织的涌现,不仅可以分担许多原来由政府承担的社会管理事务,而且可以积极动员公民参与社会事务的管理。慈善公益组织的发展,一方面有利于社会救助力量的自我形成和自我完善;另一方面有利于公民之间的互助合作,形成良好的社会资本,促进公民团体的社会自治。同时,这种公民团体自治是人民依法行使自己结社权的重要体现。

### 法的精义

人们把自己的力量同自己的同志的力量联合起来共同活动的自由,是仅次于自己自由的最自然的自由。因此,我认为结社权在性质上几乎与个人自由一样是不能转让的。一个立法者要想破坏结社权,他就得损害社会本身。

——[法]阿历克西·德·托克维尔:《论美国的民主》

然而,如果没有良好的内部治理结构和外部监管制度,任何社会组织发展都可能产生腐败的权力,慈善公益组织自然也不例外。近年来,不断涌现的慈善丑闻,譬如"郭美美微博炫富"事件等等,使得慈善公益组织的公信力出现严重危机。这些慈善丑闻及公众的关注推动了《中华人民共和国慈善法》(以下简称《慈善法》)的颁布,以实现对慈善公益组织进行监管,保障公众利益。一桩桩的慈善丑闻极大地刺激了公众的神经,因为公众的募捐是慈善资金的重要来源,所以,如何保障公众的知情权和参与权,已经成为慈善公益组织治理的重要问题。

慈善公益组织治理的法治化是法治社会建设的重要体现,因此,要通过法律充分保障公众的知情权、参与权、结社权、监督权等,使得公众能够有效参与慈善公益组织,促进慈善公益组织形成内部良好的治理结构,同时,完善公众、

政府和其他社会组织对慈善公益组织的外部监督机制。慈善公益组织治理的法治化,具体来讲有以下三个方面内容:

第一,公民要依法成立慈善公益组织。为了保障公民结社权利,实现慈善公益组织治理的法治化,《慈善法》要求慈善组织的成立必须符合法律规定的条件:一是要以开展慈善活动为宗旨;二是不以营利为目的;三是有自己的名称和住所;四是有组织章程;五是有必要的财产;六是有符合条件的组织机构和负责人等。同时,《慈善法》还规定,设立慈善组织应当向县级以上人民政府民政部门申请登记,民政部门自受理之日起三十日内作出决定。符合法律规定条件的,准予登记并向社会公告;不符合法律规定条件的,则不予登记并书面说明理由。

第二,慈善公益组织要依法开展活动。具体来讲,一是慈善组织应当根据法律法规及其章程,建立健全的内部治理结构,明确决策、执行、监督等分工权限,开展慈善活动;二是慈善组织应当执行国家统一的会计制度,依法进行会计核算,建立健全会计监督制度,并接受政府有关部门的监督管理;三是慈善组织应当每年向其登记的民政部门报送年度工作报告和财务会计报告。报告应当包括年度开展募捐和接受捐赠情况、慈善财产的管理使用情况、慈善项目实施情况以及慈善组织工作人员的工资福利情况;四是慈善组织的发起人、主要捐赠人以及管理人员,不得利用其关联关系损害慈善组织、受益人的利益和社会公共利益;五是慈善组织不得从事、资助危害国家安全和社会公共利益的活动,不得接受附加违反法律法规和违背社会公德条件的捐赠,不得对受益人附加违反法律法规和违背社会公德的条件。

第三,慈善公益组织要依法保障公民的知情权和参与权。在知情权方面,慈善公益组织应当依法履行信息公开的义务。慈善组织应当向社会公开组织章程和决策、执行、监督机构成员信息以及国务院民政部门要求公开的其他信息,譬如慈善组织应当每年向社会公开其年度工作报告和财务会计报告,具有公开募捐资格的慈善组织应当定期向社会公开其募捐情况和慈善项目实施情况,还有慈善组织开展定向募捐的,应当及时向捐赠人告知募捐情况、募得款物的管理使用情况等。在参与权方面,慈善公益组织应当依法保障公众作为捐赠人、受益人和志愿者的权利。譬如,慈善组织接受捐赠,应当向捐赠人开具由财政部门统一监(印)制的捐赠票据;慈善组织接受捐赠,捐赠人要求签订书面捐赠协议的,慈善组织应当与捐赠人签订书面捐赠协议;捐赠人有权查询、复制其捐赠财产管理使用的有关资料,慈善组织应当及时主动向捐赠人反馈有关情况;开展慈善服务,应当尊重受益人、志愿者的人格尊严,不得侵害受益人、志愿者的隐私等其他基本权利。

### 二、公民参与消费者保护组织

消费者保护组织的兴起是消费者权益遭到侵害和消费者权利意识觉醒的产物。在现代社会,随着经济生产的社会化、科技化和信息化,企业经营者占据了比较优势的地位,使得经营者与消费者之间产生严重的力量不平衡,分散的、个人的消费者难以对抗组织化的、联合起来的企业经营者,由此,导致很多侵害消费者权益的事情发生,譬如,产生污染公害、生产假冒伪劣商品、侵犯消费者的人格尊严等等。为了对抗经营者,抵制他们的侵害,消费者开始联合起来成立保护消费者权益的社会组织,譬如,早在 19 世纪的美国,为了应对食品卫生等侵害消费者权益的问题,在纽约 1891 年成立了世界上第一个消费者保护组织,即"纽约消费者协会"。随后,这不仅形成了一个全国性联盟,即"美国消费者同盟",而且还开启了一股席卷全球的消费者运动,世界各国的消费者纷纷成立自己消费者保护组织,譬如日本的"主妇协会"、法国的"消费者联盟"等,甚至产生国际组织,如"国际消费者联合会"。

所谓消费者保护组织是指依法成立的,对商品和服务进行监督,以保护消费者合法权益为使命的非营利性社会组织。消费者保护组织具有以下法律特征:一是消费者保护组织是非政府组织,它是公民自愿结社组成的社会团体;二是消费者保护组织是非营利组织,它提供的信息和咨询服务,并非为了谋取利润,而是为了保护公众的消费权益,具有公益性特征;三是消费者保护组织是具有法人资格的社会组织,它可以对组织的财产进行处分和具有独立提起法律诉讼的资格能力;四是消费者保护组织是具有专业运作能力的社会组织,这种专业能力包括进行商品的比较检验、举办消费媒体、提供法律服务等等,使得消费者保护组织能够对抗经营者。

随着消费者保护组织的发展和壮大,它在现代社会具有广泛的职能,这些职能概括起来主要有以下六个方面:(1)对消费者进行教育,提供消费者维护自身权益的法治意识和能力;(2)对商品进行比较检验,向消费者提供信息和咨询服务,避免消费者处于信息不对称的地位和状态;(3)受理消费者的投诉,调解消费者与经营者之间的纠纷,支持消费受害者提出仲裁和诉讼,或者以消费者组织的名义提起诉讼;(4)收集消费者的意见向企业反馈,督促企业纠正侵害消费者权益的行为;(5)通过制造舆论,宣传消费者的权利,揭露侵犯消费者权益的行为,形成舆论压力,改善消费者的地位;(6)参与国家或政府有关消费者的法律和政策之制定,并要求政府的行政和司法回应消费者问题,保护消费者的合法权益。上述职能,在不同的各国因经济发展状况不同而有差异和侧重,发达国家的消费者受过良好教育并且具有比较好的经济基础,因此消费者组织的主要任务是进行比较测试和提供可靠的资讯。在发展中国家,公众的权利意识相对薄弱,消费者组织对于消费者权益的保护主要侧重权利意识培养和法治教育,同时,加强对法律政策制定的影响,以改善消费者的地位。

**法象万千**

　　《中华人民共和国消费者权益保护法》第 37 条规定了消费者协会履行下列公益性职责:(1)向消费者提供消费信息和咨询服务,提高消费者维护自身合法权益的能力,引导文明、健康、节约资源和保护环境的消费方式;(2)参与制定有关消费者权益的法律、法规、规章和强制性标准;(3)参与有关行政部门对商品和服务的监督、检查;(4)就有关消费者合法权益的问题,向有关部门反映、查询,提出建议;(5)受理消费者的投诉,并对投诉事项进行调查、调解;(6)投诉事项涉及商品和服务质量问题的,可以委托具备资格的鉴定人鉴定,鉴定人应当告知鉴定意见;(7)就损害消费者合法权益的行为,支持受损害的消费者提起诉讼或者依照本法提起诉讼;(8)对损害消费者合法权益的行为,通过大众传播媒介予以揭露、批评。

　　在我国,消费者保护组织主要是中国消费者协会和地方消费者协会(有的地方称为"消费者权益保护委员会")。中国消费者协会是 1984 年经国务院批准成立的。目前,全国县以上消费者协会已达 3138 个,其中,省、自治区、直辖市 31 个。在农村乡镇、城市街道设立的消协分会,在村委会、居委会、行业管理部门、高等院校、厂矿企业中设立的监督站、联络站等各类基层网络组织达 15.6 万个,义务监督员、维权志愿者有 10 万余名。此外,还有一些民间的消费者保护组织,譬如,各地的业主委员会等。随着中国房地产市场的发展,有房阶层的业主为了维护自己的合法权益,自发建立起保护其房地产权益的业主委员会,以此对抗可能侵害其权益的房地产开发商和物业公司。可见,消费者保护组织的发展与消费者公民权意识觉醒具有密切联系,业主正成为新的公民典范,从而推动社会治理。所以,消费者保护组织的发展离不开公民的参与。

公民参与消费者保护组织具有五个方面的重要意义:一是给当前国内消费者协会注入新的活力,促进消费者协会内部治理结构的改进,以应对日益复杂的消费领域治理;二是营造良好的社会监督环境,公民参与意味着消费者保护组织的运作要透明,充分保障公众的知情权和参与权,接受公众的社会监督;三是促进消费者保护组织之间的良性竞争,只有充分保护消费者公民权利的消费者保护组织,才可能获得消费者的支持和认同;四是提升消费者保护组织的服务意识和专业能力,公民参与一方面将为消费者保护组织带来各个阶层的人才和社会精英,另一方面可以提高消费者保护组织对公众需要的敏感性,促进消费者保护组织对公众的需求的回应;五是提高消费者保护组织的社会权威和独立性,公民参与消费者运动,可以增强消费者保护组织的社会影响力,同时也有利于转变政府资源投入方式,譬如,通过政府向社会组织购买社会服务的方式,避免政府直接干预带来的体制依赖。

## 三、公民参与环境保护组织

随着环境问题日益突出和公众环保意识觉醒,环境保护组织的建立和发展成为了中国环境保护事业的一支重要力量。虽然政府和企业都有保护环境的责任,但是,真正推动环境保护事业的力量主要来自公众。环境保护组织是公众参与环境保护的有效途径和方式,因为公民个体的、分散的行动不足以有效影响政府和企业的决策,只有通过公民之间结社形成团体的组织化力量,才可能对企业和政府施加压力和影响。

所谓环境保护组织,是指公民依法成立的、面向社会从事公益环保活动的非营利性社会组织,如自然之友、中国环境保护协会、中华环保联合会等等。环境保护组织在社会环境治理方面发挥着十分重要的作用:一是通过环境方面的科学教育和法治教育,提高公众的环境保护意识和环境权利意识,推动公众依法参与环境保护运动;二是提供公众关于环境治理的信息和咨询服务,促进公众依法维护自己的环境权益;三是监督政府和企业破坏生态环境的行为和决策,通过媒体舆论迫使政府和企业纠正破坏环境的行为和决策;四是参与环境公益诉讼,维护公众的环境权益;五是积极影响国家和政府的环境法律和政策制定,推动社会环境治理的法治化。

公民依法设立环境保护组织是公民行使结社权的重要体现。在设立环境保护组织方面,公民需要依法向政府民政部门申请登记。环境保护组织属于社会团体,根据《社会团体登记管理条例》相关规定,申请成立社会团体,应当经其业务主管单位审查同意,由发起人向登记管理机关申请登记,并且成立的社会团体要具备以下法律规定的条件:(1)有50个以上的个人会员或者30个以上的单位会员;个人会员、单位会员混合组成的,会员总数不得少于50个;(2)有规范的名称和相应的组织机构;(3)有固定的住所;(4)有与其业务活动相适应的专职工作人员;(5)有合法的资产和经费来源,全国性的社会团体有10万元以上活动资金,地方性的社会团体和跨行政区域的社会团体有3万元以上活动资金;(6)有独立承担民事责任的能力。此外,社会团体的名称应当符合法律、法规的规定,不得违背社会道德风尚。

为了保障公民参与环境保护组织,除了保障公民结社权利之外,还需要充分保障公民的知情权、参与权、诉讼权等基本权利。只有充分保障公民的权利,才可能激发公民对环境保护组织参与的热情。譬如,环境保护组织需要公开自己财务和具体运作信息,才可能建立起公众的信任,否则,"暗箱操作"一旦发生问题,就会带来环境保护组织的公信力危机。环境保护组织保护的不仅仅是公众的环境权益,公民的结社权、参与权、知情权、隐私权、人格尊严权等基本权利,在公民参与环境保护组织的过程中,也需要环境保护组织的尊重和保护,否则,环境保护组织就难以获得公众的认同和支持。

公民参与环境保护组织,不仅促进环境治理,而且推动社会治理,有利于政府、企业和公众在环境治理问题上形成合作共治格局,实现社会环境治理的共建共享。首先,环境保护组织是建立在公民自由结社的前提上,环境保护组织促进了公民的团体自治,使得公众能够利用环保组织提供的信息、资源和社会资本来影响政府和企业的决策,促使政府和企业回应公众的环保诉求;其次,环境保护组织通过提供专业服务和咨询,一方面可以给政府和企业提供决策信息,另一方面可以对公众进行有效的组织和动员,从而为政府、企业和公众之间的合作提供有效的渠道和途径,而且环境保护组织还可以调停政府、企业和公众之间在环境治理问题上的冲突,实现公众对环境治理的有序参与;最后,环境保护组织在提高公民保护环境的法治意识、促进公众参与环保立法和环保公益诉讼等方面发挥着十分重要的作用。因此,在法治社会建设过程中,环境保护组织不仅为公众依法参与环保运动发挥了有效的引导和教育作用,而且促进国家环保法律的发展,为公众参与社会环境治理的共建共享提供制度框架。

**法治天下**

新华社北京 2016 年 8 月 21 日电,中共中央办公厅、国务院办公厅印发了《关于改革社会组织管理制度促进社会组织健康有序发展的意见》(以下简称《意见》),该《意见》要求依法做好社会组织登记审查。一是稳妥推进直接登记:重点培育、优先发展行业协会商会类、科技类、公益慈善类、城乡社区服务类社会组织。二是完善业务主管单位前置审查:对直接登记范围之外的其他社会组织,继续实行登记管理机关和业务主管单位双重负责的管理体制。三是严格民政部门登记审查:民政部门要会同行业管理部门及相关党建工作机构,加强对社会组织发起人、拟任负责人资格审查。四是强化社会组织发起人责任:国务院法制办会同民政部推动将社会组织发起人的资格、人数、行为、责任等事项纳入有关行政法规予以规范。建立发起人不良行为记录档案。上述《意见》表明党和国家试图通过依法加强社会组织的培育和监管来促进社会组织的健康有序发展。

# 第二节　公民参与社区治理

**法的门前**

2013 年 11 月 12 日,中国共产党第十八届中央委员会第三次全体会议通过《中共中央关于全面深化改革若干重大问题的决定》(以下简称《决定》),该《决定》提出:"发展基层民主。畅通民主渠道,健全基层选举、议事、公开、述职、问责等机制。开展形式多样的基层民主协商,推进基层协商制度化,建立健全居民、村民监督机制,促进群众在城乡社区治理、基层公共事务和公益事业中依法自我管理、自我服务、自我教育、自我监督。"

**请思考:**为什么要促进社区群众依法自我管理、自我服务、自我教育和自我监督?

## 一、公民参与社区自治

社区是聚居在一定地域范围内的人们所组成的社会生活共同体,譬如,居民小区和乡村村落。所谓共同体可以理解为具有共同的利益、价值、文化、兴趣、交往或者其他共同的社会联系之群体。由于共同生活在一定的地域,人们之间的社会交往自然会演化出一套相互支持、互惠互利的生活秩序。这个共同的生活秩序自然是建立在人们之间自愿合作基础上,即便产生了利益冲突和社会矛盾,也会通过共同接受的一套社会制度和规范去解决彼此的冲突和纷争,否则,共同的生活秩序就会瓦解。因此,社区是整合社会秩序的一个基层单位。

在我国,社区体制的建立是伴随着单位制的解体,从改革街居制发展出来的。在改革开放之前,中国社会治理结构是以单位体制为主,街居制为辅。大部分的社会人口被涵括到单位体制之内,从生老病死到衣食住行,一切社会福利和社会管理都是通过单位来实施,因此,只有少部分溢出单位的人口,是通过街道和居民区提供基本公共服务和管理。但是,随着中国市场经济发展和住房的商品化,单位不再承担社会管理和提供福利的职能,大量的社会公共事务和社会福利管理职能开始转移到街道和居民区。不过,原来的街居制并不能够有效承担大规模的人口社会管理和公共事务治理,为此,社区建设成为改革街居制的突破口,通过社区承担大量的公共管理、公共服务以及城乡基层社会自我组织、自我协调的重要功能。因此,从功能角度,社区治理包括三个方面的基本内容:一是社区自治功能,二是社区管理功能,三是社区服务功能。

所谓社区自治就是在这个社会生活共同体中,人们自己管理自己,自己服务自己,自己教育自己,自己监督自己。具体而言,社区自治一方面是指社区独立于其他社群或者机构,譬如,不受政府或者企业的干预,另一方面是指社区内部能够形成一套自我作出集体决定和行动的生活秩序,譬如,通过制定村规民约,来指引和约束村民的行动,解决社区公共事务的决策问题,化解村民之间的矛盾和纷争等等。因此,社区自治是生活在一定地域的人们建立共同的生活秩序的前提。

在现代社会,民主是社区自治运作的一项重要制度和实践原则。基层社区民主是国家治理的基础。所谓民主就是人民当家作主,即人们能够自己决定自己的命运和前途,并对自己作出的决定和行动后果承担责任。民主自治是人民的权利,因而公民参与社区民主自治是依法行使自己权利的体现。在社区公共事务上,社区民主自治主要表现在四个方面,分别是民主选举、民主决策、民主管理和民主监督。公民参与社区自治是发扬社会主义民主,发展基层民主的重要体现。

**法的精义**

一旦公共服务不再成为公民的主要事情,并且公民宁愿掏自己的钱口袋而不愿本人亲身来服务的时候,国家就已经是濒临毁灭了。

——[法]卢梭:《社会契约论》

在我国,居民委员会和村民委员会是公民参与社区自治的主要组织载体和途径。在法律层面上,城市居民委员会组织法和村民委员会组织法都确立了社区自治原则,实行居民自治和村民自治,即在城乡社区由群众依法办理群众自己的事情。居民委员会和村民委员会分别是城市居民和农村村民自我管理、自我教育、自我服务的基层群众性自治组织,实行民主选举、民主决策、民主管理、民主监督。

首先,在民主选举方面,社区自治组织是由公民选举产生。居民委员会或村民委员会的主任、副主任和委员分别由该委员会辖区的居民或村民选举产生。居民委员会和村民委员会的每届任期是三年,委员会成员可以连选连任。年满十八岁的居民或村民,不分民族、种族、性别、职业、家庭出身、宗教信仰、教育程度、财产状况、居住期限,都有选举权和被选举权;但是,依照法律被剥夺政治权利的人除外。

其次,在民主决策方面,居民会议或村民会议是公民参与社区决策的主要方式。社区公共事务涉及全体居民或村民的重要利益,一般都需要通过居民会议或村民会议,甚至还有可能是通过居民或村民代表会议来进行民主协商决策。通常居民会议或村民会议分别由居民委员会或村民委员会来召集,不过,法律也同时规定了一定数量的居民或村民可以提出召集会议,譬如,有五分之一以上的十八周岁以上的居民、五分之一以上的户或者三分之一以上的居民小组提议,应当召集居民会议。在法律上,居民会议和村民会议需要全体居民或村民参加,或者过半数的居民代表或者三分之二的村民代表出席才能有效举行,而且居民会议和村民会议的决定由出席人的过半数通过。

再次,在民主管理方面,居民委员会和村民委员会是社区管理主要的担纲者,因为大量的社区公共事务和管理职能主要由他们承担。在法律上,居民委员会和村民委员会要向居民会议和村民会议负责并报告工作。所以,居民委员会和村民委员会是公民参与社区管理的主要渠道。社区的民主管理主要体现在社区自治组织采取民主协商方式与社区社会组织、驻社区的单位、企业、社区群众进行合作来解决社区问题,而不是一味靠行政强制和命令的方法。

最后,在民主监督方面,居民委员会和村民委员会都要接受社区群众的监督。具言之,第一,居民委员会和村民委员会应当主动公开社区信息,便于社区群众进行监督;第二,社区群众对居民委员会和村民委员会的管理工作和决定有提出建议和批评的权利;第三,社区群众还可以通过居民会议和村民会议,对居委会或村委会成员提出罢免。总之,只有充分保障社区群众的知情权和参与权,才能对居民委员会和村民委员会的工作进行有效的监督。

## 二、公民参与社区管理

所谓社区管理,是指社区群众、社区社会组织、社区自治组织和基层政府对社区安全、社区卫生、社区秩序、社区环保、社区流动人口、社区基础设施维修等社区公共事务进行管理。在社区管理的过程中,社区自治组织发挥着十分重要的作用:一方面要与政府的行政管理工作相对接,协助和支持相关的政府机构及其派出机构的工作;另一方面居民委员会和村务委员会要组织和动员社区的群众参与社区事务,从而提供满足社区需要的公共品或半公共品,譬如,社区垃圾处理、社区街道路灯照明等。

在社区治理层面,居民委员会和村民委员会都承担着大量的社会管理职能。譬如,根据城市居民委员会组织法的规定,居民委员会承担六个方面的社会管理任务:(1)宣传宪法、法律、法规和国家的政策,维护居民的合法权益,教育居民履行依法应尽的义务,爱护公共财产,开展多种形式的社会主义精神文明建设活动;(2)办理本居住地区居民的公共事务和公益事业;(3)调解民间纠纷;(4)协助维护社会治安;(5)协助人民政府或者它的派出机关做好与居民利益有关的公共卫生、计划生育、优抚救济、青少年教育等项工作;(6)向人民政府或者它的派出机关反映居民的意见、要求和提出建议。可见,社区自治组织的管理职能是衔接政府治理与居民自治良性互动的关键环节。

## 法象万千

《中华人民共和国村民委员会组织法》第9条规定：村民委员会应当宣传宪法、法律、法规和国家的政策，教育和推动村民履行法律规定的义务、爱护公共财产，维护村民的合法权益，发展文化教育，普及科技知识，促进男女平等，做好计划生育工作，促进村与村之间的团结、互助，开展多种形式的社会主义精神文明建设活动。村民委员会应当支持服务性、公益性、互助性社会组织依法开展活动，推动农村社区建设。多民族村民居住的村，村民委员会应当教育和引导各民族村民增进团结、互相尊重、互相帮助。

---

社区管理对于社区秩序建设发挥着非常重要的作用，虽然在这个过程中政府和企业发挥着重要作用，譬如，投入了大量人力和物力等资源，并建立起相应的组织机构，譬如居民委员会、业主委员会和物业机构等。但是，公民参与对于社区管理秩序的建设也是很重要的，如果没有公民的认同和支持，社区管理就会缺乏合法性基础。

公民参与社区管理，可以采取多种途径和方式：首先，可以通过选举居民委员会和村民委员会以及参加居民会议和村民会议的方式来参与社区管理。由于居民委员会和村民委员会都是社区群众自治组织，而且承担着法定的社会管理任务，因此，上述方式是公民参与社区管理最基本的途径；其次，可以通过成立社区的社会组织和人民团体来参与社区管理。大量的社区公共事务需要社区的志愿者组织和商业机构参与才可能解决。譬如，社区的物业管理，如果没有物业机构的参与，很多大型社区的公共卫生、社区安全管理、社区绿化、社区文娱活动等满足社区居民生活需要的公共品或准公共品可能没法提供。

公民参与社区管理，不仅有助于提升社区管理的权威和合法性，而且可以有效促进社区管理品质的提高。因为通过公民参与，可以有效促进社区的社会资本的积累。在社区管理的过程中，所谓的社会资本主要是指公民通过社区参与产生的信任、团结和社交网络等促进社区发展的资本要素。通过公民参与，上述的社会资本是社区自治和管理的润滑剂，可以有效降低社会管理的成本，从而促进社区管理品质的提高。譬如，在社会分工日益精细化的背景下，产生了大量的社区社会组织，从社区文体娱乐组织到各种志愿服务组织，如社区合唱社、社区舞蹈队、社区巡逻队、居民互助小组等，这些社区社会组织动员公众参与社区事务管理，一方面可以促进社区居民交流和互动，培育他们共同的社区情感和社区精神,另一方面也满足了社区居民各种服务的需求,使得社区管理寓于服务之中,从而提升社区管理品质。

### 三、公民参与社区服务

社区服务满足社区生产和生活的基本需要,是社区治理的重要环节。社区的衣食住行若没有社区服务,就不可能真正得到满足。社区服务不仅解决人民群众的生产生活需要,而且还是社区经济的重要组成部分,发展社区服务有助于解决社区人员的就业创业问题。同时,社区服务的质量越高,人民群众对社区本身的认同感就越高,因而社区服务对于整个社区的团结和精神文明建设,具有十分重要的作用和意义。

社区服务可以分为三种:第一种是商业性服务,譬如,社区的菜市场、饭店、理发店、超市、银行、养老院、服装店、儿童乐园、自行车修理处、幼儿园等,这些商业性的社区服务有效满足社区群众的日常生活需要,而且这种商业服务越是繁荣,就越能够提升社区的生活品质;第二种是互助性或公益性服务,譬如,社区的健身场所、水电设施维修队、安全巡逻队、图书室、娱乐文化体育活动、沙龙、帮扶老人小组或者互助小组等,这种公益性或互助性的社区服务不仅满足了社区群众的各种生活需要,而且对于促进社区群众之间联谊、信任和团结,形成共同的社区情感和认同具有重要的意义;第三种是社区公共服务,它主要由基层政府及其职能部门提供,譬如,社区水电供给、社区就业、社会保障、调解社区纠纷、社区教育、社区医疗、社区矫正、社区治安维护等,有时候可能委托社区自治组织提供,譬如,计划生育、优抚救济等。由于社区公共服务是维系社区生活的基础,所以,它是社区建设和治理的核心内容。

公民参与社区服务,主要通过三种组织方式:一是通过居民委员会和村民委员会。居民委员会和村民委员会既是社区自治组织和管理组织,同时也是最基本的服务组织。社区基本的公共品和公共服务都是由它们来提供。从社区经济到社区文化娱乐,都离不开居民委员会和村民委员会对社区公共服务的组织和生产,否则,社区日常生活需要就难以满足和维持;二是通过社区的公益志愿服务组织。公益志愿服务组织是社区服务的重要提供者。公益志愿服务组织,譬如,邻里互助小组、社区舞蹈队、社区合唱团等,提供了社区群众需要的各种服务,这些服务不仅仅提升社区群众的生活品质,而且有效促进人与人之间的亲密和信任关系,同时还能够增强社区群众的公民责任感和公共服务意识,形成共同的社区情感和精神,通过这种自我服务的方式,社区群众可以加强彼此的团结和自治,使得社区能够和谐发展;三是通过社区的经济商业组织。经济商业组织对于社区服务发挥着不可或缺的中介作用。一方面它可以有效促进社区经济的发展,增加社区居民或村民的公共福祉,譬如,通过税收方式提供社区发展需要的资金;另一方面它能够有效创造社区就业机会,而且还能改善社区的服务品质,譬如,通过市场机制,可以提供各种精细化和丰富的生活产品和服务。

为了保障公民参与社区服务,需要在法律上充分保护公民的基本权利,譬如,选举权与被选举权、知情权、监督权、结社权以及开展商业服务的经营权等。这些基本权利是实现社区群众自治的基本法律前提,没有这些权利的法律保障,公民的自主性和能动性就不可能发挥出来,也不利于社区管理服务的创新和发展。因此,社区服务不仅需要公民奉献精神和责任感,而且还需要公民权利来支撑。

## 法治天下

社区社会组织是开展社区自治、社区管理和社区服务的重要载体。为了充分发挥社区社会组织在社区公共事务的重要作用,大力发展这类社会组织已经成为当前社会组织管理制度改革的重要突破口。对此,我国目前改革措施具体来讲主要有三个方面:一是降低准入门槛。对在城乡社区开展为民服务、养老照护、公益慈善、促进和谐、文体娱乐和农村生产技术服务等活动的社区社会组织,采取降低准入门槛的办法,支持鼓励发展;二是积极扶持发展。鼓励依托街道(乡镇)综合服务中心和城乡社区服务站等设施,建立社区社会组织综合服务平台,为社区社会组织提供组织运作、活动场地、活动经费、人才队伍等方面支持。采取政府购买服务、设立项目资金、补贴活动经费等措施,加大对社区社会组织扶持力度,重点培育为老年人、妇女、儿童、残疾人、失业人员、农民工、服刑人员未成年子女、困难家庭、严重精神障碍患者、有不良行为青少年、社区矫正人员等特定群体服务的社区社会组织;三是增强服务功能。发挥社区社会组织在创新基层社会治理中的积极作用,推动建立多元主体参与的社区治理格局。鼓励社区社会组织开展邻里互助、居民融入、纠纷调解、平安创建等社区活动,组织社区居民参与社区公共事务和公益事业,促进社区和谐稳定。

# 第三节　公民参与网络社会

## 法的门前

2016 年 4 月 19 日,习近平总书记在网络安全和信息化座谈会上发表讲话,他认为:"网络空间是亿万民众共同的精神家园。网络空间天朗气清、生态良好,符合人民利益。网络空间乌烟瘴气、生态恶化,不符合人民利益。谁都不愿生活在一个充斥着虚假、诈骗、攻击、谩骂、恐怖、色情、暴力的空间。互联网不是法外之地。利用网络鼓吹推翻国家政权,煽动宗教极端主义,宣扬民族分裂思想,教唆暴力恐怖活动,等等,这样的行为要坚决制止和打击,决不能任其大行其道。利用网络进行欺诈活动,散布色情材料,进行人身攻击,兜售非法物品,等等,这样的言行也要坚决管控,决不能任其大行其道。没有哪个国家会允许这样的行为泛滥开来。我们要本着对社会负责、对人民负责的态度,依法加强网络空间治理,加强网络内容建设,做强网上正面宣传,培育积极健康、向上向善的网络文化,用社会主义核心价值观和人类优秀文明成果滋养人心、滋养社会,做到正能量充沛、主旋律高昂,为广大网民特别是青少年营造一个风清气正的网络空间。"

**请思考:** 为什么要依法加强网络空间治理?

## 一、公民参与网络公共领域

公共领域的出现是现代社会的产物。在 17—18 世纪的欧洲,资本主义经济的发展,一方面促发了资产阶级与封建王权的政治斗争,围绕着国家权力的争夺,原先资产阶级在咖啡馆、茶馆、沙龙、酒吧、俱乐部等公共场合对文学的讨论和批评,开始转向对政治主题的讨论和批评;另一方面刺激了报刊、新闻出版等大众传播媒介的发展,使得原先只在特定公共场合发表的政治交流和批评,获得了更大的社会公共空间和听众,并且激发起公众参与,从而形成公共舆论,以对抗专制的国家权力。由此,公共领域尤其是政治公共领域获得了重大的发展。

在传统中国社会,皇权统治对异议声音的压制,使得民间对政治的交流和批评只能局限在私人之间窃窃私语。晚清民国时代,一方面洋务运动为逐渐卷入世界经济体系的中国经济提供了担纲者,形成了中国的民族资产阶级,资产阶级与专制皇权之间的斗争,不仅催生了政治革命,而且激发起社会公众对于国家公共事务的关注;另一方面随着现代传播媒介进入中国,大量报刊新闻、文学出版和学术研究展开,不仅启蒙民智,而且直接为公众讨论和批判国家政治事务提供支持,从而为中国公共领域的兴起奠定基础。

新中国建立后,中国公共领域发展可以分为两个阶段:前 30 年,由于各种政治运动的展开,人民群众虽然被动员组织起来,但是,随着私有财产被消灭,公民的基本权利也被剥夺,由此,社会公众舆论并未对国家权力形成监督和制约。后 39 年,随着改革开放和市场经济的发展,一方面公民的财产权、知情权、政治参与权等基本权利开始得到法律保障,激发起了公民的权利意识;另一方面大众媒体的发展和繁荣,为公众讨论社会政治问题提供信息和平台。这两个方面促进了中国公共领域的复兴。

20 世纪 90 年代,随着互联网进入中国,中国的公共领域迎来了网络时代,尤其 Web2.0 模式的技术升级,使得中国网络公共领域进入了新的发展阶段。与 Web1.0 模式的单向传播不同,Web2.0 模式是一种互动模式,而且可以被嵌入各种多媒体或超媒体的元素,这一技术升级直接导致大众传播模式的颠覆。因为原先的公众只是被动的信息接受者,但随着在 Web2.0 模式下公众可以利用电子公共版(BBS)、网络论坛、博客(Blog)、微博、微信、脸书(Facebook)等网络媒介主动发布信息,中国网络公共领域迎来了人人拥有麦克风的时代,每个公民都可以"发声",参与公共事务的公开讨论和批判反思。

**法的精义**

公共领域向所有公民开放。

——[德]哈贝马斯:《公共领域的结构转型》

新世纪以来,借助网络公共领域,中国公民积极介入社会热点事件和问题的讨论,发表自己的观点和意见。从"孙志刚被强制收容遣送致死事件"到"邓玉娇刺杀镇政府人员事件",从刑法第九修正案到民法典的制定,从南海仲裁引发的战云密布到美国在韩国部署萨德等,无论内政还是外交,中国公民利用网络公共领域发出了自己的声音,表达了自己对公共事务的关注和关心,并在一定程度上对政府公共决策产生巨大的舆论影响和压力。譬如,孙志刚事件之后,《城市流浪乞讨人员收容遣送办法》就被废止;郭美美事件之后,红十字会开始清理自身的问题;针对不断涌现的慈善丑闻,《中华人民共和国慈善法》被颁布等。可见,公民参与网络公共领域,对于公共事务的决策和管理具有重要的影响。

所谓网络公共领域,是指以互联网为媒介,公众对于社会公共事务所形成的讨论、商谈、批判和反思,并呈现为公共舆论的一种公共空间。这种网络公共领域并不仅仅指向政治领域,如政府,它同时也指向其他社会领域,如经济、宗教、教育、艺术、医疗、媒体、法律、科学等,而且还可能指向其他环境领域,如自然和生态等。因此,网络公共领域不仅包括关注政治权力的政治公共领域,还包括经济公共领域、法律公共领域、宗教公共领域、艺术公共领域、科学公共领域等等。而且,网络公共领域的功能,并不是仅仅为了让公众对公共事务通过讨论和商谈达成共识,相反,通过批判进行反思才是公共领域首要的功能。由于不同社会领域运作逻辑的差异,网络公共领域的功能不在于达成某种舆论共识,而是促进全社会及诸社会领域的自我反思。

网络公共领域虽然通过互联网的虚拟性、开放性、平等性、匿名性、及时性等优势为公民积极介入社会公共事件"发声"提供了便利,但网络公共领域仍存在异化的风险。譬如,"沉默螺旋"导致的群体极化现象,侵犯隐私的"人肉搜索"现象,侵犯公众知情权的虚假宣传和"网络推手"现象,侵犯知识产权的"信息共享"现象,等等。这些异化的风险在根源上主要源自网络公司巨头对互联网架构的技术设置,使得这些网络公司能够"操控"信息传播,对公众进行"信息蒙骗",从而妨碍网络公共领域发挥其功能。

为了保障公众参与网络公共领域,发挥网络功能领域的作用,必须对网络公共领域进行法律规制。目前,针对互联网的法律规制,国家制定大量的法律和政策,譬如,《中华人民共和国网络安全法》(以下简称《网络安全法》)《中华人民共和国电子签名法》《全国人民代表大会常务委员会关于加强网络信息保护的决定》《全国人民代表大会常务委员会关于维护互联网安全的决定》《中华人民共和国电信条例》《互联网信息服务管理办法》《计算机信息网络国际联网安全保护管理办法》《网络空间国际合作战略》等。通过法律充分尊重公民在网络空间的权利和基本自由,保障公众在网络空间的知情权、参与权、表达权、监督权,保护网络空间个人隐私,唯有如此,才能抵御网络公共领域出现的异化风险。

## 二、公民参与网络安全监管

在互联网诞生之初,人们曾认为网络世界是一个美丽的心灵家园。约翰·P.巴洛在其《网络独立宣言》中声称:"工业世界的政府们,你们这些令人生厌的铁血巨人们,我来自网络世界——一个崭新的心灵家园。作为未来的代言人,我代表未来,要求过去的你们别管我们。在我们这里,你们并不受欢迎。在我们聚集的地方,你们没有主权。……我们正在创造一个世界:在那里,所有的人都可以加入,不存在因种族、经济实力、武力或出生地点产生的特权或偏见。我们正在创造一个世界,在那里,任何人,在任何地方,都可以表达他们的信仰而不用害怕被强迫保持沉默或顺从,不论这种信仰是多么的奇特。"巴洛的观点试图拒绝工业世界的政府对网络世界的干预。

不过,随着网络违法犯罪现象不断出现和增加,网络世界的安全问题已经成为摆在每个国家面前的棘手问题。网络空间的虚拟性、开放性、匿名性、全球性等特征,使得网络空间变成了一个犯罪天堂。首先,借助网络空间的虚拟性,很多在现实生活中需要隐蔽进行的违法犯罪活动,可以在网络上公开进行,譬如色情活动、恐怖主义宣传等;其次,借助网络空间的开放性,很多传统的违法犯罪活动开始漂移到网络空间,譬如,赌博、欺诈、盗窃等;再次,借助网络空间的匿名性,大量的犯罪活动,尤其是黑客犯罪,可以轻易逃避警察机构对罪犯的追踪和侦查,使得网络空间的犯罪概率增大;最后,借助网络空间的全球性,大量的跨国犯罪和全球犯罪出现,譬如,跨国的洗钱活动、网络恐怖主义等。这些网络违法犯罪活动,不仅危害个人的信息安全,而且还威胁国家主权安全,因此,网络世界需要国家法律监管积极介入,来保障网络安全。

**法象万千**

《网络安全法》第 12 条规定:国家保护公民、法人和其他组织依法使用网络的权利,促进网络接入普及,提升网络服务水平,为社会提供安全、便利的网络服务,保障网络信息依法有序自由流动。任何个人和组织使用网络应当遵守宪法法律,遵守公共秩序,尊重社会公德,不得危害网络安全,不得利用网络从事危害国家安全、荣誉和利益,煽动颠覆国家政权、推翻社会主义制度,煽动分裂国家、破坏国家统一,宣扬恐怖主义、极端主义,宣扬民族仇恨、民族歧视,传播暴力、淫秽色情信息,编造、传播虚假信息扰乱经济秩序和社会秩序,以及侵害他人名誉、隐私、知识产权和其他合法权益等活动。

从法律上来讲,网络安全监管主要包括两个方面:一是网络运行安全监管,二是网络信息安全监管。

在网络运行安全方面,法律监管主要有以下四个方面:第一,是对网络经营者的监管。譬如,法律要求网络经营者应当按照网络安全等级保护制度的要求,履行安全保护义务,保障网络免受干扰、破坏或者未经授权的访问,防止网络数据泄露或者被窃取、篡改;第二,是对网络产品和服务的监管。譬如,法律要求网络产品、服务应当符合相关国家标准的强制性要求。网络产品、服务的提供者不得设置恶意程序;发现其网络产品、服务存在安全缺陷、漏洞等风险时,应当立即采取补救措施,按照规定及时告知用户并向有关主管部门报告;第三,是对网络关键信息基础设施的监管。譬如,法律要求网络关键设备和网络安全专用产品应当按照相关国家标准的强制性要求,由具备资格的机构安全认证合格或者安全检测符合要求后,方可销售或者提供;第四,是对网络用户的监管。譬如,法律要求网络运营者为用户办理网络接入、域名注册服务,办理固定电话、移动电话等入网手续,或者为用户提供信息发布、即时通信等服务,在与用户签订协议或者确认提供服务时,应当要求用户提供真实身份信息。用户不提供真实身份信息的,网络运营者不得为其提供相关服务。

在网络信息安全方面,法律监管主要有以下三个方面:第一,是对网络经营者的监管。具体来讲,法律要求网络经营者要保护用户的信息同意权、知情权、保密权、更正权等。譬如,网络运营者收集、使用个人信息,应当遵循合法、正当、必要的原则,公开收集、使用规则,明示收集、使用信息的目的、方式和范围,并经被收集者同意。网络运营者不得泄露、篡改、毁损其收集的个人信息;未经被收集者同意,不得向他人提供个人信息。第二,是对网络安全监督职能部门的监管。譬如,法律要求依法负有网络安全监督管理职责的部门及其工作人员,必须对在履行职责中知悉的个人信息、隐私和商业秘密严格保密,不得泄露、出售或者非法向他人提供。第三,是对网络违法犯罪行为的监管。譬如,法律要求任何个人和组织应当对其使用网络的行为负责,不得设立用于实施诈骗,传授犯罪方法,制作或者销售违禁物品、管制物品等违法犯罪活动的网站、通信群组,不得利用网络发布涉及实施诈骗,制作或者销售违禁物品、管制物品以及其他违法犯罪活动的信息。

网络安全监管不仅需要政府、企业和社会组织的参与,同时也需要公民参与。公民参与网络安全监管的渠道主要有三个方面:一是公民参与网络安全监管的立法,为公民信息自由和安全提供法律保障;二是公民参与网络安全监管的行政执法,监督网络安全监管权力;三是公民通过司法方式监督网络安全监管,保障公民的网络基本自由和权利。

公民参与网络安全监管具有十分重要的意义:首先,公民参与有利于普及网络安全的法治意识,增强公众依法维护自己个人信息安全和国家信息安全的观念;其次,公民参与有利于监督网络安全监管的权力,保障公民的网络基本自由和权利;再次,公民参与有利于促进网络安全监管的法治化,避免监管权力滥用的风险;最后,公民参与有利于加强网络安全监管的回应性,使得网络安全监管职能部门充分把握公众的需求,及时作出回应。

### 三、公民参与网络社会治理

随着"互联网+"时代的到来,互联网与社会诸领域开始高度结合起来,不仅出现了以电子政务为代表的互联网政治和以电子商务为代表的互联网经济,而且还衍生出互联网体育、互联网科学、互联网法律、互联网医疗、互联网艺术、互联网宗教等高度信息化的社会领域,由此构成一个以信息社会为基础的网络社会。

网络社会崛起不仅改变了人的生活方式,而且深刻改变了社会结构。生活在网络社会,人们衣食住行的方式高度信息化,在手机、计算机和互联网高度结合的环境下,人们可以足不出户,就能够获得各种资源和满足需要。譬如,购物可以上淘宝,转账、结账可以利用支付宝,教育可以利用网络课堂。同时,社会的结构变得更加扁平化,社会时空结构发生巨大的变化,借助信息通信技术,时间被压缩了,空间消失了。譬如,互联网可以让位于不同时空的人进行即时的沟通,克服沟通的时空障碍。

网络社会既扩展了人类社会新的可能性,也带来了前所未有的挑战。这些挑战从信息鸿沟到网络犯罪,都预示着信息不确定性带来的巨大社会风险:全球信息社会同时就是一个世界风险社会。如何应对网络社会带来的风险和挑战,是当前人类社会不可回避的重大治理问题。因此,网络社会治理已经成为世界各国必须共同面对的全球治理问题。要解决这个问题,就必须处理好国家主权与国际合作、公民权利与国家安全之间的平衡问题:既要保护国家主权,也要促进国际合作;既要保障国家安全,也要保护公民权利。为此,网络空间主权理论认为,国家主权可以延伸到网络空间,在国际层面上,各国对网络空间具有平等的主权,各国之间对于共同的网络空间治理问题,应该采取互惠和平等合作的方式;在国内层面,各国可以对本国的网络空间实施管辖,通过尊重和保障公民的网络基本权利和自由,实现网络空间安全、自由和秩序。

在我国,网络社会在带给人们生活便利的同时,也产生了很多需要治理的问题,譬如,百度竞价排名导致的"魏则西事件"、电信诈骗导致的"徐玉玉事件"、互联网预约出租车问题、淘宝卖假货问题等。这些事件和问题,一方面对当前中国社会治理机制提出了挑战,譬如,淘宝卖假货问题的监管,仅靠工商管理部门和消费者协会的"打假"治理是难以充分解决问题的,因为淘宝这个网络平台把大量的经营者和消费者连接起来,没有这个网络平台的自律和监管,网络"打假"治理不可能取得成效;另一方面引发了社会公众对于网络社会治理的反思和参与,譬如,"魏则西事件"和"徐玉玉事件"就引发了大量的公共舆论,从而推动政府治理介入。正是社会公众对网络社会治理的参与和反思,极大改变了当前中国社会治理的机制,因为借助网络公共领域,社会公众能够对社会问题发出自己的声音和表达自己的诉求,从而推动政府治理进行回应和行动。

公民参与网络社会治理,一方面促进了网络社会治理的民主化和公民精神的培育,因为在人人都有麦克风的时代,对于社会治理问题,公众可以发表自己的意见,在网络公共领域对政府治理施加舆论的压力和影响;另一方面推动了社会治理体系和治理能力的现代化,尤其是社会治理的法治化,因为只有法律充分保障公民参与的各项基本权利,譬如知情权、监督权、言论自由权、隐私权等,公民才能依法参与网络社会治理。

## 法治天下

2017年3月1日,我国发布《网络空间国际合作战略》,认为:网络空间给人类带来了巨大机遇,同时也带来了不少新的课题和挑战,网络空间的安全与稳定成为攸关各国主权、安全和发展利益的全球关切。互联网领域发展不平衡、规则不健全、秩序不合理等问题日益凸显。国家和地区间的"数字鸿沟"不断拉大。关键信息基础设施存在较大风险隐患。全球互联网基础资源管理体系难以反映大多数国家意愿和利益。网络恐怖主义成为全球公害,网络犯罪呈蔓延之势。滥用信息通信技术干涉别国内政、从事大规模网络监控等活动时有发生。网络空间缺乏普遍有效规范各方行为的国际规则,自身发展受到制约。面对问题和挑战,任何国家都难以独善其身,国际社会应本着相互尊重、互谅互让的精神,开展对话与合作,以规则为基础实现网络空间全球治理。

**课后思考**

1. 为什么要依法保障公民参与社会组织?

2. 公民参与社区治理的主要方式有哪些?

3. 法律如何保障公民参与网络社会治理?

**参考文献**

1. 王卫平:《明清时期江南地区的民间慈善事业》,载《社会学研究》1998年第1期。

2. 孙颖:《"消法"修改语境下中国消费者组织的重构》,载《中国法学》2013年第4期。

3. 石发勇:《准公民社区——国家、关系网络与城市基层治理》,社会科学文献出版社2013年版。

4. 马长山:《公共领域兴起与法治变革》,人民出版社2016年版。

5. 陆宇峰:《中国网络公共领域:功能、异化与规制》,载《现代法学》2014年第4期。

6. 熊光清:《中国网络公共领域的兴起、特征和前景》,载《教学与研究》2011年第1期。

7. 张新宝、许可:《网络空间主权的治理模式及其制度建构》,载《中国社会科学》2016年第8期。

8. [美]约翰·P. 巴洛:《"网络独立宣言"》,李旭,李小武译,《清华法治论衡》2004年第4辑,清华大学出版社2004年版。